Rethinking
Reconstructing
Reproducing

*

———

"精神译丛"
在汉语的国土
展望世界
致力于
当代精神生活的
反思、重建与再生产

———

*

Vibrant Matter
A Political Ecology of Things

Jane Bennett

精神译丛·徐晔 陈越 主编

———————

[美]简·本内特 著　马特 译　张靖松 校

———————

活力物质：
"物"的政治生态学

西北大学出版社
·西安·

简·本内特

目 录

序　言　/　1
致　谢　/　21

第一章　物的力量　/　1
第二章　聚合体的能动性　/　33
第三章　可以吃的物质　/　65
第四章　金属的生命　/　89
第五章　既非活力论,亦非机械论　/　109
第六章　干细胞与生命文化　/　145
第七章　政治生态学　/　165
第八章　活力状态与自利　/　191

参考文献　/　214
索　引　/　239

译后记　/　256

序 言

本书有一个哲学性的规划，与之相关还有一个政治性的规划。这个哲学性的规划是，慢慢地思考一个在现代头脑中快速掠过的想法，也就是将物质看作一种被动的、原始的、野蛮的或惰性的存在。我们在分析世界时，习惯将其划分为没有活力的物质（它、物）和充满活力的生命体（我们、生物）两类——借用雅克·朗西埃（Jacques Rancière）的表述，这是一种"感性的划分"①。将物质和生命体分隔开来的做法，容易使我们忽视物质所具有的活力以及物质生成过程中潜在的鲜活力量，例如，omega-3 脂肪酸可以改变人的心情，又或者我们所丢弃的垃圾并非"远"在填埋场，而是正在我们说话之时产生大量活跃的化学物质与挥发性的甲烷气体。② 我会将"生命"（life）和"物质"（matter）这两个概念不

---

① "感性的划分是对世界和世界所进行的切分……是可见的与不可见的之间的划分，是对从听不清之处所能听到的划分。"参见 Rancière, "Ten Theses on Politics"。

② 朗西埃认为，"政治总体而言是关于感性构成的"，也就是说，组成政治的**是**关于"被给予物"（the given）的争论。政治涉及了"地方的可见性与这些地方中身体所具有的能力"（Rancière, "Comment and Responses"）。尽管我赞同，政治是对人类能够理解或感知的地理空间的分配与再分配，但是与

停地旋转,直至它们看起来开始变得陌生——就像一个常见的单词在多次重复之后,会变成一种陌生而无意义的声音一样。在这种陌生化所创造的空间中,一种**有活力的物质性**(vital① materiality)便得以开始成型了。

或者,更确切地说,在这里是有活力的物质性得以再次成型。原因在于,这一观点的雏形早已出现在童年经验的世界之中。在这个世界中,到处都充满了具有生命力的物,而不是被动的物体。我将尝试再次唤起这种感官,也就是亨利·柏格森(Henri Bergson)所描述的"对自然具有的自发性的潜在信念"②。在西方哲学界,关于活力物质的观点同样具有悠久的历史(即使不是潜在存在的,至少也并非主导的观念)。同样,我也会再次唤醒这一段历史,尤其是援引巴鲁赫·斯宾诺莎(Baruch Spinoza)、弗里德里希·尼采(Friedrich Nietzsche)、亨利·大卫·梭罗(Henry David Thoreau)、查尔斯·达尔文(Charles Darwin)、西奥多·阿多诺(Theodor Adorno)和吉尔·德勒兹(Gilles Deleuze)等人提出的概念与主张,以及20世纪早期柏格森和汉斯·杜里舒(Hans Driesch)所倡导的活力论(vitalisms)学说。

朗西埃不同,我还对非人身体所具有的"能力"感兴趣,如人造物、金属、浆果、电力、干细胞和蚯蚓。在第七章中,我将讨论朗西埃的民主理论。

① vital 作形容词时基本含义是"有生命活力的""有生机的"。本书将 vitalism 译为"活力论",因而将带有 vital 的词或词组,如 vital materialism 译为"活力唯物主义"、vitality 译为"活力状态"。另需注意的是,本书书名 Vibrant Matter,直译为"充满活力的物质",考虑到标题的简洁性,我们也译为"活力物质",但那里的形容词是 vibrant,而非书中更常用的 vital。——校者注

② Bergson, *Creative Evolution*, 45.

从最为雄心勃勃的角度来说,本书的政治性规划是促进与活力物质以及有生命力的物发生更加智慧而可持续的互动。这里的导向性问题在于:如果我们认真考虑(非人)身体所具有的活力状态,那么人们对公共问题的政治回应将会发生怎样的改变?此处我所说的"活力状态"(vitality)一词的含义,指的是物——包括食物、商品、风暴、金属——不仅能够阻碍或阻止人类的意志和规划,而且还可以作为一种拥有自己的轨迹、属性或倾向的准能动体(quasi agents)或力量(forces)的能力。我希望表达出一种与人类同行和在人类内部运行的充满活力的物质性,并探讨如果我们更多地关注物的力量(the force of things),人们对政治事件的分析可能会发生怎样的改变。例如,如果我们所面对的并不是弃物、废物、垃圾或"回收利用物",而是一堆不断积累的具有潜在危险的活力物质,人们的消耗模式会如何变化呢?如果吃饭的行为被理解为与形形色色的身体——除了其中一些是我自己的之外,绝大部分都不是——相遇,公共卫生问题会有什么不同,哪种说法又会占据上风呢?如果我们没有假设物质活力状态的唯一来源是灵魂或精神,干细胞研究将面临什么问题?如果我们不仅仅将电看作一种资源、商品或工具,同时也更深刻地将其视作一种"行动体"(actant),这将对能源政策制定过程产生什么样的影响?

行动体这一概念来自布鲁诺·拉图尔(Bruno Latour):行动体是行动(action)的源头,既可以指人类,也可以是非人的;行动体可以产生能效,能够**做**事,具有足够的凝聚力来造成变化、产生影响和改变事件的进程。行动体指的是"在行为中改变了另一个实体的任何实体",其"能力是自[其]表现(performance)演绎而来的",而不是在行动发生之前设定的。① 有的行动体可以被称为原行动体(protoactants),原因是这些行动体的表现或能量的规模太小或速度太快,不能被称为"物"(things)。② 我个人非常赞赏拉图尔试图发展形成一套词汇用以描述多种模式与不同程度的能效性(effectivity),并开始尝试描绘一种**分配的**能动性(agency)。拉图尔有意地忽略了通常认为是人类具有甚至是独有的属性,而我至少在一段时间之内和某个时候之前,也将贯彻拉图尔的这种做法。我尤为关注的是特定的"物",注重某种质料结构所具有的显著能力或能效。在讨论中,我没有将人类和非人类的行动体置于常见的纵向平面之上,而是将人类的问题归类,略去各种关于主观性及其起因、可能性条件和边界的讨论。关于主观性源于何处又终于何处的哲学讨论,往往会变成认为人类在上帝眼中是独特的存在,或者人类是脱离物质性的,或者人类对自然具有掌控力;即使没有涉及这几种幻想,也依然是一种悖论或脱离实际的尝试。

因此在后文中,原本非常重要的主观性问题讨论得到了一些缓和,我也得以专注于提出一系列专门的词汇与术语,从而更好地辨别来自非主体(nonsubjects)的活跃力量。我想要强调一个通常为人们所忽视的问题:那就是非人或非人之物所具有的物质能动性(material agency),或者说能效性。在人类中心主义视域内的

---

① Latour, *Politics of Nature*, 237.

② 对此,拉图尔认为**行动的名称**(name of action)比**行动体**(actant)一词更加合适,因为"人们之后才会从这些表现中推演出一种能力"(Latour, *Pandora's Hope*, 303, 308)。

政治理论研究盛宴之外,我试图从其中的残渣中建构起一顿餐食。这种做法也使我招致了自相矛盾的罪名:关于活力物质的理论的言说者,难道不依然是人类主体吗?答案既是肯定的,也是否定的。我的观点是,如果考虑到对物质、生命体、自我、自利、意志和能动性等重要概念进行修订的话,这种看似自相矛盾的疑惑也会随之消散。

我为什么要推崇物质所具有的活力状态呢?因为我的看法是,死亡或彻底工具化的物质的形象导致了人类的傲慢,以及人类毁灭地球式的征服与消费幻想。这种物质的形象阻碍我们更加全面地观察(视觉、听觉、嗅觉、味觉和触觉)在人类周围和体内循环的各种非人力量。这些物质力量可以帮助或摧毁我们,促进或阻挠我们,让我们变得尊贵或卑下——无论是何种情况,都将引起我们的注意,或者甚至是"敬重"(respect)(如果该术语超越康德所讨论的意义)。一个本质上缺乏活力的物质的形象,可能是阻碍更加生态的、在物质层面上更加可持续的生产模式与消费模式出现的障碍之一。在这里,我所提出的主张源于对**人类**生存和**人类**幸福的利己而意动的关怀,我想要推进一种更加绿色的人类文化形式,促使人们更加关注人-物质性与物-物质性之间的相遇(活力唯物主义[vital materialism]①的"生态"属性是本书最后

---

① 国内外国文学、文化研究界的一些学者主张,包括本书作者倡导的"活力唯物主义"在内的当代所谓"新唯物主义"使用的 materialism 一词,应译作"物质主义",以示区别于传统唯物主义,并将这一主张体现在不少学术论著中。本书译者也持这种观点(参见本书译后记)。但本书作为哲学著作,其论述植根于从古代唯物主义到马克思主义的西方哲学史传统,因而在具体

两章的主要关注点)。

在《论游牧学》("Treatise on Nomadology")一文中,德勒兹与费利克斯·瓜塔里(Félix Guattari)对"物质活力论"(material vitalism)这一概念进行了探讨,其结论是物质-能量具有固有的活力状态。① 这一讨论对我的研究构成了一定的启发。与德勒兹和瓜塔里一样,我有选择性地参考了伊壁鸠鲁(Epicurus)、斯宾诺莎、尼采与活力论的相关学说,以及一些当代的科学与文学作品。我需要得到所有可能的帮助,因为本书的讨论需要同时完成多项任务:(1)建构关于活力物质的积极的本体论,拓展关于能动性、行动和自由等概念的既有认知,有时甚至达到了濒临极限的地步;(2)利用讨论和其他修辞手段,在审美与感情层面激起人类身体对物质活力状态的接受,消解生命/物质、人类/动物、意志/决定以及有机/无机之间的本体神性论的二元对立;(3)初步形成一种政治分析方法,以更好地诠释非人行动体所做出的贡献。

因此在后文中,我将尝试记录在我们身边和体内流动着的具有活力的物质性。尽管干细胞、电、食物、垃圾和金属的运动与能效对于政治生活(和人类生命本身)而言至关重要,但是每当其出现在公共场合(通常会先干扰人类的计划或期望)之中,这些行动

行文中 materialism 一词的各种"新""旧"意义缠绕在一起,无法在字面上简单区分,否则会令读者在阅读中反受其乱。有鉴于此,我们在广泛咨询的基础上,根据征求所得大多数专家的意见和见解,决定将本书中 materialism 一词仍遵从哲学界和出版界在学术语汇方面的传统,统一译为"唯物主义",尚祈读者明察。另参见本书正文第 11 页校者注。——校者注

① Deleuze and Guattari, *Thousand Plateaus*, 351-423.

和力量便会立刻被重现为人类的情绪、行动、意义、议程或意识形态。这种快速的替代使人类一直认为,是"我们"(we)实际上控制了"它们"(its)——而根据我所援引的(非机械的、非目的论的)唯物主义学说,这些"它们"实际上是潜在而强大的能动体。

对我而言,斯宾诺莎相当于本书的试金石——尽管他本人并不完全算是一位唯物主义者。我援引了斯宾诺莎关于意动体(conative bodies)的概念:意动体通过与其他意动体结成同盟来增强自身的行动力。此外,我也赞同斯宾诺莎认为一切存在都是由相同的实体所构成的观点。斯宾诺莎反对"人类干扰而不是遵循自然秩序"的观点;与之相对,他主张"像研究线条、平面或身体那样看待人类的行动与欲望"。① 同样,卢克莱修(Lucretius)在《物性论》(De Rerum Natura)一书中也表达出一元论(monism)的思想。他认为,如果人们希望,一切存在都可以由相同的奇怪材料、相同的建筑模块构成。卢克莱修将这些构成材料称为始基(primordia);今天,我们可以称之为原子、夸克、粒子流或物质能量(matter-energy)。这种同质说的观点认为,世间万物就深层而言都是彼此相连的,而且都源于一种不可还原的基质。这种看法具有一种**生态感性**,也对我的观点具有重要的影响。然而,与深层生态学的一些观点相比,我所主张的一元论既不着眼于各部分之间的平顺和谐,也不是通过共同的精神来统一多样性。正如德勒兹写道,这里的准则是:"从本体上来说是单一个实体,从形式上来说具有各式各样的差异。"② 这也就是米歇尔·塞尔

---

① Spinoza, *Ethics*, preface, 102-103.

② Deleuze, *Expressionism in Philosophy*, 67.

(Michel Serres)在《物理学的诞生》(*The Birth of Physics*)一书中所说的,各种可变的物质在动态的普遍场域中相互碰撞、凝结、变形、进化和分解。① 虽然我认为,伊壁鸠鲁所描绘的个体原子在虚空中坠落与偏离方向的图景过于简单,但是我赞同其认为物质具有一种自然**趋势**的观点——如果我们遵循这种奇特的动态逻辑,就会形成人类的正直庄重(decency)与一种正派(decent)政治。

非人感情②

在撰写《现代生活的附魅》(*The Enchantment of Modern Life*)一书时,我的关注点是人类感情的伦理相关性,更确切地说,是附魅情绪的伦理相关性,或者喜悦与不安两种情绪的奇特组合。我的观点是,对日常世界附魅的感性瞬间——其中既包括自然世界也包括商品和其他文化产物——可能会增强我们所需要的动力能量,从而促使自我从对伦理原则的认可转向伦理行为的实践。

《现代生活的附魅》这本书的主题切合了政治理论领域内的一个大趋势,即一种伦理学和美学的转向——这种转向很大程度上源于女权主义对身体的研究,以及米歇尔·福柯(Michel Fou-

---

① Serres, *The Birth of Physics*.

② 本书统一把作名词使用的 affect 译为"感情",特指斯宾诺莎所讨论的"受感致动的情状"(affectus),与日常生活用语的"感情"含义有所不同。关于这一部分的论述可参见皮埃尔·马舍雷《感性生活:斯宾诺莎〈伦理学〉第三部分导读》(赵文译,西北大学出版社,2022)。国内斯宾诺莎-德勒兹译介和研究也把该词译作"情动"。在此提请读者注意其中的差别。——校者注

cault)关于"关心自我"(care of the self)的讨论。这些讨论有助于将"欲望"和身体实践——体能锻炼、冥想、性、吃饭等——重新置于伦理层面上进行审视。一些政治理论研究者批判这一转向,其中最著名的或许就是南希·弗雷泽(Nancy Fraser)的《正义的中断》(*Justice Interruptus*)一书。批评者认为,这一转向选择讨论身份问题这样的精神-文化层面的软问题,而规避了包括经济公正、环境可持续性、人权或民主统治等在内的政治层面的硬问题。与之相对,其他的研究者(我也在这一阵营中)则回应称,伦理感性与社会关系的塑造与再塑造需要通过身体规训来完成,这也使得身体规训本身具有了政治性特质,构成了"微观政治学"(micropolitics)的(尚未充分探讨的)整体领域。如果没有微观政治学研究的存在,任何准则或政策风险都只能是一纸空话。同样,也不会出现经济的绿色化与财富的重新分配;在行使或扩大权利时,也无法摆脱人类意向、人类情绪以及受二者影响的文化综合体。

　　伦理学转向促使政治理论学者更多地关注电影、宗教行为、新闻媒体仪式、神经科学实验以及其他能够形成伦理意志的非正统途径。在这个过程中,"伦理"不再主要指代一系列既定的准则;与之相对,"伦理"应当被看作道德内容、审美感情形式与公共情绪之间发生的一系列复杂交替行为。在这里,政治理论学者确认了浪漫主义思想家(此处我指的是让-雅克·卢梭[Jean-Jacques Rousseau]、弗里德里希·席勒[Friedrich Schiller]、尼采、拉尔夫·沃尔多·爱默生[Ralph Waldo Emerson]、梭罗与沃尔特·惠特曼[Walt Whitman])早已指出的一点:如果我们要真正地实践一系列道德准则,就会需要合适的情绪或感情场景。

　　虽然我依然认为,感情(affect)是政治学与伦理学研究的核心概念，但是在本书中，我所关注的"感情"更加广泛，并非人类身体所特有的属性。现在，我想减少对感情催化剂导致的人类关系能力的附魅的关注，而是更多地关注催化剂本身，因为催化剂存在于非人身体之中。这种力量并不是超个人（transpersonal）或主体间性的（intersubjective），而是非人的（impersonal），是（即使在理想状况下依然）无法被视为人类的固有感情的。现在，我将进一步强调附魅形象的两种指向：第一是指向人类，即**感到**魅惑并可能因此增强能动力的人类；第二是指向物的能动性，即在人类和其他身体中**产生**（有益或有害）影响的物质。① 有机的身体与无机的身体，自然对象和文化对象（这里的区别并不特别突出）**都是**受感致动的。在这里，我援引一下斯宾诺莎的感情概念，也就是宽泛地指代任何身体所具有的行动与反应能力。德勒兹与瓜塔里对此是如此阐释的："只有知晓身体可以做什么，我们才能对身体有所了解；换言之，即身体具有何种感情，是否可以与其他感情、其他身体的感情结合在一起……破坏这一身体或是被这一身体所破坏……与之互动和交换感情，或者共同建构一个更加强大的身体。"②借用大卫·科尔（David Cole）的表述："感情需要粒子力（article-forces）之间的碰撞来表现出一种身体对另一种身体的影响；这也可以解释为在面对[或缺失]主观情绪时感受力量的

---

① 正如迈克尔·塞勒（Michael Saler）指出的，至少自中世纪以来，附魅既"指代[人类]对美好之物感到的'欢愉'，也指代被**它们**施咒、被迷惑的可能性"（Saler, "Modernity, Disenchantment, and the Ironic Imagination", 138；强调为本书作者所加）。

② Deleuze and Guattari, *Thousand Plateaus*, 257.

能力……感情创造了一个充满力量的场域,而且不会融入主观性之中。"①我所描述的非人感情或物质活力并不是一种精神补充,或者附加并安置于物质容器之内的"生命力"(life force)。我推崇的并非传统意义上的活力论;我将感情等同于物质性,而不是让一种单独的力量进入并激活一个物理身体。

我的目标就是将这样一种物质所固有的活力状态理论化,使物质摆脱被动、机械或神造实体的形象。这种活力物质**并非人类**或上帝用于创造活动的原材料。这种活力物质既是我的身体,也是巴尔的摩的废弃物的身体(第一章),是普罗米修斯的镣铐(第四章)和达尔文的蚯蚓的身体(第七章),以及并不能完全称之为身体的电的身体(第二章),是我们所摄入的食物(第三章)与干细胞的身体(第五章和第六章)。

关于方法论的说明

我所追寻的唯物主义沿袭的是德谟克利特—伊壁鸠鲁—斯宾诺莎—狄德罗—德勒兹的传统,而非黑格尔—马克思—阿多诺的传统。诚然,(像历史唯物主义者一样)通过追随人类力量的轨迹来揭示社会霸权是很重要的。但我的观点是,追随自然身体与技术产物的非人的物的力量与物质能动性,也同样具有重要的公共价值。在这里,我所说的"追随"的含义与雅克·德里达(Jacques Derrida)在关于动物的思考中所提出的含义一样。德里达指出,存在(being)与追随(following)之间具有紧密的联系:(作为任何物和任何人)存在总是意味着要追随(某个物和某个人),始终准备回应

---

① Cole,"Affective Literacy",5-9.

来自某个物体的呼唤,无论这个物体是不是一种非人存在。①

若要为活力物质言说,什么样的方法才是合适的呢?如何描述才能避免抹杀物质本身具有的独立性呢?如何才能发现看似隐秘实际上却无处不在的非人情感呢?看起来,我们需要的是一种甘愿天真或显得愚蠢的自愿性,也就是阿多诺自称的"小丑般的特性"(clownish traits)②。在我的讨论中,需要将各种事件(停电、吃饭、戴着镣铐被囚禁、废弃物经历)理论化,将其视为本体论层面上各种行动体之间的相遇;其中有些行动体是人类,有些则是非人的,但所有的行动体都完全是物质的。③

此外,对于在人类身体内部与外部运行的非人力量,我们还需要表现出一种有教养的、耐心的、感官层面的关注。从梭罗、弗兰兹·卡夫卡(Franz Kafka)和惠特曼身上,以及罗曼德·科尔斯(Romand Coles)、薇尔·普鲁姆德(Val Plumwood)、韦德·西科尔斯基(Wade Sikorski)、弗莱雅·玛休斯(Freya Mathews)、温德尔·贝里(Wendell Berry)、安格斯·弗莱彻(Angus Fletcher)、巴里·洛佩斯(Barry Lopez)和芭芭拉·金索尔弗(Barbara Kingsolver)等生态哲学家与生态女性主义学者处,我曾尝试学习如何唤起对物及其感情的关注。如果不熟悉这种反主流文化的感知方式,世界就会看起来好像只是由主动的人类主体所构成,

---

① 参见 Derrida,"The Animal That Therefore I Am (More to Follow)"。

② Adorno, *Negative Dialectics*, 14. 在第一章中,我将讨论阿多诺所谓的小丑属性(clownishness)。

③ 拉图尔将此描述为以"对称"(symmetrically)的方式对待人类和物质。对该问题的深入解释请参见 Crawford,"Interview with Bruno Latour"。

他们面对的则是被动的物体及其运行规律机制。对于我们赖以生存的行动指向型感知方式而言,这种情况或许是不可缺少的(正如尼采和柏格森各自宣称的那样),但是始终保持这种假象不仅危险,而且会适得其反(尼采和柏格森也有所指出)。同样,这种假象也并不会有助于形成"更加绿色"的感性认知。

去神秘化(demystification)是批评理论中最为流行的一种实践方法。对于**这项**任务而言,我们在使用时应当谨慎并有所保留。原因在于,去神秘化理论认为在任何事件或过程的核心位置,都存在着一种不正当地投射至物之上的**人类**能动性。这种疑问的阐释学要求理论家高度留意,在非人能动性的假象之下,是否展现了隐秘的真相(一种人类权力意愿)。卡尔·马克思(Karl Marx)在对商品去神秘化以及防止商品拜物教出现时,揭露出商品实际上被赋予了属于人类的能动性;在面对"全球反恐战争"或前总检察长阿尔伯托·冈萨雷斯(Alberto Gonzales)所阐释的法治内涵时,布什政权下爱国的美国人民揭露了其中的自利、贪婪与凶残;女权主义理论家温迪·布朗(Wendy Brown)在去神秘化时宣称,将"除去我们眼中的等级标尺",指出"关于容忍的话语……佯装只……传播自由思想与实践带来的益处……实际上却令西方[地位稳固化],将其余的人他者化"①。

在民主而多元的政治活动中,为了使官员(不那么不公平地)遵守法律法规,阻止主导机制(种族、文明、宗教、性别、阶级)的出现,去神秘化是一种必备的工具。然而,去神秘化所具有的政治影响是有限的。例如,对违法、贪欲、虚伪、寡头政治或伪善等行

---

① Brown, *Regulating Aversion*, 11, 203.

为的揭露并不一定会激起道德层面的义愤,即使产生了义愤也不一定会引起相应的改善行动。布朗也承认,虽然曝光所谓自由宽容的"虚假"是为了削弱自由追求帝国的"正当性理由",但是这种做法也不一定会削弱帝国的"动力"。① 更重要的是,人类的伦理政治行为似乎不仅需要对现有制度的警惕与批判,而且需要提出积极的甚至是乌托邦的替代方案。② 另一位去神秘化的支持者乔迪·迪恩(Jodi Dean)同样意识到这种可能性的存在:"如果我们可以做的只是对现状进行考量、批判或去神秘化,那么我们期待自己能实现的又是什么呢?"③这种坚持不懈地寻求去神秘化的做法,与提出积极方案的可能性背道而驰。福柯在讨论弗朗索瓦·密特朗(François Mitterand)政府时,纠正了自己此前依赖去神秘化的倾向,提出了性别领域的具体改革措施:"我现在非常厌烦一种态度,而在此前很长一段时间内,我也曾持有这种态度。

---

① "正当性不应与动机相混淆。美国政府当下的帝国政策源于权力-政治动机,这与我在此讨论的话语……并无关联。"(Brown, *Regulating Aversion*, 175n251)

② 参见 Sargisson, *Utopian Bodies*。

③ 关于去神秘化的例子,参见 Dean, *Publicity's Secret*。迪恩所质疑的语境,是在评价斯拉沃热·齐泽克(Slavoj Žižek)著作的政治力量时提出的:"如果我们可以做的只是对现状进行考量、批评或去神秘化,那么我们期待自己能实现的又是什么呢? 或许,我们可以开始为揭示传播资本主义的局限性奠定基础,开始思考关于现状的此前未曾思考的内容,从而使自己能够自由地迎接新的可能性。如果齐泽克能够利用自己的名气来实现这个目标,那么没有比这个更好了,对吧?"(http://jdeanicite.typepad.com/i_cite/2005/05/what_is_the_unt.html; accessed 18 February 2009)

现在,我不再认同这种态度。这种态度认为我们需要做的是谴责和批评,认为可以让其他人去立法和改革。在我看来,这似乎并不是应有的态度。"①这里的重点同样是指出,我们既需要予以批判,也需要提出积极的替代方案,而且这些替代方案日后也会成为批判和改革的对象。

去神秘化所揭露的一般都是与人类相关的事。例如,一些人偷偷地寻求对其他人的控制,或者人类对自己所造成的伤害想要逃避责任的欲望,或者是(人类)权力的不公正分配。去神秘化的做法倾向于忽视物质所具有的活力状态,并将**政治**能动性简化为**人类**能动性。这些倾向就是我所反对的。

是否能够觉察到非人感情的存在,取决于人类本身是否身处其中。至少在一段时间之内,人们需要停止自己的疑虑,转而采用一种更为开放的行为方式。如果我们自认为对世界上的存在十分了解,那么几乎可以肯定,我们会错过很多。

种种唯物主义

很多年前我曾向朋友提及,梭罗关于野性(Wild)的概念、德勒兹关于潜在(virtual)的观点以及福柯对非思(unthought)的概念,这三者之间存在着有趣的关联。这三位思想家都试图承认一种力量的存在,尽管这种力量十分真实而强大,却在本质上拒绝人类的重现。② 我的朋友回应称,她并不太推崇法国后结构主义

---

① Foucault, "Confinement, Psychiatry, Prison", 209.

② 戴安娜·库尔(Diana Coole)在《否定性与政治》(*Negativity and Politics*)一书中梳理了这一主题的历史。

思想，因为其"缺少一种唯物主义的视角"。当时，我认为这个回应是告诉我，她更倾向马克思式的平等主义政治学思想。但是这个回应带给我一些触动，并最终让我开始思考：为什么福柯对"身体和愉悦"的关注，或者德勒兹与瓜塔里对"机器性的聚合体"的兴趣，不能被归为**唯物主义**呢？为什么马克思对物质性概念的阐释——将其视作导致许多其他事件发生的经济结构和经济交换行为——会成为唯物主义视角本身的代表？为什么不同的物质性哲学之间，或者关于物质性如何影响政治的不同学说之间，没有出现更加激烈的争论？

一段时间以来，政治理论已经意识到物质性的重要性。但是，这种物质性的概念大多指的是人类社会结构或是人类社会结构及其他对象中所"蕴含"的人类意志。由于政治本身经常被认为是一个人类独有的领域，因此其涉及的是人类行动的各种物质约束或背景。我所推崇的活力唯物主义与这种历史唯物主义之间的主要区别或许就在于，前者对人类中心主义的坚决反对。① 通过反对人类语言与思想的自恋映射，我想要强调——甚至过分强调——（在自然界、人类身体以及人造产物中运作的）非人力量所具有的能动性。我们需要培养一些拟人化（anthropomorphism）的意识——认为人类能动性在非人自然中具有一些共鸣——从而对人类主宰世界的自恋情绪做出反击。

在第一章"物的力量"中，我探讨了活力唯物主义词汇中的两

---

① 至于对能动的物质性概念在历史唯物主义中地位的一个很好的讨论，见库尔在《新唯物主义》（Coole and Frost, *New Materialism*）一书中撰写的部分。

个术语:**物的力量**(thing-power)和**外部**(out-side)。物的力量指的是日常的人造物品能够超过其作为客体(object)的身份,展现出独立性或生命力迹象的奇特能力,这也构成了人类自身经验的外在部分。我将审视的是,现有物体(我所举的例子包括街上的弃物、卡夫卡小说中的玩具生物以及刑事调查中使用的技术工具)如何可以成为具有活力和一定自身能效的物。相对于语词、图像以及在人类心中激起的情感,这些物体具有虽然微小但不能忽视的独立性。我认为,这就是此前被认为是客体的物的物质性所固有的一种活力。这也引起了一个元问题:我们是否真的能够将这种活力理论化? 或者说(正如阿多诺所言),这种探索是否不仅是徒劳无效的,而且受制于人类期待全知的傲慢意愿以及人类渴望主宰与控制的暴力意志? 我将援引阿多诺的批判观点及其在《否定辩证法》(Negative Dialectics)一书中"探索客体具有的优先地位"的尝试,来维护活力唯物主义所具有的"朴素"野心。①

物的力量的概念为我们提供了一种替代方案,那就是将客体视为一种与非人世界相遇的方法。这一概念(至少)还具有两种倾向:首先,物的力量只关注稳定或固定实体(物)所具有的活力状态;其次,物的力量展现活力状态的方式是十分个体化的(尽管这些个体并非人类)。在第二章"聚合体的能动性"中,我借用了德勒兹和瓜塔里所提出的"聚合体"(assemblages)的概念,从而丰富了关于物质能动性的讨论框架。能动性的发源处总是人类与非人合作的群组(group)。我的讨论从离散的物所具有的活力状态出发,转至审视活力状态作为一种(斯宾诺莎式)功能——物质

---

① Adorno, *Negative Dialectics*, 183.

聚合或形成异质群体——的趋势。进而,我将通过电力电网的例子聚焦2003年波及北美大部分地区的停电事件,探讨人类-非人聚合体所具有的能动性。

在第三章"可以吃的物质"中,我采用同样的角度关注了食物的议题。通过援引肥胖研究、近期的食物书写以及梭罗和尼采就饮食问题提出的观点,我将可以吃的物质看作在人类体内与人类一并运作的行动体,会对人类的情绪、性情与判断造成影响。在这里,我将要提出一种对自我概念的认知方法,也就是将自我本身视作一种不纯粹的、人类与非人共同构成的聚合体。在之后的几个章节中,我还会就这一观点做进一步的讨论。此外,我还考虑了——但最终否定了——另外一种观点,那就是认为我所指的物质具有的活力最应当归于一种非物质的来源,即具有生命力的精神或"灵魂"的看法。

第四章"金属的生命"致力于继续消解生命/物质的二元论划分,所借用的是"**一个生命**"(*a life*)的概念。我选择了一个困难的课题,探讨的是一种认为物质具有固有活力(而不是具有灵魂)的(非机械)唯物主义,即无机物质的议题。我所选择的例子是金属。如果说金属——通常被视作刚性与惰性物质的象征——是一种充满活力的物质,那将意味着什么呢?我将关注埃斯库罗斯(Aeschylus)笔下的普罗米修斯,将把普罗米修斯绑缚在岩石上的"坚硬锁链"比作科学史学家西里尔·史密斯(Cyril Smith)所描绘的多晶体金属。

作为一种学说,活力唯物主义与多种非现代(而且经常名誉不佳的)思潮具有关联,包括泛灵论、浪漫主义学派追寻的自然,再就是活力论。其中,有些关联是我认同的,有些则是我反对的。

我反对经典活力论中对生命/物质的二元式划分。在第五章和第六章中,我质疑了为何这种二元划分的观点如此持久,而且还能获得如此强烈的支持——我们尤其还要考虑到,随着自然科学与生物工程研究的发展,这种有机物与无机物、生命与物质之间的界限已经遭到越来越多的质疑。在第五章"既非活力论,亦非机械论"中,我着重探讨了认知物质具有的"活力"①的三次引人注目的尝试:伊曼努尔·康德(Immanuel Kant)提出的**形成动力**(*Bildungstrieb*)、胚胎学家杜里舒的生命原理(entelechy)概念以及柏格森所说的**生命冲动**(*élan vital*)。杜里舒与柏格森都试图将哲学与其所处时代的科学研究融为一体,而且二人都对自然的机械式模型持怀疑态度。对我来说,他们所推崇的活力论学说构成了重要的支撑,形成了一个可供活力物质哲学去填补的开放空间。

在第六章"干细胞与生命文化"中,我探讨了乔治·W. 布什以及"生命文化"的其他福音派支持者的当代活力论思想,这些思想体现在关于布什政府后期几年的胚胎干细胞研究的政治辩论中。虽然我赞同干细胞具有多能性的观点,但是对生命文化倡导者将这些细胞置于生命体与非生命体的极端分类一侧的做法,我是持反对态度的。

第七章"政治生态学"是我在构想和写作中最困难的部分,因为在这里,我相当于在活力唯物主义的物理(形而上)学([meta]physics)与政治学理论之间安排了一次会晤。我探讨了活力物质

---

① 这里的"活力"原文为 vital force。本书将形容词 vital 译作"活力",省略"的"(详见本书序言第 2 页校者注),而这里的 force 本身是"力量"的意思,与 vital 组合成名词词组,我们为求简洁,仍译为"活力"。——校者注

的概念是否可以与政治理论的几个关键概念产生共鸣,包括"公众"(public)、"政治参与"(political participation)和"政治的"(the political)等。首先,我讨论了另一个有关活力物质的例子,即达尔文所研究的独特的蚯蚓。达尔文不仅将蚯蚓看作在自然界中运作的行动体,也视其为在**历史**中发挥作用的行动体:"蚯蚓在世界历史上所发挥的作用,要比大多数人起初预想的重要得多。"①达尔文的拟人化做法促使我考虑相反的情况:那就是政治本身是否可能就是一种生态系统。我借用(并延伸)了约翰·杜威(John Dewey)提出的模式来支持这一观点,也就是将公众视作问题的突发效应的模式。同时,我也考虑到朗西埃对这一观点提出的反对意见:朗西埃既讨论了来自政治可理解性(political intelligibility)体系外部的不同声音,也讨论了将政治视为人类独有的行为领域的模式。在本章的最后,我认可了政治作为一种政治**生态**系统的定义,将公众看作通过共同的创伤经历而出现的人类-非人集体。我认为,这种公众也就是朗西埃所说的典型政治行为的"中断"(disruptions)之一。

在最后一章"活力状态与自利"中,我总结了生态哲学与活力唯物主义学说之间的各种联系。如果想要获得我们**自我**本身作为活力物质的经验,都需要哪些策略手段呢?这项任务也就是探寻如何有效而可持续地使用这种魅惑而危险的物质能量。

---

① Darwin, *The Formation of Vegetable Mould*...,305.

致　谢

本书的形成源于朋友、同事、对谈者以及其他因素的偶然聚合。杜克大学出版社的 Courtney Berger 是任何作者都希望遇到的最好的编辑。我要感谢参与 2007 年"唯物主义和政治"研讨课的聪颖的学生们：Kellan Anfinson, Cara Daggett, Derek Denman, Suzanne Gallant, Scott Gottbreht, Anatoli Ignatov（他们为本书书稿和索引部分提供了重要帮助），以及 Suvi Irvine, Meica Magnani, Stephen Peyser, Chas Phillips, Hannah Son 和 Filip Wojciechowski。此外，Rebecca Brown, Jennifer Culbert, Veena Das, Hent de Vries, Paola Marrati, Bill Connolly, Katrin Pahl, Sam Chambers 和 John Marshall 给我带来了许多启发。感谢他们帮助约翰斯·霍普金斯大学营造了一个思想多元化的社会环境。我还要衷心感谢 John Buell, Jairus Grove 和 Jennifer Lin 在分析、措辞和引用方面提供的帮助，感谢他们鼓励我坚守自己的观点，在我迟疑时为我据理力争；感谢 Bhrigu Singh 多次温和地提醒我注意暴力。感谢各位理论家朋友，多年来批评和改善我的各种发言、文章和章节论文，他们是 Anders Berg-Sørensen, Malcolm Bull, Diana Coole, Eu Jin Chua, Jodi Dean, Bill Dixon, Thomas Dumm, Kathy Ferguson, Kennan Ferguson, Stefanie Fishel, Jason Frank, Jonathan Goldberg,

Aaron Goodfellow、Bonnie Honig、Steven Johnston、Gulshan Khan、Dot Kwek、Daniel Levine、Patchen Markell、Lida Maxwell、Melissa Orlie、Davide Panagia、Bican Polat、Matt Scherer、Mort Schoolman、Nicholas Tampio、Lars Tønder、Stephen White、Mabel Wong 和 Linda Zerilli。感谢 David Howarth 和 Aletta Norval 在埃塞克斯大学组织了思维火花迸发的政治理论会议；感谢 Noortje Marres 在伦敦大学金史密斯学院组织了很棒的公众学会议；感谢 Chris Pierson 在诺丁汉大学组织的"干细胞的身份、管理与伦理"跨学科研讨会。本书还受益于我与一群杰出地理学家的幸运相遇，他们是 David Campbell、Derek McCormack、Sarah Whatmore、Emma Roe、Nick Bingham、Nigel Thrift、Ben Anderson、Jamie Lorimer、J. D. Dewsbury 以及哥伦比亚大学的理论考古协会。我还要特别感谢 Rom Coles 对整部书稿做出的细致而睿智的指正。最后，我还要再次感谢我的朋友 Bill Connolly，感谢他的点评进一步丰富了书稿的内容，感谢他在我失去信心时总会鼓励我继续前行。

我必须让感官随着思想一起飘荡，
眼睛无须刻意就能看到……
不要走向物；
让物走向你。

——亨利·梭罗《梭罗日记》

我们从来不能肯定或否定物的某种属性；
是物本身肯定或否定了我们具备的某种属性。

——巴鲁赫·斯宾诺莎《简论 II》

第一章

物的力量①

The Force of Things

① 本章的部分内容曾出现于论文"The Force of Things: Steps toward an Ecology of Matter", *Political Theory* 32, no. 3(2004)。

1984年福柯去世之后,学术界涌现出大量关于身体及其社会建构与生物力量运作的讨论。这些(尼采意义上的)谱系研究揭示了各种微观与宏观的政治技术,以及这些技术是如何规训、标准化、加速和减缓、性别化、民族化、全球化、抛弃或建构人类身体的。这些研究的最初目的是展现文化实践如何生产了"自然"经验,但是很多理论家也坚持认为,这些文化产物具有**物质顽固性**(material recalcitrance)。① 例如,虽然性别本身是历史准则与重复所凝结形成的身体上的效果,但是性别作为一种人造产物的性质**并不**意味着其容易接受人类的认知、改造或者控制。关键在于,文化形式本身即是强有力的,是具有**反抗力**(resistant force)的物质聚合体。

在后文中,我也将谈及物所具有的反抗力或者顽固性。但是,同时我也尝试指出物本身具有的正面的生产性力量。此外,我关注的不是通常被视为**人类**设计与实践("话语")的结晶的集合体,而是公共生活中**非人**物质所扮演的活跃角色。简而言之,我将试图赋予物的力量(thing-power)以言说的声音。正如米切

---

① 此处可以援引很多女性主义理论、酷儿研究和文化研究的著作。关于这一领域的研究导论,可参见 Feher, Naddaff and Tazi, *Fragments for a History of the Human Body* 三卷本。此外,还可参见 Rahman and Witz, "What Really Matters?"; Butler, *Bodies That Matter*; Butler, "Merely Cultural"; Brown, *States of Injury*; Ferguson, *Man Question*; 以及 Gatens, *Imaginary Bodies*。

尔(W. J. T. Mitchell)指出:"客体是物相对于主体所展现出的样子——也就是具有名字、身份、完形或原型模板……与之相对,物……[标志着]客体成为他者的瞬间,是沙丁鱼罐头回眸之时,是沉默的偶像开口之时;在这个瞬间,主体感受到客体的难以预测之处,开始需要福柯所言的'客体的形而上学,或者更确切地说,这种形而上学具有无法客体化的深度,而客体正是自这种深度上升,指向我们的肤浅认知'。"①

物的力量,或曰外部(Out-Side)

斯宾诺莎认为,身体具有一种特别的活力状态:"每一种物[res],都在其力所能及的范围内,努力[conatur]维持自己的存在。"②**努力**(conatus)的概念指涉一种"活跃的冲动"或持续存在的趋势走向。③ 虽然斯宾诺莎将人类身体区别于其他身体,指出其具有的"德性"在于"只在理性的指导下生活"④,但是每一种非人身体都与人类身体共同享有一种意动本质(因此具有一种与其物质构成相适应的"德性")。努力指**任何**身体中都存在的一种力量:"任何事物,无论完满与否,始终都能凭借与其最初出现时相同的力量而持续存在,所以在这一方面,所有的事物都是平等

---

① Mitchell, *What Do Pictures Want*, 156-157.
② Spinoza, *Ethics*, pt. 3, proposition 6.
③ Mathews, *For Love of Matter*, 48.
④ Spinoza, *Ethics*, pt. 4, proposition 37, scholium 1.

的。"①斯宾诺莎指出,即使是一块掉落的岩石,也"在尽其所能保持继续运动"②。正如南希·勒弗尼(Nancy Levene)所说,"斯宾诺莎不断强调这种人类与其他存在之间的连续性",因为"人类不仅不会形成一个独立的统治自身的领域,甚至也不会管理自身作为部分而从属的自然界"。③

物的力量的概念与斯宾诺莎提出的努力有一种家族相似性,同样相近的还有梭罗称为野性(Wild)的存在,或者梭罗在康科德(Concord)的森林和卡塔丁(Ktaadn)山上所体验的神秘存在,还有/是被称为铁路的野兽,以及梭罗称之为天赋(Genius)的异化

---

① Spinoza, *Ethics*, preface, 4.

② 在这封著名的信件中,斯宾诺莎将意动理论与对人类自由意志概念的批判联系起来:"由于这块石头只能意识到自己的努力[conatus]而并不是无动于衷的,它肯定会认为自己是完全自由的,而且认为它继续运动的唯一原因便是因为自己希望如此。那么,这就是所有人所拥有的引以为傲的人类自由,其仅仅由此组成,人类意识到其所希望的内容,但没有意识到其背后的决定因素。"(Spinoza, *The Letters*, epistle 58)哈桑娜·夏普(Hasana Sharp)指出,人类与石头之间的类比"并不像起初认为的那样夸张。在斯宾诺莎看来,所有的存在,包括石头……都具有一种思考能力,这恰恰对应了身体中以不同方式存在的力量、施加的力量和被施加的力量……类似地,每一种存在——石头一定也如此——都能够在许多无限的其他存在中保存自己的完整性,都具有……一种在其本质允许范围内尽可能保存和增强自己生命的……愿望"(Sharp, "The Force of Ideas in Spinoza", 740)。

③ Levene, *Spinoza's Revelation*, 3. 依沙克·梅拉梅德(Yitshak Melamed)进一步指出:"由于努力学说……为斯宾诺莎的道德理论奠定了基础,我们似乎甚至可以为河马和岩石也创造一套道德理论。"(Melamed, "Spinoza's Anti-Humanism", 23n59)

物。野性是一种并非完全是人类的力量,这种力量打乱并改变了人类身体与其他身体。野性指涉了物质具有的一种无法被还原的特殊维度,即**外部**(out-side)。与物的力量相关的还有亨特·德·弗里斯(Hent de Vries)在政治神学视域内所言的"绝对性"(the absolute)的概念,或曰"无形且无法估量"的顽固性。① 尽管绝对性往往被等同于上帝——尤其是在强调全能神性或根本他异性的神学理论中——但是德·弗里斯对其的定义更加开放,认为是"倾向于疏远与现有语境的关系"②。当我们审视 absolute 一词的词源时,这个定义便显得更加合理了:ab(分离)+solver(疏远)。absolute 因此也就是**被疏远**和已疏远的存在。例如,当天主教牧师赦免(ab-solution)悔过者时,他便是一个传递神性的工具,将罪恶疏离于其所附着的特定灵魂;现在,罪恶被分离开来,成为一个异位的、陌生的、奇特的非人存在。因此,在德·弗里斯提及绝对性时,他试图指出鲜有人注意到的一点,那就是这样的某种物(a some-thing):这种物不是知识的客体,其脱离于表征(representation),或者在根本上不受其约束,因此实际上是一种非物(no-thing)。换言之,这只不过是分离之物所具有的力量或有效性。

与我试图表达的物的力量一样,德·弗里斯提出的绝对性的概念力求发现那些拒绝完全消解于人类知识领域的存在。但是,二者强调的重点也有所区别。在德·弗里斯的认知中,这种外在性或曰外部主要被视为一种认识论上的局限性:在绝对性存在的

---

① De Vries, *Political Theologies*, introduction, 42.
② 同上书,6。

情况下，我们不可能真正地**认识**(know)。从人类思想的角度来看，绝对性是分离的；绝对性指涉了**认知**(intelligibility)的局限。因此，德·弗里斯的构想将人类优先作为能知的身体(knowing bodies)来看待，同时倾向于忽视物质和**它们**能做什么。与之相对，物的力量的概念旨在将它(it)作为一种行动体来看待；我将尝试一项几乎不可能完成的任务，那就是确定物具有的(脱离于主体性的)独立瞬间；这一瞬间是一定存在的，因为物实际上的确影响了其他身体，或是增强或削弱了它们的力量。我将从认识论语言转向存在论语言，从关注内在性与超验性(绝对性)之间的隐秘顽固性，转向关注一种活跃的、世俗的、并非完全是人类的丰富存在(活力物质)。我将力求挖掘物质固有的内在活力状态，并且在这个过程中，将物质从与自动论与机械论的长期关联中解放出来。①

在本章中，我们即将见到的奇特的活力物质包括一只死老鼠、一个塑料瓶盖和一个线轴，这些角色都来自思辨的存在论叙事(onto-story)。尽管因为距离过近和过远，我们无法清楚地审视，而且语言学方法也被证明不足以完成这一任务，但是这个故事依然大胆地尝试了一种关于物质性的叙事。这个故事将揭示

---

① 关于斯宾诺莎所描绘的相互作用的、由努力驱动的**身体**能否阐释新物质的创造性出现，德·弗里斯在对此进行思考时，似乎认同了这种关联："看起来，似乎过量、天赋甚至事件……在此都没有立足之地了。"(de Vries, *Political Theologies*,序言,22)为什么呢？因为在德·弗里斯看来，创造性的唯一可能的焦点是"准精神的"(quasi-spiritual)，这也就是斯宾诺莎提出的上帝/自然的第二属性，即**思想**或观念。然而，如果物质本身便具有创造性的活力状态呢？

人类与物质之间重叠的程度,以及我们(us)与它们(it)彼此融入对方的程度。故事蕴含的寓意之一便是,我们同样是非人存在,而物质同样也是世界上具有活力的存在。本章期望这个故事可以促进我们更好地认知周围以及体内的非人生命体,生成一种更加细腻的意识来感知各种身体所构成的非和谐的复杂网络联结,最终形成对这一生态情境更加睿智的干涉方法。

物的力量Ⅰ:残骸

6月4日,阳光灿烂的周二清晨。在巴尔的摩冷泉巷(Cold Spring Lane)的山姆百吉饼店前,通往切萨皮克湾的暴雨排水沟的格栅上有:

　　一只大号的男用黑色塑胶手套
　　一层浓厚的橡木花粉
　　一只干净的死老鼠
　　一个白色的塑料瓶盖
　　一根光滑的木棍

手套、花粉、老鼠、瓶盖、木棍,当我看到这些物品时,它们在残骸与物之间来回闪烁着。一方面是除了表征人类活动(工人的辛劳、丢弃者的抛扔、毒鼠药的奏效)之外,被人们所忽略的物;另一方面则是超越人类意义、习惯或阐释的相关联系,需要人们给予其应有关注的存在。在第二个类别中,物质展现出其具有的物的力量:它传递出一种呼唤,尽管我并不能完全理解它所表达的内容。至少,这激起了我的某些感情:我对死去(或者可能只是在睡觉?)的老鼠感到厌恶,对垃圾感到不悦,但同时我也感受到其他的东西——那是一种无名的意识,意识到**那**只老鼠、**那**堆花粉的组成部分、**那个**原本极为普通的批量生产的塑料水瓶盖,都具有不可思议的独特性。

我所遭遇的,便是史蒂芬·杰伊·古尔德(Stephen Jay Gould)所说的非人身体的"极度复杂与棘手之处"①。然而,处于**震撼**中的我意识到这些身体所具有的能力不仅仅限于被动的"棘手",而是也包括使事件发生以及产生影响的能力。当手套、老鼠、花粉、瓶盖和木棍的物质性开始闪烁和耀眼时,一部分是因为它们与彼此、街道、那天早晨的天气和我共同形成的可能场景。如果太阳没有照耀在黑色的手套上,我可能就不会看到那只老鼠;如果那只老鼠不在那里,我可能就不会注意到瓶盖,等等。然而,由于它们**当时**的确都在那里,所以我看到了每一种物内部充满的能量活力状态;通常而言,我认为这些物都是惰性的。在这个聚合体中,**客体**以**物**的身份出现;换言之,这些客体作为鲜活的实体,并不能完全还原至(人类)主体为其设定的语境之中,也无法用符号学予以彻底详述。在我与冷泉巷的下水道的相遇中,我瞥见了一些无法被还原为客体文化的物的文化。② 在那一瞬间,我实现了梭罗一生追求的目标:借用托马斯·杜姆(Thomas Dumm)的表述,即能够"因眼前所见之景而

---

① Gould, *Structure of Evolutionary Theory*, 1338.

② 关于垃圾的有效性的精彩论述,可参见 Edensor, "Waste Matter";以及 Hawkins, *The Ethics of Waste*。

感到惊讶"①。

这扇通往不同寻常的外部(out-side)的窗户,不仅得益于这个特定聚合体的偶然性,而且也依赖于我的内部(in-side)方面所做的某种预期准备,即能够接受物的力量出现的感知方式。在我遇到手套-花粉-老鼠-瓶盖-木棍的组合时,脑中有梭罗的存在,他促使我实践"始终观察需要被注视的物质的原则";我的脑中还有斯宾诺莎宣称的一切物都"具有不同程度的活力";此外,还有莫里斯·梅洛-庞蒂(Maurice Merleau-Ponty),他的《知觉现象学》(*Phenomenology of Perception*)一书揭示了"活生生的身体所具有的内在或最初价值,[其]一直延伸……至整个感性世界",并向我展示了"由我们自己的身体经验所激起的凝视会如何在所有其他'客体'中发现表达的奇迹"。②

如前所述,那天在地上出现的物体都是具有活力的:它们在这一瞬间,将自己封闭为死物,而在下一个瞬间,又变为鲜活的存在;在这一刻是垃圾,在下一刻又变为诉求者;这一瞬间是惰性物质,之后又变为通电的电线。它们以一种响彻肺腑的方式使我意识到,在越来越短的周期内购买越来越多产品的美国物质主义

---

① 关于"日常之物的隐蔽力量"的细致讨论,可以参见 Dumm, *Politics of the Ordinary*,7。与我试图为"物"发声的做法相一致,杜姆尝试将日常之物视作对传统和规范化的行为进行反抗的潜在之处。

② Thoreau, *Writings*,111(梭罗在观察物质时,相信"对表面现象的认知总会引起理智的奇迹效果"[Thoreau, *Journal*, 2∶313]); Spinoza, *Ethics*, pt. 2, proposition 13, scholium 72; Merleau-Ponty, *Phenomenology of Perception*, 197。

(American materialism①),实际上是**反**物质性的。② 商品的数量非常庞大,以至于人们极为需要将其丢弃,从而再为新商品腾出空间,这些做法都隐藏了物质具有的活力状态。《梅多兰兹》(*The Meadowlands*)是一部20世纪末的梭罗式的旅行手记,其中记录了曼哈顿之外位于新泽西的垃圾山。在书中,罗伯特·沙利文(Robert Sullivan)描述了即使在垃圾中也依然存在的活力状态:

> 垃圾山是活着的……在黑暗无氧的地下,有数十亿的微观有机物繁荣生长着……在吸收了新泽西或纽约剩余的最小部分之后,这些细胞在地下呼出大量的二氧化碳与温暖潮湿的甲烷气体;起初,没有生命迹象的热风吹过地面,助长了当地的火力,或者偷偷潜入大气层,侵蚀着……臭氧层……一天下午,我……沿着垃圾山的边缘行走,这是一座40英尺高的压缩垃圾堆,其地形构造源于纽瓦克市的垃圾……前一天晚上有雨,所以我很快就发现了一小股渗出的液体,黑色的渗出液沿着垃圾山坡流下,这是垃圾浓缩的精华。再过几个小时,这股液体将会流进……梅多兰兹的地下水;它将与有毒的液体混合

---

① 此处的materialism一词,使用的是含贬义的"物质主义"意义,指讲求物质利益的拜金主义、消费主义,故不与全书其他各处的"唯物主义"译法统一。这也是本书在涉及"活力唯物主义"或"新唯物主义"时放弃采用"物质主义"译法的原因之一。参见本书序言第5页校者注。——校者注

② 关于垃圾-污物文化的民主意蕴,相关分析可参见Buell and DeLuca, *Sustainable Democracy*。

起来……但是，在当下的这一瞬间，在它诞生的地方……这一小股渗出液是纯粹的污染物，完全由油脂构成的混合物，含有氰化物、砷、镉、铬、铜、铅、镍、银、汞和锌等。我用手触摸了这股液体，指尖染上了蓝褐色——液体温暖而新鲜。在几码远的地方，液体汇聚为一个散发着苯气味的水坑，还有一只绿头鸭在里面游泳。①

沙利文提醒我们，具有活力的物质性是无法真正被"舍弃"的，因为即使作为被丢弃或不想要的商品，物质活力依然会继续活动。对那一天的沙利文而言，就如同对那个六月清晨的我而言，物的力量源于一堆垃圾。这不是花的力量、黑暗力量或少女力量，而是**物的力量**。这种奇特能力使无生命的物变得鲜活起来，使之开始行动，并产生巨大而细微的影响。

物的力量Ⅱ：奥德拉代克的非有机生命

一只死老鼠、一些橡树花粉和一根木棍挡住了我前进的道路。但是，塑胶手套和瓶盖也引起了相同的情况。也就是说，物的力量既可以来自无机身体，也可以来自有机身体。作为这一观点的佐证，曼纽尔·德兰达（Manuel De Landa）指出，即使无机物也可以进行"自我组织"（self-organize）：

无机物质能量的结构生成具有更加多样的方法，而

---

① Sullivan, *The Meadowlands*, 96–97.

不仅只是简单的阶段变迁……换言之,即使是最卑微的物质和能量形式也具有**自我组织**的潜力,这超越了晶体形成过程中涉及的相对简单的类型。例如,有一些称为孤波(solitons)的连贯波浪,可以在许多不同类型的物质中形成,从海洋洋流(在那里这种波浪被称为海啸)再到激光的光波。此外,还有……稳定的状态,或称之为吸引子(attractors),可以维持连贯的循环活动……最后,不同于此前无法实现真正创新的非线性自我组织,这里[出现了]……自此前过程(晶体、连续脉冲、循环模式)衍生而来的实体,它们可能会融入不同的群体。当这些自发生成的结构形式聚在一起时,便显示出无机物质比我们预想的要更加多变而具有创造性。我们需要将这种对物质内在创造力的洞察充分纳入新的唯物主义哲学之中。①

在第四章中,我将尝试处理这种关于非人生命或非有机生命的观点;但是在这里,我想请大家关注一个相关的文学改编,那就是卡夫卡的短篇小说《家父之忧》("Cares of a Family Man")中的奥德拉代克(Odradek)。奥德拉代克是一个线轴,它/他可以跑也可以笑;这种具有生命力的木制品具有一种非人形式的活力状态。例如,德兰达提及了一种"自发的结构生成",这种生成发生在远离平衡状态的化学系统没有原因地选择一条发展道路,而不是另一条路径之时。与这些化学系统一样,奥德拉代克作为一种物质构成,跨越了惰性物质和活力生命体之间的界限。

---

① De Landa, *A Thousand Years of Nonlinear History*, 16.

正是出于这个原因,卡夫卡笔下的叙述者难以将奥德拉代克归入某种存在论的范畴之中。奥德拉代克是一种文化产物、某种工具吗?但如果是的话,或许其目的不甚明了:"它看起来像一个平的星型线轴,看上去似乎的确有线绕在上面;可以肯定的是,这只是一些老旧的、断了的线,它们缠绕纠结在一起,有着多样的种类与花色……人们不由得觉得,这个生物曾经拥有某种可以辨识的形体,只是现在仅剩断了的线头。然而,事情似乎并非如此……哪里都没有任何完成或完好的外观暗示这种猜想;尽管整个物质看起来毫无意义,但却以自己的方式完美完成了。"①

或者可以说,奥德拉代克与其说是一个客体,更多的是一种主体:一种有机生物,一个小小的人?但如果这样说的话,他/她/它所蕴含的寓意似乎十分反常;从奥德拉代克的星形中心突起了一根小横杆,并"依靠后面这根小木杆……以及星星的一个角……整个物体可以直立起来,仿佛有两条腿一样站着"②。

一方面,奥德拉代克就像一个活跃的有机体,似乎在有意识地移动(他"非常灵活"),而且可以清晰地言说:"他依次藏在阁楼、楼梯、大堂和门厅里。很多时候,连续几个月都看不到他;大概他已经移至别的房子里了;但是,他总会忠实地回到我们家中。有很多次,在你走出门的时候,他恰巧正倚在下面的栏杆上,你不由得想跟他说话。当然,你不会向他提出任何困难的问题,你就像对一个孩子一样看待他——他是如此小巧,让你忍不住这样做。'那么,你叫什么名字?'你问他道。'奥德拉代克。'他回答

---

① Kafka,"Cares of a Family Man",428.
② 同上。

说。'那你住在哪里?''没有固定的住处',他笑着说。"然而,在另一方面,奥德拉代克就像一个无生命的物体,其发出的所谓笑声"背后没有肺的存在","听起来更像是落叶的沙沙声。这通常意味着谈话的结束。即使这些回应也并不总会出现;很多时候,他会长时间沉默,就像他的外表一样木然"。①

奥德拉代克就是这样一种本体论上多元的存在:既木然,又活跃;既能言,又带有植物性;既有活力,又有惰性。他/它是一种具有活力的物质,展现出德勒兹所描绘的"植物中存在的活力,以及动物中存在的植物性"②。19世纪末期,俄国科学家弗拉迪米尔·伊万诺维奇·沃尔纳德斯基(Vladimir Ivanovich Vernadsky)同样反对在生命体与物质之间画定鲜明的界线,他将有机物定义为"常见矿物质与水的特殊分布形式……强调水生生物与岩石之间的连续性,比如珊瑚或石灰岩礁化石。沃尔纳德斯基指出,这些明显具有惰性的地层实际上是'昔日生物圈留下的痕迹'"③。奥德拉代克揭示了水生生物与岩石之间的这种连续性;他/它使物的生成突显了出来。

物的力量Ⅲ:合法的行动体

当我在巴尔的摩担任评审团成员参加一个男人杀人未遂的审判时,我或许曾经遇到过奥德拉代克的亲戚。那是一个小玻璃

---

① Kafka, "Cares of a Family Man", 428.

② Deleuze, *Bergsonism*, 95.

③ Margulis and Sagan, *What Is Life*, 50.

瓶,有一个带黏性的金属盖;这是一个火药残渣的取样器。在枪击发生几个小时之后,这个物体/目击者轻涂了被告的手;现在,其微观证据被提交至陪审团,从证明这只手或者曾经开过枪,或者曾在枪击范围三英尺之内。专家证人多次向陪审团展示了这只取样器,每出现一次,它都会施加更多的力量,最终对判决产生了至关重要的影响。构成这个取样器的玻璃、表皮细胞、胶水、言语、法律、金属和人类的情感已经成为一种行动体。**行动体**(actant)是拉图尔提出的一个术语,指涉一种行动的来源;行动体可以是人类,也可能不是人类,或者最可能的是二者的结合。拉图尔将行动体定义为"做出行动的物,或者他者对其施予行动的物。行动体没有暗示任何关于人类个体或人类整体行动者的特殊动机"①。行动体既不是一种客体,也不是一个主体,而是一个"干预者"(intervener)②,类似于德勒兹所说的"准运行者"(quasi-causal operator)③。所谓运行者,由于其在聚合体中的特定位置以及在正确的时间处于正确的地方的优势,可以造成影响,使事情发生,成为催化事件的决定性力量。

行动体与**运行者**是可以互相替代的词语,在更加以主体为中心的词汇中,也被称为能动者(agents)。如今,能动力被认为有差别地分布在更广泛的存在类型之中。这种观点也出现在关于"赎罪奉献物"(deodand)的概念中。这个概念于 1200 年出现在英国法律中,直至 1846 年被废除。在造成人类意外死亡或受伤的情

---

① Latour,"On Actor-Network Theory".

② Latour, *Politics of Nature*, 75.

③ De Landa, *Intensive Science and Virtual Philosophy*, 123.

况下,非人行动体——例如刺入人体的雕刻刀或压断行人腿的马车——都成为赎罪奉献物(字面意思是"必须给予上帝的物质")。为了承认**其**独特的能效性(这种力量弱于能动性,但是比顽固性更加活跃),赎罪奉献物作为一种"悬停在人与物之间"的物质性①,被移交给国王(或卖掉)用于赔偿所造成的伤害。威廉·皮埃兹(William Pietz)指出:"任何文化都必须建立某种赔偿、补偿或惩罚的程序,以处理由非人物质客体所造成——直接原因并非具有道德责任的人类——的意外人类死亡。这便是赎罪奉献物法在公共话语中提出的议题。"②

当然,刺伤人的刀具与被刺伤的人类、蘸取取样器的技术人员与取样器、冷泉巷水沟里的一排物品与作为叙述者讲述其活力状态的我之间是存在差异的。但是,我同意约翰·佛柔(John Frow)的观点,那就是这些差异应当"被铺平开来,作为一种并置关系来水平地阅读,而不是作为一个等级结构来垂直地解读。我们能够并且的确会将……物与人类区分开来,这是我们所处世界的一个特点。但是,我们所生活的这种世界也使这两种存在可以不断地彼此交换属性"③。若要明确这一事实,也是为了开始以更加

---

① Tiffany,"Lyric Substance",74. 蒂凡尼将谜题(riddles)与物质性本身做了一个类比:二者都处于主体和客体之间,都在经历从有机物到无机物、从世俗到神性的"圣餐变体论"(transubstantiations)。蒂凡尼提出的唯物主义主张源于其对文学形式的分析,并质疑了将科学视作"定义物质的唯一仲裁者"的长期传统(75)。他试图做的是,"打开目前阻碍文学批评者讨论物质实体问题的障碍"(77)。

② Pietz,"Death of the Deodand".

③ Frow,"A Pebble, a Camera, a Man",283.

水平的方式**体验**人与其他物质之间的关系,我们需要进一步走向一种更加生态的感性。

物的力量Ⅳ:漫步和言说的矿物质

奥德拉代克、火药残渣取样器与街上的一些垃圾,它们可以让人感到魅惑,因此似乎变得鲜活起来。但是,这种短暂性是物质的属性还是人类的属性呢?我所见到的来自残骸的物的力量,是否只是主体和主体间的内涵、记忆和感情所具有的功能,是围绕我对这些物品的想法而积累起来的?那天让我在街上暂时静止的真正能动者是否其实是**人类**,也就是"老鼠""塑料"和"木头"的文化意义与我自己的独特经历相结合呢?有可能是。但是,如果我头脑中充斥的活动**本身**便是一种物质活力,这是否与垃圾也具有的物质活力相同呢?

迄今为止,我一直试图通过关注非人身体来强调物质本身具有的活力状态,也就是将物质描绘为行动体,而不是作为客体来看待。但是,若要将物质看作活动之物,我们还需要重新调整人类作为行动体的地位:这并不是要否定人类具有的可畏力量,而是将这些力量作为我们由物质活力构成的证据。换句话说,人类力量本身就是一种物的力量。在某种程度上,这种说法是无可争议的:很容易知道的是,人类是由各种物质部分(我们骨骼中的矿物、血液中的金属元素或者神经元中的电位)组成的。然而,困难的是将这些物质视为具有活力和自我组织能力的存在,而不是受某种非物质——活动的灵魂或大脑——指挥的被动或机械的手段。

从长时间的跨度来看,这种认为物质本身具有固有活力状态的观点或许更加可信。例如,如果人们采用进化时间(evolutionary time)而不是传记时间(biographical time)的角度,无机矿物所造成的能效便变得可见了。德兰达是这样介绍人类骨骼的出现的:"软组织(胶体和气溶剂、肌肉和神经)在50亿年前处于巅峰位置。在那之后,构成生命体的肉质的物质能量集合体突然出现了**矿物化**(mineralization),并且出现了一种建构生物的新材料:骨骼。矿物世界早已成为生物出现的基础,现在仿佛再次证明了自己的地位。"① 矿物化的过程指涉了骨骼生成的创造性能动性,而骨骼则"使新的运动控制方式在动物中成为可能,使其摆脱了许多制约因素,实际上可以占据天空、水中以及陆地上的任何可利用的空间"②。那么,在漫长而缓慢的进化期中,矿物物质表现为制动者和搅动者,是活跃的力量;而人类凭借其引以为豪的自我导向的行动力,表现为**物质**的产物。③ 沃尔纳德斯基赞同这一观点,他将人类描绘为一种特别强有力的矿物质混合体:"最令[沃尔纳德斯基]感到震惊的是,构成地壳的材料已被归纳为多种多样的移动生物,其繁殖和成长会在全球范围内建构并分解物质。例如,人类重新分配和集中氧气……与其他地壳元素,成为双腿直立的存在形式,并且极易在地球上游荡、挖掘,以无数其他

---

① De Landa, *A Thousand Years of Nonlinear History*, 26;强调为本书作者所加。
② De Landa, *A Thousand Years of Nonlinear History*, 26–27.
③ 虽然正如我在第二章中指出的那样,这种效力与其说是只属于矿物的,更准确地说是属于多种身体与力量共同发挥作用的能动聚合体。

方式改变地球的外观。**我们就是正在行走和说话的矿物质**。"①

卡夫卡、德兰达和沃尔纳德斯基都认为,人类个体本身便是由活力唯物构成的,我们所具有的力量即是物的力量。这些活力唯物主义者并不是宣传人类与骨骼之间不存在差异,只是指出没有必要通过将人类置于存在论中心或等级顶点的方式来描述这些差异。与之相反,正如让-弗朗索瓦·利奥塔(Jean-François Lyotard)指出,人类可以作为一种**特别丰富和复杂**的物质集合体而被区别开来:"人类是一种复杂的物质体系;意识是语言的效果;语言则是一种高度复杂的物质体系。"②类似地,理查德·罗蒂(Richard Rorty)将人类定义为非常复杂的动物,而不是"具有一种被称为'智力'或'理性灵魂'的附加成分"的动物。③

人们担心的是,如果无法确认人类的独特性,这样的观点会将人类作为单纯的物来对待;换言之,为了防止人类的工具化,我们有必要在主体与客体之间进行明确的划分。持这类观点的批评者还认为,客体的确具有一定的行动力(比如当细菌或药物在人体内部产生敌对或共生效果时),而且某些主体对主体的客体化的确是可以发生的(比如当人同意使用和被用作获得性快感的手段),但是我们必须维持人与物之间的**存在论**划分,以免使人类失去自己优越于细菌的**道德**立足点,或者无法谴责人类对人类进行的各种有害的工具化行径(比如强大的人类会剥削非法、贫穷、年轻或其他较弱的人类)。

---

① Margulis and Sagan, *What Is Life*, 49;强调为本书作者所加。

② Lyotard, *Postmodern Fables*, 98.

③ Rorty, *Rorty and Pragmatism*, 199.

活力唯物主义者会如何应对这一重要担忧呢?首先,需要承认主体-客体的划分框架确实有时可以阻隔或缓解人类的痛苦,并且促进人类的幸福或福祉。其次,需要意识到这种成功是以非人自然的工具化作为代价的,这本身既是违背伦理准则的,也可能损害人类的长远利益。第三,需要指出的是,康德认为有必要始终将人类看作一种自在目的(end-in-itself),而不仅仅是一种手段(means),但是这种观点在防止人类受苦或促进人类福祉方面并没有显著的成绩;我们应当重视实际的历史效力的问题,从而提供空间来接纳不依赖物质**等级**秩序的伦理实践形式。在这里,唯物主义者提出要促进健康和有益的工具化过程,而不是将人类本身看作目的;因为在面对人类自我的复合本质时,人们会意识到即使理解一个目的概念也是非常困难的。与之相对出现的是,每个人会同时追求大量彼此竞争的目的,其中一些目的是有益于整体的,另一些却不是如此。在这里,活力唯物主义者受到尼采和斯宾诺莎的伦理学启发,赞成生理描述而不是道德描述,原因是担心道德主义(moralism)本身可能会成为不必要的人类痛苦的来源。①

现在,我们可以更好地提出另一种促进人类健康与福祉的途径:**提高构成我们的物质的地位**。每一个人都是由异质物质所构成的复合物,这些物质具有的活力既美妙,又危险。如果物质本

---

① 在第二章末尾我还将指出,人们高估了道德主义在解决社会问题方面的效力。反道德主义(antimoralism)作为活力唯物主义的意义之一,具有一定的风险性,我也并不想将其推至逻辑的极限。我的目的不是消除道德评价实践,而是增加道德反应的阻力。

身是具有活力的,那么不仅客体与主体之间的区别可以最小化,而且所有物共享的物质性的地位也会得到提高。抵抗力和各种能动性所具有的物的力量变得更加明显,因此所有的身体不再仅仅是客体。由于这个原因,活力唯物主义将为那些正处于康德式道德标准的世界之中的人们建立起一种安全网,这些人因为不遵从特定的(欧洲-美国的、资产阶级、神本主义或其他)人格模式而屡遭挫折。在这里,伦理目标更加广泛地将价值分配给身体等存在。这种新出现的对物质及其力量的关注并不能解决人类剥削或压迫的问题,但是可以促使人们更好地意识到,从彼此不可分割的密集关系网络的角度看待,所有身体都是有亲缘关系的。在活力物质交织而成的世界中,损害网络的一部分很可能就意味着伤害自己。从这样一个明朗或延伸的角度理解自利(self-interest)的概念,是**对人类有益的**。正如我将在第八章中进一步论证的那样,虽然活力唯物主义寻求在更广泛的层面定义自我和利益,但是活力唯物主义并不反对将自利视为道德行为的动机之一。

物的力量Ⅴ:物的力量与阿多诺的非同一性

然而,或许物的力量或活力物质的概念本身包含了太多内涵,也就是试图比可能知道的还要知道得更多。或者,如果将这批评置于阿多诺的术语中,它是否体现了始终未曾重视概念与现实、客体与物之间差距的西方哲学传统的极端傲慢呢?在阿多诺看来,这个差距是无法去除的,我们最多只能说它不受概念的束缚,而且与任何表征之间都存在着一种"非同一性"(nonidentity)。然而,正如我将指出的那样,阿多诺也仍然在继续寻求一种途径来接触——无论如何黑暗、粗暴或短暂——这种外部存在(out-side)。从下面《否定辩证法》的引文中,我们可以看到这种寻求的痕迹:"我们称之为物的存在本身并不是随处可见的。想要了解物的人必须思考得更多,而不是更少。"①虽然阿多诺明确地否定存在任何直接的感官认知("物本身并不是随处可见的"),但是他并没有否定全部的相遇模式,因为还存在一种可能的模式方法,即"思考得更多,而不是更少"。在这一节中,我将探讨阿多诺提出的非同一性与我所说的物的力量之间的密切关系,以及阿多诺探讨的"特定的唯物主义"(specific materialism)(ND,203)与活力唯物主义在更普遍的层面上的相互关联。

阿多诺用**非同一性**的概念来指称不受知识的影响、与所有概念相"异质"的状态。然而,这种难以捉摸的力量并不完全存在于人类的经验之外——阿多诺将非同一性描述为对人们产生影响的存在:他认为,我们作为知情者实际上被困扰着,总有一种遗忘或遗漏了什么事情的痛苦感觉在啃噬着我们的神经。无论人们的认知多么细致或精确,这种因表征不足而产生的挫败感始终萦绕着人们。"否定辩证法"是阿多诺提出的方法,目的是告诉人们如何**强调**这种不安的经历并赋予其意义。如若实践方法得当,否定辩证法会让非同一性的静态嗡鸣声变成一种强大的提示音,提醒人们"客体不会在没有留余的情况下融入概念",因此生活总会

---

① Adorno, *Negative Dialectics*, 189. 此后文中凡援引本书,均以缩写 *ND* 来替代。

超出我们的认知和控制。正如阿多诺指出,出色的伦理阐述需要牢记这一点,并学习如何接受这一点。只有这样,我们才能不再对拒绝给予我们——据阿多诺所言——所渴望的"和解"的世界感到不满(ND,5)。①

然而,对于活力唯物主义者来说,这种伦理观念的起点与其说是对不可能"和解"的接受,不如说是承认人类参与了一种共同的活力物质性。我们**是**活力物质,而且被活力物质所包围——尽管我们并不总是这样看待活力物质。这里的伦理目的是培养人们识别非人的活力状态的能力,以及如何更加开放地感知非人活力。与之类似,阿多诺提出的"特定的唯物主义"也提倡使用一系列实践技巧来促使人们更好地发现并接纳非同一性。换言之,否定辩证法是阿多诺提出的唯物主义中蕴含的教学法。

这种教学法既包括知识性训练,也包括审美训练。知识性训练体现在试图让概念化过程成为明确的思考对象。这里的目的是让人们更加清楚地知晓,概念化过程会自动地掩盖其概念的不足之处。阿多诺认为,批判性反思可以揭露其中隐匿的机械主义,而这种揭露会深化人们对非同一性存在的感知。这种处理方法是一种以毒攻毒的疗法:为了纠正概念化过程的傲慢弊病,我们必须形成非同一性的**概念**。这种处理方法之所以有效,是因为

---

① 罗曼德·科尔斯长期将阿多诺视作一位伦理理论家:否定辩证法作为一种"思维道德"(morality of thinking),可以使人更加宽容地对待他人以及自身的非同一部分。科尔斯认为,阿多诺试图指出并减轻概念化所导致的暴力,以及为了认识和控制一切物而带来的痛苦。请参见 Coles, *Rethinking Generosity*,第二章。

无论这些概念多么失真,其仍然"指向了非概念性(nonconceptualities)"。原因在于,"概念本身便是需要其形成的现实环节"(ND,12)。虽然概念本身永远无法提供一个关于物质的清晰观点,但是"有辨别能力的人类"在"物质及概念方面甚至可以分辨那些极微小的、概念无法捕捉的存在"(ND,45),因此人类可以更好地与之交流。需要注意的是,有辨别能力(擅长否定辩证法)的人类不仅将他的概念化归因于第二种反思,并且对客体的"质的要素"(ND,43)给予了极大的**审美**关注,而这些要素则打开了通向非同一性的窗口。

教学法的第二种技巧是训练人们的乌托邦式想象力。使用否定辩证法的人应当在想象层面上重新创造被概念化所扭曲和掩盖的物质:"否定辩证法用于渗透坚硬客体的方法是可能性——现实所欺骗的客体的可能性以及在所有客体中依然可见的可能性。"(ND,52)非同一性存在于那些被否定的可能性之中,那些围绕和注入客体世界的不可见的领域之中。

第三种技巧是让"戏谑的元素"融入自己的思维,并且愿意做一个愚者。使用否定辩证法的人知道自己离"理解非同一性还有多少距离",但是"他必须始终假装自己好像完全了解一样;这种做法让其陷入了小丑的境地。他不能否认自己的小丑特质,至少是因为这些特质让其有望获得自己不具有的物质"(ND,14)。

对概念化的自我批评是一种对客体独特性的感官关注,是锻炼自己的非现实想象以及做小丑的勇气。通过这样的实践方法,人们可以用尊敬来取代此前对非同一性的"不满",这种尊敬可以纠正我们的掌控欲。在阿多诺看来,这种不满是人与人之间的残暴行为的背后驱使力量。阿多诺更进一步认为,否定辩证法可以将非同一性带来的痛苦转化为改善政治行为的意愿；物阻碍我们在观念与实践层面的掌控欲，这种阻碍让我们感到不满；然而，这种阻碍也带给我们一种伦理劝诫，即"痛苦不应存在……物应当是不同的。悲痛说：'去吧。'于是，特定的唯物主义与批评、与实践中的社会变革相融合了"（ND, 202-203）。①

阿多诺的伦理学建立在对知识和审美的关注之上。尽管这种伦理学始终无法清楚地认知其对象，但是对于那些被训练去认知的身体而言，依然具有一定的有益影响。阿多诺自愿充当愚人的角色，探究我所说的物的力量，并称之为"客体的优先地位（pre-

---

① 阿多诺也将这种痛苦描述为"一个生命因实际上会扼杀其他生命而感到的愧疚之情"（ND, 364）。科尔斯称之为"引起人们批评行为的持续不安"（Coles, *Rethinking Generosity*, 89）。阿多诺并未论述或维护这种观点，即认为观念层面上失败的痛苦会促进或导致一种想要再次讨论社会不公问题的伦理意愿。然而，显然我们需要对观点进行一些修正，因为历史已经表明，即使非同一性导致的剧痛会使自我感到"事情不应是这样的"，这种道德觉醒并不一定会引起"实践层面的社会变革"。换言之，在观念与物之间的鸿沟之外，还存在着第二条鸿沟需要我们关注，那就是承认他人的痛苦与进行改善性行动之间的鸿沟。此前我曾指出，其中需要的能量来源之一便是对世界的爱，或曰对充满生命物质的世界的附魅；阿多诺认为，痛苦和失落感具有更多的伦理潜力。阿多诺"鄙弃肯定的通道"，指出"生命的丰富性"的经验与"欲望不可分割，这种欲望具有内在的暴力和征服性……如果没有二头肌的收缩，就不存在丰富性"（ND, 385, 378）。非同一性是黑暗而引发沉思的，并且以未言明的抵触感、痛苦或疼痛感的形式来表现最接近本原的自身。从活力唯物主义者的角度来看，阿多诺摇摆不定的地方便是托马斯·杜姆所称的"在我们接近[物的]不可知的浩瀚时，所感受到的压倒性的失落感"（Dumm, *Politics of the Ordinary*, 169）。

ponderance)"的存在(*ND*,183)。在人类所遇到的世界中,非人物质具有力量,而"资产阶级 I"却以自我组织为幌子否定了这种力量。① 正是在这一点上,阿多诺将否定辩证法等同于唯物主义:只有"转向客体具有的优先地位,辩证法才能变得唯物主义化"(*ND*,192)。

虽然阿多诺敢于肯定像物的力量这样的存在,但是他不想**太长时间**地扮演愚人。他很快——在活力唯物主义者看来太快了——便提醒读者,客体始终与人类主观性"缠绕"在一起,而他无意"把客体放置在主体曾经占据的孤独的皇位之上。在那个皇位上,客体只会是一个偶像"(*ND*,181)。阿多诺不愿过多地谈论非人的活力状态,因为讨论得越多,非人的活力状态便越难以认知。尽管如此,阿多诺的确试图通过否定辩证法的方式来关注这种容易隐匿的现实。否定辩证法与否定神学具有紧密的联系:否定辩证法对非同一性的推崇,就如同人们对不可知的神灵的崇拜;阿多诺提出的"特定的唯物主义"包含了隐匿在现实背后或其中的神性的可能性。阿多诺反对任何过于简单的超验图景,比如创造世界的慈爱上帝的形象(在奥斯威辛之后"形而上学无法再次崛起"[*ND*,404]),但是他认为,超越的欲望无法被消除:"如果超越生命的物质没有得到期望,那么就没有什么会被体验为真正具有活力……超验的存在具有活力,但没有获得期望"

---

① "客体的优先地位是任何自命不凡的哲学都会怀疑的思想……[这种]反对……试图扼杀这样一种质疑,即认为他律(heteronomy)或许会比康德提倡的自律(autonomy)更加强大……这样的哲学主观主义始终伴随着资产阶级 I 的意识形态。"(*ND*,189)

(ND,375)。① 阿多诺推崇非同一性,将其视为一种**缺席的**绝对性,是一种弥赛亚式的期望。②

阿多诺试图描绘这样一种力量,它在对人类概念的抵抗方面展现出**物质性**,其精神性则体现在或许会成为准绝对性的隐秘期望。活力唯物主义在表现上是更加彻底的非有神论:外部(the out-side)不具有弥赛亚的期望。③ 但是,虽然如此,非同一性哲学

---

① 概念和物之间的差距是永远无法消除的,阿尔布雷希特·威尔默(Albrecht Wellmer)指出,阿多诺认为这种和谐的不足性只能"以绝对性的**名义**"进行抵抗,"尽管绝对性隐藏在暗处,却并非不存在的。在绝对性的存在与非存在之间,仍然有着一道无限狭窄的裂缝,透过这道裂缝,一丝光照在这个世界上,这是一道尚未成为存在者的绝对性的光"(Wellmer, *Endgames*, 171;强调为本书作者所加)。

② 感谢拉斯·唐德(Lars Tønder)提醒我注意到阿多诺思想的弥赛亚维度。在这里,人们可以发现阿多诺对康德的仰慕,他认为后者在原则上保证"超验"(transcendence)的不可接触性的同时,给予其重要的功能:"普罗大众所讨论的只是超验的表象;而正如康德熟知的那样,这是一种必要的表象。因此,对表象即美学对象的保护具有无可比拟的形而上的相关性。"(ND, 393)阿多诺认为:"真理的概念在形而上学观念中是至高无上的,这也是为什么……信仰上帝的人不能相信上帝,为什么神之名所代表的可能性是由非信徒所维护的。"(ND, 401-402)科尔斯指出,阿多诺并不在意超验领域实际上是否真的存在;他所在意的是其承诺的"对思想的……需求"(Coles, *Rethinking Generosity*, 114)。

③ 诚然,并没有绝对的方式可以证明其中任何一种本体论观点。莫顿·斯古曼(Morton Schoolman)认为,阿多诺使用的方法为超验的神之力留下了明确的可能性,因此相比于对此似乎已有定论的唯物主义学说而言,阿多诺的观点更容易被接受。请参见 Schoolman, *Reason and Horror*。

与活力唯物主义哲学依然都希望建构一种对外部世界更加细致的关切。

活力唯物主义的朴素野心

阿多诺提醒我们，人类只能通过模糊的、疑惑的或不稳定的图像与印象，来间接地体验外部。但是，在宣称即使失真的概念仍然"指向非概念，因为概念本身便是需要其形成的现实瞬间"时（ND,12），阿多诺也承认人类经验包括与活跃的、有力的、（准）独立的外部的相遇。这种外部既可以远离我们的身体运作，也可以作为身体内部的外在力量来运作，就如我们因非同一性而感到不快时，听到苏格拉底所说的恶魔之声时，或者被卢克莱修所描绘的能够战斗和抵抗的"心中的某些东西"①而打动时。现代、世俗且受过良好教育的人类都具有一种强烈的倾向，那就是将这些现象的最终根源回推至人类的能动性。这种文化、语言或历史建构主义的倾向，把一切物的力量的表达解读为文化的影响和人类力量的作用，把针对"自然"的道德呼吁与抑制予以政治化。这是一件好事。但是，建构主义者对世界的回应往往会忽视可能存在的各种物的力量。因此，这也就可以解释方法论层面的天真，以及迟迟未现的针对客体的谱系批评。② 这种迟迟未现可能会显露

---

① Lucretius,"On the Nature of the Universe",128.

② 福柯曾宣称，"或许有一天，本世纪会被称作德勒兹的世纪"，对此德勒兹则说自己的著作是"天真的"："[福柯]指的或许是，我是这个世代最天真的哲学家。在我们所有人的身上，你都可以找到诸如关于多元(multiplicity)、

出一个实际存在的非人的活力状态的世界。"显露"既是一种接受,也是以已接受的形态进行参与。显露的内容虽是通过人类而出现,但并不完全是因为人类而出现。

因此,活力唯物主义者会试图在自己因客体而着迷的时刻徘徊,将其作为共享的物质活力状态的线索。这种与外部之间的奇怪而不完整的共同感可能会促使活力唯物主义者在对待非人存在——动物、植物、地球甚至人造产物和商品——时变得更加小心、更有策略和更加生态。但是,如何发展这种天真的能力呢?一种可能的策略是重新审视并暂时接受那些名誉不佳的自然哲学学说,冒着"沾染迷信、泛灵论、活力论、拟人论和其他前现代学说"①的风险。我将在第五章和第六章探讨活力论的话题,但是在这里,请允许我先简单地讨论一下伊壁鸠鲁的罗马追随者卢克莱修所提出的古代原子论(atomism)。

卢克莱修谈及了陷入空虚的身体,这种身体不是没有生命的物体,而是处于移动中的物质,它们正在进入和离开聚合体,并且彼此偏斜:"**有的时候,这是相当不稳定的,在不稳定的地点,它们会稍稍超越自己的路径,但是最多只能称之为趋势的变化。**[如果它们没有]……偏斜,所有的物都会像雨点一样从纵深的虚空中

差异(difference)和重复(repetition)的论题。但是,我针对这些概念提出了十分原始的看法,而其他人则更加深思熟虑。我从不担心超越形而上学……我也从来没有否定过任何一种经验主义……也许这就是福柯的意思:我并不比其他人优秀,但是更天真,产生了一种**原生艺术**(art brut);也就是说,虽然我并不是最深刻的,但是最纯真的。"(Deleuze, *Negotiations*, 88–89)感谢保罗·帕顿(Paul Patton)帮助我获得了这段引文。

① Mitchell, *What Do Pictures Want*, 149.

坠落下来,偏斜也不会发生,也不会对原始物质构成帮助,自然界也永远不会形成任何存在。"①路易·阿尔都塞(Louis Althusser)将之形容为"相遇唯物主义",其中政治事件是由原子之间的偶然相遇而产生的。② 原始物质的碰撞意味着世界是不稳定的,物的核心存在着偶然的因素;但是这也确认了,所谓的无活力物也是具有生命的,其深处存在着一种无法解释的活力状态或能量,一个独立和反抗我们与其他身体的瞬间——一种物的力量。

《物性论》使用的修辞是现实主义的,其以一种权威的声音言说,声称要描述一种在我们之前便已存在而且比我们存在时间更久的自然:在这里,有最小的存在组成部分("原始物质")以及管理它们的联合原则。③ 批判这种现实主义是很容易的:卢克莱修所追寻的是物本身,但是在那里并没有存在——或者至少没有方法让我们去把握或者了解它,因为物总是已经被人性化了;在某种物进入我们意识的瞬间,物的客体地位便已经出现了。阿多诺

---

① Lucretius, "On the Nature of the Universe", 126. 在卢克莱修看来,并不存在超自然的身体或力量,如果我们偶尔似乎经历了超自然体验,那只是因为某一些种类的身体集合存在于人类的感知层面之外。

② 参见 Althusser, "Underground Current of the Materialism of the Encounter", 169。"如果没有偏斜和相遇,[原初物体]就只会作为抽象元素而存在……因此,我们可以说……在偏斜和相遇……[之前]……它们只是一种幽灵式的存在。"(同上)

③ 卢克莱修的物理论是其拒绝接纳宗教的思想基础:他将死亡描述为原初物体(primordia)的再塑形,认为这是由物质内在具有的运动性所决定的;同样,卢克莱修还在此基础上提出了一些伦理学建议,探讨一个人如何在现有的物质形态中健康地生活。

明确地将此与马丁·海德格尔(Martin Heidegger)的现象学学说相对抗,在解读中认为后者作为一种"现实主义",试图"打破思想围绕自身所建造的墙壁,穿透已经成为第二自然的主观立场"。海德格尔的目的是"无形地进行哲学化,可以说是纯粹地以物作为基础"(*ND*,78)①——这在阿多诺看来是徒劳,而且会对非同一性产生强烈的"不满"。②

然而,卢克莱修的诗歌正如卡夫卡的小说、沙利文的游记、沃尔纳德斯基的思索以及我对冷泉巷下水沟的记述一样,的确具有这种潜在的益处:它可以将一种感官的、语言的、想象的关注引向物质活力状态。这类具有野心的天真故事的优势在于,虽然它们"否认……人类在生产物质时涉及的修辞学、心理学与现象学工作",但是它们同时"**承认**那些人们更为熟悉的拜物现象——对主体、图像与词汇的拜物——所排斥的问题的力量"③。

---

① 阿多诺认为,海德格尔"厌倦了认知构成的主观监狱",他"认为超越主观性的恰恰是最接近主观性的,只是没有在概念层面受到主观性的影响罢了"(*ND*,78)。但是在我看来,海德格尔并没有对直接性加以解释。参见Heidegger, *What Is a Thing*。

② 同样,对马克思来说,天真的现实主义也是一种需要克服的哲学。马克思的博士论文研究德谟克利特的"形而上学唯物主义"思想,而正是通过反对这种天真的客观主义思想,马克思最终定义了自己的"历史唯物主义"概念。历史唯物主义并不会着重关注物质,而是更注重人类力量所建构的社会经济结构。

③ 这也是比尔·布朗(Bill Brown)在《物的理论》("Thing Theory")一文中对阿尔让·阿帕杜莱(Arjun Appadurai)的著作《物的社会生活》(*The Social Life of Things*)的叙述(6—7)。

第二章

聚合体的能动性[①]

The Agency of Assemblages

① 本章内容此前曾出现在"The Agency of Assemblages and the North A-merican Blackout", *Public Culture* 17, no. 3(2005), 并重印收录入 *Political Theologies: Public Religions in a Post-Secular World*, eds. Hent de Vries and Lawrence E. Sullivan, New York: Fordham University Press, 2006。

物的力量或许具有唤起一种童年感觉的世界的修辞优势,其中满是各种各样具有活力的生物,有些是人类,有些则不是;有些是有机生物,有些则不是。物的力量促使人们关注客体具有的能效性,其超出了人类所表达或提供的意义、设计或目的。因此,物的力量或许可以作为一个很好的起点,让人们在思考时超越生命-物质的二元划分,这也是成人经验的主要建构原则。然而,这个术语的缺点在于,它同时也倾向于夸大物质具有的物质性或稳固性,而我的理论化讨论旨在指出其具有与实体相同的力量,与物质相同的能量以及延展性(extension)一样的强度。在这里,使用**外部**(*out-side*)这个术语可能更加合适。斯宾诺莎的石头、绝对的野性、渗出液体的梅多兰兹、敏捷的奥德拉代克、移动的赎罪奉献物、矿物化的过程以及不计其数的非同一性——这些都不是被动的客体或稳定的实体(尽管它们也不是具有意图的主体)。①相反,它们都暗指了活力物质。

---

① 这个名单还可以扩充至包括梅洛-庞蒂提出的辐射物(radiant matter)概念,例如,剪刀和皮革件可以"作为行为的主体",或是人类手臂的"运动意向性",其定向动力无法被还原为任何主观的决定(Merleau-Ponty, *Phenomenology of Perception*, 106, 110)。我们也可以在这个清单中加上耐克电视广告中的运动实体(例如像体操运动员那样运动的篮球,反之亦然;一群像鸟群一样移动的自行车手,反之亦然)。感谢马修·谢勒(Matthew Scherer)提醒我注意到这则广告。

与**物的力量**相关的第二个缺陷在于其潜在的个体主义,此处我指的是"物"(thing)的概念本身更多地趋向于从原子论而不是集体的角度解释能动性。虽然最小的或最简单的身体或部分可能确实表达了一种活性的推动力(impetus)、努力(conatus)或**偏移力**(clinamen),但是行动体从来不会完全独自行动。行动体的能效性或能动性始终依赖于许多身体和力量之间的协作、合作或互动干预。一旦非人物质不再被视为社会建构,而是更多地被视为行动者,一旦人类自身被作为活力物质而不是自治体来评定,那么能动性的概念将会发生很多变化。

在这一章中,我将通过审视一个现实存在——2003年影响了北美地区5000万人的一次电力中断事故——的影响,来形成一种关于**分配**的能动性(distributive agency)的理论。在分析中,我会将电力电网看作一种具有能动性的聚合体。相比于我们更加熟悉的行动理论,如围绕人类意志或意向性、主体间性与(人类)社会、经济或话语结构的理论,聚合体的能动性会如何呢?如果我们将能动性理解为人类元素与非人元素的结合,这将如何改变关于道德责任和政治义务的既定观念呢?

关于我对这些问题的回答,有两个哲学概念是非常重要的:一个是斯宾诺莎的"受感"(affective)体概念,另一个则是德勒兹与瓜塔里提出的"聚合体"(assemblage)概念。因此,我首先会简要地阐释一下这两个概念,之后再转而探讨关于电力中断的叙事,分析这种叙事如何认真地对待外部并忠于"能动性"的分配属性。

受感体

斯宾诺莎所说的意动体(conative bodies)实际上也是**关联性**身体或者(甚至可以说是)**社会性**身体,也就是说每一个身体本身都持续影响着其他身体,并同时也被其他身体所影响。德勒兹详细阐释了这一点:身体具有影响其他身体的力量,其中包括了一种"相关且不可分割的"被影响的能力;"有两种同样现实的力量,一种是行动的力量,另一种是经历行动的力量,二者从一方逆变为另一方,但是二者总体都是稳定且始终具有影响力的"①。斯宾诺莎所说的意动的、倾向于相遇的身体源自存在论视野的背景之下,主张所有的物质都是不同"模式"的普通"实体"。② 任何特定的物质——"一只鞋、一艘船、一颗卷心菜、一位国王"(借用马丁·林恩[Martin Lin]列出的清单)③或者一只手套、一只老鼠、一个瓶盖以及讲述其活力状态的人类叙述者(借用我的清单)——都既非主体,亦非客体,而是斯宾诺莎称之为"*Deus sive Natura*"(上帝或自然)④的一种"模式"。

---

① Deleuze, *Expressionism in Philosophy*, 93.
② 斯宾诺莎写道,实体"不能由任何外在的东西产生。原因在于,宇宙中没有任何东西是天生得来的,除了实体及其各种变相之外"(*Ethics*, pt. 1, proposition 6, corollary)。另外,"我所说的实体指的是其本身,并且是通过其本身进行感知的"(*Ethic*, pt. 1, definition 3)。
③ Lin, "Substance, Attribute, and Mode in Spinoza", 147.
④ "个体物只不过是上帝属性的变相,或是上帝属性通过固定和明确的方式所表达出的模式。"(*Ethics*, pt. 1, proposition 25, corollary)

斯宾诺莎还指出，每种模式本身是很多简单身体所构成的嵌合体或聚合体，或者正如德勒兹所描述的那样，斯宾诺莎认为没有"哪种现有的模式实际上不是由很多广泛的部分组成的"，这些部分"从其他地方汇聚而来"①。有趣的是，卢克莱修也认为镶嵌性（mosaicism）是事实本质存在的方式："我们有必要将这个真理……封存起来并牢记在心中，即没有任何物质的本质是我们直接见到的，也没有任何物质是由一种原始原子构成的；或者说，没有任何物质不是由充分混合的种子生成的。"卢克莱修把内部的多样性程度与物质所拥有的**力量**关联起来："此外，内部拥有更多力量的物质，也展现出最多种类的原始原子与多样形态。"②正如我们将会看到的，斯宾诺莎也持有类似的观点。

在斯宾诺莎看来，无论是简单身体（或许更好的术语称其为**原身体** protobodies），还是其所形成的复杂模式或嵌合模式，都具有努力。对于前者而言，努力表现为一种顽固性或是倾向于抗拒的惰性；对于复杂身体或模式而言，努力指涉的是为了维持各部分之间存在的"运动/停止"特定关系所尽的力（effort），这种关系对这一模式的本质进行了定义。③ 这种维持努力并非只是重复相同内容的过程，因为其需要持续的创造。原因在于：每一种模式都需要接受其他模式所施加的行动，这些行动干扰了模式特有的运动与停止之间的关系；每一种想要持续存在的模式，都必须寻求新的相遇以创造性地补偿自身接受的改变或感情。那么，"模式"

---

① Deleuze, *Expressionism in Philosophy*, 201.

② Lucretius, "On the Nature of the Universe", 135.

③ 参见 Deleuze, *Expressionism in Philosophy*, 230。

的意义就在于形成联盟并加入聚合体,也就是改变[mod(e)ify]他者,同时也因他者而发生改变。改变的过程不受制于任何一种模式——没有一种模式是等级意义上的能动体。此外,过程也是具有张力的,因为每一种模式都与(不断变化的一系列)其他模式的(变化的)感情进行竞争和对抗;同时,每一种模式也受制于可能性元素或内在偶然性。①

意动实体将自己化为联合的身体;也就是说,复杂的身体随之聚合起来以增强自身的力量。例如,斯宾诺莎认为,身体能联合的身体种类越多越好:"如果身体更有能力在很多方面接受影响,或是影响外在身体……那么头脑也会更加善于思考。"②

从斯宾诺莎丰富而具有争议的哲学思想中,我想借鉴一个关键观点用于讨论活力唯物主义,这个观点便是:**在异质的聚合体中**或者作为**一个异质的聚合体**,身体可以增强自己的力量。这一观点对**能动性**概念的启发在于,能动性概念此前指涉的能效性或功效性分布于一个异质的场域之内,而不是仅存在于人类身体中,或是(只有)人类行为才能生成的集合体之中。本书的内容也

---

① 罗西·布雷多迪(Rosi Braidotti)强调了斯宾诺莎主义的矛盾之处:"斯宾诺莎的努力(conatus)概念使用另一个词来表达就是……自我保护(self-preservation),而且不是指自由的个人主义……而是人的本质的实现;换言之,是个体生成的本体驱动力。这既不是一个自动的过程,也不是一个本质和谐的过程——只要它涉及与其他力量之间的相互联系,便也会涉及争议与冲突。因此,为了实现可持续的生成流动,需要进行必要的协调。身体自我与他/她的周边环境的互动也可以增加或减少身体的意动性。"(Braidotti, "Affirmation versus Vulnerability", 235)

② Spinoza, *Ethics*, pt. 4, appendix, no. 27.

源于很多活跃的宏观行动体和微观行动体所具有的联合能动性：既来自"我的"记忆、目的、论点、肠道细菌、眼镜以及血糖，也来自电脑的塑料键盘、打开的窗外传来的鸟鸣或者房间中的空气或粒子——以上只是枚举了部分内容。在页面上活跃着的，是动物-植物-矿物-声响所构成的群体，其具有一定程度和持续度的力量。在这里活跃着的，就是德勒兹与瓜塔里所说的聚合体。

什么是聚合体？

截至 20 世纪末，在很多人看来，事件发生的场域——也就是军事学所说的"作战行动区"（theater of operations）——已经发生了明显的扩张。"全球化"已经出现，而地球本身已经成为一个由事件构成的空间。这个巨人整体的各个部分既彼此紧密相连，也进行激烈的竞争。这种相互依赖共存的各个部分之间的摩擦与碰撞，呼吁人们对部分-整体之间的关系进行重新认知。在有机论的模式中，各个部分服从于整体；显然，这种模式已经过时了。现在，出现了许多新的方法来指涉这种虽不稳定但也具有功能的不同部分之间构成的关系：网络（network）、网格（meshwork）与帝国（Empire）。① 我沿袭德勒兹和瓜塔里的传统，选择用于描述事件空间（event-space）及其结构类型的术语是**聚合体**（assemblage）。

聚合体是特别聚集起来的各种元素和各种活力物质。聚合体是鲜活而跃动着的联合体，尽管内部始终存在将其混淆的能

---

① 请参见 Latour, *Reassembling the Social*; Varela, "Organism"; Hardt and Negri, *Empire*; and Hardt and Negri, *Multitude*。

量,它们依然能够发挥作用。聚合体的分布并不均匀,因为各种各样的感情和身体相遇的某些交点更为密集,因此,力量在表面上的分布并不均匀。聚合体不受任何中枢的管辖,没有任何物质或某种类型的物质具有足够的能力来确定群体的轨迹或影响。聚合体产生的影响实际上是自然出现的属性,即它们能够使事件发生的能力(新近发生变化的唯物主义、停电、飓风和反恐战争)不同于每种物质独立具有的活力之总和。聚合体中的每个成员和原始成员(proto-member)都有一定的活力,但同时也存在一种适合这类群体的能效性:一种聚合体**具有的**能动性。正是由于每个成员-能动者都保持着一种稍微"脱离"(off)于聚合体的动力,因此聚合体永远不会是一个稳定的组合,而是一个开放的集体,一种"无法总计的总和"(non-totalizable sum)①。也就是说,聚合体不仅具有独特的形成历史,而且拥有有限的生命跨度。②

电网是一个很好的关于聚合体的例子。电网是由一组关联

---

① 这个术语出现于帕特里克·黑登(Patrick Hayden)的《吉尔·德勒兹与自然主义》("Gilles Deleuze and Naturalism")一文。同样,在柏格森看来,宇宙是一个不可集总的总和,是一个"没有给予的整体"——由于宇宙的演变会产生**新的**成员,因此会生成不断变化的一系列效果。世界是由运动和创造构成的"不可分割的过程",其中有"正在发生的极端的偶然事件,之前发生和之后出现的内容之间存在着不可通约性——简而言之,存在着持续时间"。请参见 Bergson, *Creative Evolution*, 29n1; 以及本书第四章的内容。

② 马克·邦塔(Mark Bonta)和约翰·博洛泰维(John Protevi)将聚合体(assemblage/*agencement*)定义为"一种展现出'一致性'或突发效应的密集的网络或根茎,其通过挖掘异质材料的自我排序力量的能力而彼此紧密联合为一体"(Bonta and Protevi, *Deleuze and Geophilosophy*, 54)。

的带电部件构成的物质集群,彼此保持着足够接近的距离,共同协作产生明显的影响。虽然聚合体中各元素的协作并未达到有机体的程度,但是它们仍是协同工作的。相反,聚合体的凝结体受到源于自身的能量和各部分的影响,并且自内部受到它们的干扰。此外,对于我的讨论而言最重要的是,这个聚合体具有的元素不仅包含人类及其(社会、法律和语言)建构物,也包括一些非常活跃和有力的非人类元素,如电子、树木、风、火和电磁场。

这种受感体形成了聚合体的情境,这也使我能够突出强调人类中心主义的行动理论的一些局限性,并且从社会科学研究和大众文化的角度出发,探讨超越了人类-非人二元划分的行动责任理论的一些实际影响。

大停电

在大停电发生次日,《国际先驱论坛报》(*International Herald Tribune*)报道称:"这张庞大而隐秘的网络由输电线路、发电站和变电所构成,人们称之为电网(grid),这是有史以来建造的最大规模的装置……在星期四[2003年8月14日],电网的心脏怦怦乱跳……其复杂度甚至超出了专家的理解——[电网]按照自己神秘的规则生活,而且有时会停止运转。"①如果我们说,电网的"心脏怦怦乱跳",或者说"按照自己的规则生活和消亡",这就是拟人化。但是,正如我将在第八章中讨论的那样,拟人化具有其优点。

---

① Glanz, "When the Grid Bites Back".

在这里,拟人化的作用是指出将电网仅仅理解为机器或工具——也就是将电网视作外部构成的服务于外部目的的一系列固定部件——的不足之处。

对活力唯物主义者而言,电网应当被视作一种不稳定的混合物,其中包括了煤、汗水、电磁场、计算机程序、电子流、盈利动机、热量、生活方式、核燃料、塑料、掌控的幻想、静电、立法、水、经济理论、电线和木材——此处仅举出一部分行动体。在各个部分之间,总是存在着一些摩擦,然而在2003年8月的几天里,美国和加拿大国内存在的不和谐是如此强烈,以至于合作变得不再可能。北美停电是电力串联——包括电网崩溃、自我保护式撤出电网以及人为决定和忽略——的终止点。电网包括各种阀门和断路器,在各组件受到过热威胁时,便会断开部件与聚合体之间的连接。例如,发电厂在即将达到"满载励磁"(fullexcitation)①之前会关闭电源;同样,在"系统电压过低而无法为发电机自身的辅助设备(风机、煤粉碎机和电泵)供电"②时,也会导致电源的关闭。8月的那一天发生的情况似乎是这样的:最初,俄亥俄州和密歇根州的几个不相关的发电机撤出了电网,引起电子流模式在传输线上的改变;这之后发生了一系列事件——包括电刷着火烧毁一条传输线路——然后波及了多个电线连接器,导致其他线路连续过载并集体断开连接。一个接一个的发电厂从电网中分离出来,给剩余的参与发电的电厂带来越来越多的压力。在一分钟的时间里,

---

① Nosovel, "System Blackout Causes and Cures".
② U.S.-Canada Power Outage Task Force, "Initial Blackout Timeline".

"伊利湖沿线的 20 台发电机(高达 2174 兆瓦)纷纷掉线"①。

调查人员始终不明白,在影响了大约 2.4 万平方公里的 5000 万人口,并导致包括 22 个核反应堆在内的一百多个发电厂关闭之后,这一电路串联为何最终自行停止了。② 美加两国的断电特别工作组(U.S.-Canada Power Outage Task Force)的报告更加关注这一电路串联是如何开始的,强调各种各样的枢纽点。③ 这些枢纽点包括**电力**,其内部分化为"有功"(active)和"无功"(reactive)的功率(后面我会进一步讨论这一点);**电厂**,其并未配备足够的人类雇员,但自身机制具有过保功能;**传输电缆**,它们在拒绝传输电流之前,只能承受一定程度的热量;俄亥俄州的**电刷起火**;安然**第一能源公司**(FirstEnergy)和其他能源贸易公司,它们通过合法的和非法的手段,在没有维护基础设施的情况下额外使用电网;**消费者**,他们对电力的需求不断增长,并且在政府的鼓励下继续增加,完全不考虑相应的后果;以及**联邦能源管理委员会**(Federal Energy Regulatory Commission),其 1992 年通过的《能源政策法案》放宽了对电网的管制,将电力的生产与传输和分配相分离,并且鼓励电力的私有化。对于聚合体中的第一个和最后一个意动体,我想再进行一些讨论。

首先是非人的意动体:电力。电力是电子流动形成的电流,以

---

① U.S.-Canada Power Outage Task Force, "Initial Blackout Timeline", 6. 诺索沃尔认为,"对干扰的评估显示,在 70% 的停电事件中有保护系统的参与"(Novosel, "System Blackout Causes and Cures", 2)。

② Di Menna, "Grid Grief!"。

③ 该工作组由加拿大总理让·克雷蒂安(Jean Chrétien)和美国总统乔治·布什(George W. Bush)任命。工作组的第一份报告(2003 年 9 月 12 日发布)描述了自 2003 年 8 月 14 日下午 2:02 至下午 4:11(EST)发生的约 20 起网格"事件"。

安培为单位进行计量;该电流具有的电力(推动其在电线中运动的压力)以伏特为单位。在像北美电网这样的系统中,电流和电压就像一组波浪一样,不断地发生着振荡。① 当两组波浪彼此同步(在同一时间上升和下降)时,就出现了所谓的有功功率(active power),也就是灯、吹风机和其他电器使用最多的电力类型。但是,当两组波浪彼此不同步时,一些设备(如冰箱和空调中的电动机)也依赖于所谓的无功功率(reactive power)。无功功率虽然对启动电机本身没有帮助,但是对于随之出现的有功功率至关重要,原因在于无功功率保持了整个系统用于维持电磁场所需要的电压(电力压力)。如果太多设备需要使用无功功率,那么就会出现一个不足额。造成停电的原因之一,便是无功功率的不足。为了理解这个问题是怎么发生的,我们需要考虑其他的行动体,包括联邦能源管理委员会。

1992年,该委员会获得了美国国会的立法批准,将电力的生产和分配分离开来:公司现在可以从美国某一地区的发电厂购买电力,并将其出售给地理偏远地方的公用事业机构。这种做法大大增加了长距离的电力贸易,并大大增加了传输线路的负载。但是这里有一个问题:"随着输电线路负载的增加,它们会消耗更多的无功功率以保持适当的传输电压。"②由于无功功率并不能很好地传输,而且会在较长的距离中逐渐消散,所以最好在距离使用地较近的地方发电。③ 电厂在技术层面上完全有能力生产额外数

---

① 电网是一个交流电系统。关于电力系统的发展历史,请参见 Jonnes, *Empires of Light*。

② U.S.-Canada Power Outage Task Force, "Initial Blackout Timeline", 2.

③ Novosel, "System Blackout Causes and Cures", 2.

量的无功功率,但是由于无功功率的生产**减少**了可售电量的生成,所以电厂缺乏这样做的经济动力。此外,根据新的规定,输电公司不能强迫发电厂生产所需的无功功率。①

由于对整个电网至关重要的无功功率被证明是一种没有利润的商品,无功功率的供应陷入短缺。在这里,就出现了加勒特·哈丁(Garrett Hardin)所称的平民悲剧(a tragedy of the commons)。尽管每个无功功率使用者对免费商品的需求增多是理性的,但是造成的总影响却是不合理的——因为这种做法破坏了源头:在一个资源有限的世界中,"公地的自由使用会给所有人带来毁灭"②。这种无功功率的不足是人类支持者未曾预料到的影响,这些规则创造了一个涵盖北美大陆范围的巨大的能源交易市场。他们的行动导致了意想不到的后果;或者说,借用活力唯物主义的重要术语,他们经受了"行动带来的些许惊讶"(slight surprise of action)。这个说法来自拉图尔,指的是适合于行动本身的一种能效性,其只在行动发生时出现,因此在原则上与行动体的目的、倾向或特点无关:"没有客体,也没有主体……但是,事件是存在的。我从不**行动**(act);我只是对自己所做的事情感到些许的惊讶。"③

拉图尔认为,这种对行动的惊讶并不局限于人类的行动:"通过我来行动的存在也会对我所做的事情感到惊讶,对发生变异、改变……和分离的偶然性感到惊讶。"④在前文讨论的例子中,电

---

① Lerner, "What's Wrong with the Electric Grid?".
② Hardin, "Tragedy of the Commons".
③ Latour, *Pandora's Hope*, 281. 此外,请参见本书第七章的讨论。
④ 同上。

也是一种行动体,它的行动同样产生了偶然的效果。例如,"从太平洋西北地区到犹他州的电力运输中,33%的运输电力流经南加利福尼亚州,30%电力流经亚利桑那州——远离了任何可以预见的约定路径"①。2003年8月,在"沿伊利湖南岸的输电线路断开之后,此前流经这条路线的电力"发生了剧烈而令人惊讶的变化:电力"**立即扭转了流动的方向,并且开始沿着逆时针方向的巨大环路**,从宾夕法尼亚州回流至纽约再到安大略省并最终达到密歇根州"②。位于俄亥俄州的第一能源公司的东湖电厂是这次停电大串联的早期行动体,也是人们最早指责的对象。为了最大限度地减少公司在停电事件中的作用,该公司的一名发言人表示,任何分析都需要"考虑到未经规划的自南向北的大型电力流动,这是被称为回路流动的现象的一部分;当电力从制造商流向购买方时,如果遵循了一条不同于预期路径的路线,这种情况就会发生"③。电力,

---

① Casazza and Loehr, *Evolution of Electric Power Transmission*.

② U.S.-Canada Power Outage Task Force, "Initial Blackout Timeline", 7; 强调为本书作者所加。

③ Wald, "Report on Blackout". 安然第一能源公司(FirstEnergy)由七个公用事业公司(托利多·爱迪生、克利夫兰电力公司、俄亥俄州爱迪生、宾夕法尼亚州电力、宾夕法尼亚电力、大都会爱迪生和泽西中央光电公司)合并而成,并与乔治·W. 布什有非常密切的关系。正如泰森·斯洛克姆(Tyson Slocum)指出:"在2000年时,安然第一能源公司的总裁安东尼·亚历山大(Anthony Alexander)是布什的推崇者——这意味着他筹集了至少10万美元——随后则在能源部的转型小组中任职。彼得·博格(H. Peter Burg)是第一能源公司的首席执行官和董事会主席,他曾在6月份举办了一场活动,为布什的竞选委员会募捐超过50万美元。"(Slocum, "Bush Turns Blind Eye to Blackout Culprit")

或称为电子的活力物质流,始终处于移动之中,始终在流向某个地方——尽管那个地方并不是完全可以预测的。电力有时会流向我们将其送至的地方,而有的时候则会现场选择自己的路径,以回应所遇到的其他身体及其提供的行动和互动的偶然机遇。

在这部分关于停电的选择性叙述中,能动性现在被认为是一种沿连续体分布的物质,其来自多个地点或许多个位置:其中包括一段奇特的电流,一场自燃的火灾,再到信仰新自由主义市场自我调节的国会议员。相比于其他关于能动体及其可做之事的认知,这种观点又如何呢?

意愿主体与主体间域

我一直认为,在行动(停电)的背后,与其说是一个行动体(能动体),不如说是人类-非人聚合体的行动和影响。这个行动体联盟是一种生物,道德责任的概念只能粗略地将其涵盖,人们也不会坚持对其指责。这种粗略和滑动往往被人们所忽视,这也刻画了一种偏向人类中心的对能动性的认知。例如,奥古斯丁把道德能动性与自由意志联系起来,但正如奥古斯丁在《忏悔录》(*Confessions*)中所揭示的那样,在伊甸园的堕落之后,人类意志分裂并与自身相悖。即使意志的另一部分反对这种意愿,意志依然愿意如此。此外,意愿的能动体只有在支持邪恶时才可以自由行动,它们始终不能凭借自己的力量施加善意——因为这总是需要神圣恩典即一种超越人类控制的力量的干预。那么,在奥古斯丁那里,能动性并不是一种非常清晰的观念或不言自明的力量。①

同样,在康德那里也是如此。康德在对能动性进行定义时,试图称之为服从于道德律令(其形式体现在人类理智中)的个人的自主意志。然而,正如威廉·康诺利(William Connolly)指出,康德最终也发现了意志会被分裂为与自身相悖的状态,而这是由于一种天生的邪恶"倾向",其中意志服从源于意愿的准则。② 意志不仅会抵制一种不情愿的"感性"的压力,而且邪恶的倾向就存在于意志本身之内。人类能动性再次成为一个棘手的概念——尽管当替代品被简化为自由的人类能动性或者宿命的被动物质时,这一概念的混乱和两难处境很容易被一笔略过。

一些新康德理论关于能动性的论述对其意向性(制订和实施目的的力量)的强调超过了对道德意志的重视,但这里的问题是,世界上是否有其他力量接近于人类意图或有目的行为的某些特征。③ 在社会科学的"能动性对结构"的辩论中,可能正在发挥作

---

① 参见第四章,Augustine, "Habit and the Will", *Confessions*。此外,还请参见第一章的注释⑦(本书第 5 页注释②——译注)。

② Connolly, *Why I Am Not a Secularist*, 166.康诺利自康德处引用了这段话:"现在,如果人性中确实存在这种倾向,那么人性便是天生向恶的;而且因为这种倾向最终必然会在自由的意志中寻找,而且可以被推定为道德层面上的恶。这种恶是**极端的**,因为它腐化了所有准则的基底;此外,这种恶还是一种自然倾向,是人类力量**无法根除的**,因为根除只能由好的准则促成,而如果所有准则的最终主观基础被假定为邪恶,那么根除的现象就不可能发生;然而同时,这种恶又是必须能够被**克服的**,因为这种恶是存在于人类当中的,而人类的行为是自由的。"(Kant, *Religion within the Limits of Reason Alone*, 18)

③ 关于这一观点,请参见 Kauffman, *Reinventing the Sacred*, chap. 6。

用的是对类似物质的认可以及对物-力量的认可。在这一辩论中,结构被描述为与人类目的合作或对抗的强大实体。然而,"结构"这个范畴最终无法赋予物的力量以其应得的地位:一种结构只能或是作为对人类能动性的一种约束,以消极的方式行动;或是作为实现能动性的背景或语境,以被动的方式行动。主动的行动或能动性只属于人类:"所有人都认为,能动性是指男女在采取行动以实现自己的目标时所做的有意选择",尽管"这些行动者作为社会构成的存在,嵌入了社会文化和生态环境之中,这些环境既设定了人们的目标,同时也限制了其行动"。① 虽然行动者是"社会构成的存在",但是结构的"构成"力或生产力来源于其内部的人类意志或意图。没有适合于聚合体的能动性,只有个人独立行动或相互配合的能动性。虽然结构、环境和语境会影响结果,但是他们并不能完全被称为活力物质。

我认为,同样的观点也适用于梅洛-庞蒂提出的关于能动性的现象学理论。在《知觉现象学》一书中,梅洛-庞蒂试图避免过分地强调人类的意志、意向或理性。相反,书中通过运动意向性(motor intentionality)的概念②,重点关注了人类行动的物化特征

---

① Brumfield,"On the Archaeology of Choice",249. 或者,正如社会学家玛格丽特·阿切尔(Margaret Archer)指出,人类能动体"既是自由的,也是受到束缚的;既能够塑造我们自己的未来,但是也面临着巨大的……局限"(Archer, *Realist Social Theory*, 65)。

② "在主体面对剪刀、针和熟悉的任务时,其并不需要寻找自己的双手或手指,因为他们并不是客体……然而,通过对剪刀或针的感知,潜能已经被调动起来了,这些'意向性线索'将主体与给予的客体连接在了一起。"(Merleau-Ponty, *Phenomenology of Perception*, 106)

以及主体间域(intersubjective field)的能动性作用。① 戴安娜·库尔延续了梅洛-庞蒂的工作,她用"能动性能力"的"光谱"代替了分离的能动体及其"残余的个人主义"。这些"能动性能力"有时存在于个人体内,有时存在于人类的生理过程或运动意向性之中,有时则存在于人类社会结构或"中间世界"(interworld)内:"在[能动性光谱的]一个极点,我认为是前人际(pre-personal)的非认知的身体过程;在另一个极点,则是跨人际的、主体间的身体过程,这些过程以实例阐释了中间世界。在这两个极点之间,是一些单独的点,即具有相对个人或集体同一性的现象。"②

库尔试图将能动性从理性主体中分离出来,这为我进一步扩展光谱范围的研究提供了重要的论述基础。我尝试将光谱的范围延伸至人类身体和主体间域以外,将活力物质及其形成的人类-非人聚合体也包括在内。原因在于,尽管库尔的光谱并未给予人类个人以特权,但它承认**人类**具有的力量:人类生物和神经的运作过程、人类个性、人类社会实践和制度。库尔以这种方式限制了光谱的范围,因为她对一种特定的政治型的能动性感兴趣,而在她看来,政治是一种仅限于人类范围的事务。在这一点上,我持有不同的意见,正如我将在第七章中讨论的,我们有理由将非人存在也纳入这个样本之中。譬如,如何预防未来的大停电,将会取决于一系列的合作事宜:虽然国会将不得不鼓起勇气

---

① 正如戴安娜·库尔所说的那样,"政治能动力的运作总是会超过理性主体所行使的能动性",因为后者"是根据其主体间性的语境来获得不同的能动力的"(Coole,"Rethinking Agency",125-126)。

② 同上书,128。

与不符合大众利益的工业需求进行对抗,但无功功率依然必须尽自己的一分力量——前提是不会过远距离地传输无功功率。相比于现象学理论,活力唯物主义试图更为激进地置换人类主体,而梅洛-庞蒂本人在未完成的著作《可见的与不可见的》(Visible and Unvisible)中,似乎也在朝着这一方向前进。

《可见的与不可见的》开始消解人性是能动性的唯一或终极源泉的自负感。拉图尔所研究的**高科技自动化地铁系统**(Aramis)也是如此。这一系统探讨了巴黎具有实验性质的公共交通运输系统,展现出其中的汽车、电力和磁力是如何与人类和主体间的身体、语言和规则一起主动地进行行动的(而不是仅作为一种限制)。① 拉图尔在之后的论著中继续呼吁,人们应当在想象物质的角色时不仅将其视作必要的载体,或是"人类独创"的"塑料"小车,或是"支持社会分化的简单的白色屏幕"。②

活力唯物主义者必须承认的是,由不同的原体(protobodies)组成的不同物质,将会表现出不同的力量。例如,人类可以在体验自我时采用意图形成的方式,并且可以脱离自己的行动来反思后者。但即使在这里,我们也应当注意到,意图反思在一定程度上同样是人类力量与非人力量相互作用的产物。贝尔纳·斯蒂格勒(Bernard Stiegler)的研究便做到了这一点。他的研究关注工具的使用如何使存在具有一种内部意识,即一种心理景观的领域意识。斯蒂格勒认为,(原始)人类的意识反思最初出现在对石器

---

① 参见 Latour, *Aramis*。相关论述还可参见 Laurier and Philo, "X-Morphising"。

② Latour, qtd. in Barron, "Strong Distinction", 81.

工具的使用中，因为工具的物质性成为往昔需要的一种外在标志，成为记录其功能的"档案"。在关注和回忆石器工具（其质地、颜色和重量）的预期与用途时，也就产生了最初的反思空间。① 人性与非人性总是以错综复杂的方式共舞。自始至终，人类能动性从未跳出人性和非人性交错构成的网络之外；今天，这种混合变得更难以忽视。

能效性、轨迹与因果性

阿多诺声称，人们不可能将一个概念"解封"或解析为其组成部分；人们只能"围绕"在一个概念的周边徘徊，可能一直要到人们头晕目眩或者与真实之间的非同一性达到不可忽略的地步。在人们围绕一个概念徘徊的时候，还会有一系列相关术语作为一个附属的群体而出现。就能动性的概念而言，这包括了（部分包括了）能效性（efficacy）、轨迹（trajectory）和因果性（causality）。②

能效性指涉了能动性具有的创造力，即能够使新事物出现或发生的能力。在将能动性定义为**道德**能力的传统观点中，这种新的能效被理解为出现于计划或意图之后，因为能动性"不仅仅涉及运动，而且包括意志或者有意图的运动，而运动本身只能受制

---

① 参见 Stiegler, *Technics and Time*。感谢本·科尔森（Ben Corson）帮助我注意到这一点。见 Ben Corson, "Speed and Technicity"。

② 可以将"群体"（swarm）概念与阿多诺的"星丛"（constellation）概念进行比较。参见 Adorno, *Negative Dialectics*, 166。

于**主体的**意志或意图"①。与此相反,分配的能动性的理论并没有把主体作为能效的根本原因,其中始终有活力群体在发挥作用。因此,研究对象变成了识别群体的结构及其各部分之间的关系类型。将能效生成的来源视为一个群体,也就是认为人类意图始终在与其他许多存在进行竞争或联合,因为意图就像投入池塘的一颗卵石,或者通过电线或神经网络的电流:电流会发生震动,并与其他电流相融合,不仅产生影响也会受到影响。虽然这种对能动性的理解并不否认被称为意向性(intentionality)的推力的存在,但也的确认为意向性对结果的影响并不具有很大的决定性。这种观点放宽了能效性与道德主体之间的关联,使能效性更加接近造成所需回应的变化力量。我和斯宾诺莎等人均认为,这种力量是一种非人身体也拥有的力量。

除了与能效性的概念相关之外,能动性与轨迹的概念也有彼此关联。轨迹指的是**离开**某地的方向性或运动——即使这种运动的方向是模糊的,甚至缺席的。道德哲学认为,轨迹是一种目的性或目标导向性,与具有选择和意图的(人类或神的)心智相关联。但是,德里达通过将轨迹定义为"弥赛亚"(messianicity)取代了这种以意识为中心的思维方式。弥赛亚是一种主张、意象或实体的开放式的**约定**(*promissory*)属性。对德里达而言,这种非特定的约定恰恰是现象可能性的先决条件:世界上的物之所以在我们看来是可见的,是因为它们诱惑我们并使我们陷入期待,暗示一种存在于他处的圆满,一种显然未曾到来的未来。对于德里达而言,这张期票从来而且永远也不可能兑现:"努力实现事件"的做

---

① Mathews, *For Love of Matter*, 35.

法永远不会带来慰藉。存活就意味着等待"某人或某事,为了实现……必须超越每一个确定性的期待,并带来惊讶"①。德里达将无法实现的承诺称为任何物质出现的前提条件,为活力唯物主义者提供了一种方法,从而在不影射意向性或目的性的情况下,确认通往聚合体的某一轨迹或路径的存在。

能动性群体的第三个元素因果性也许是所有因素中最模糊的。如果能动性是可以分配或联合的,那么以有效的因果性为例,其以一系列简单身体作为此后能效性的唯一推动力,是非常少见的。美国入侵伊拉克的动力因是乔治·W.布什吗?是本·拉登吗?如果我们把行动的时间框架延伸至超越一瞬间,台球式的因果性也会停滞不前。在某一个人类能动者的旁边和内部,都存在着一系列异质的行动体,其具有的力量和能效性的程度是片面的、重叠的和冲突的。

在这里,因果性与其说是有效的,更多是初现的;与其说是线性的,不如说是几何式的。因果性不是服从于决定性因素的能效,相反,人们会看到其中的能效与原因互换位置并彼此影响。如果有效的因果性试图划分所涉及的行动体,把某些行动体作为外部因素,另一些行动体作为依赖效应的话,那么涌现的因果性就把对过程的关注本身视作一种行动体,视作拥有不同程度的能动力。康诺利认为:

---

① Derrida,"Marx and Sons",248. 失望是弥赛亚的绝对必要属性:"承诺只在可能撤回的前提下给出。"(Hamacher,"Lingua Amissa",202)德里达认为,遵循这一逻辑的不仅仅是现象,语言和思想统一在这种承诺模式中运作(Derrida,"Marx and Sons",253—256)。

> 涌现因果性是与原因有关的……这体现在[一个]……等级的运动可以影响另一个等级。但是,涌现因果性也是涌现的,首先便是由于……行动特征的细节……在第二级的效应出现之前是无法知晓的。[此外,]……由于新的效应会被**注入**……第二级组织……因此……我们不能说原因与所产生的能效完全不同……[第三,]……一系列……反馈循环在第一级和第二级之间运行,目的是产生稳定的结果。塑造新涌现的因果性的不仅有外部涌入的力量,而且**也包括其自身未曾有效利用的接受能力和自我组织能力**。①

这种将原因和能效融为一体的观点也表现在 agent(能动体)一词的常见用法中:其既可以指作为能效的唯一原创者的人类主体(如"道德能动体"),也可以作为他人意志的容器或被动通道的人或物(如"文学能动体"或"保险能动体")。

如果日常语言可以通过直觉感知到一种非线性、非等级、非主体中心的能动性模式的存在,那么非常典型的便是汉娜·阿伦特(Hannah Arendt)在关于极权主义的讨论中,对"原因"(cause)和"起源"(origin)的明确区分。原因是一种单一的、稳定的、强大的能效发起者,而起源则是一种复杂的、移动的、异质的力量限制者:"极权主义的元素构成了其起源——如果凭借'起源'我们无法理解'原因'的话。例如,因果性作为事件过程

---

① Connolly, "Method, Problem, Faith", 342-343.

的决定性因素,一个事件总是由另一个事件引起,并可以用另一个事件来解释。在历史学和政治科学领域内,这种因果性可能是一种彻底异化和伪造的范畴。元素本身很可能永远不会导致任何事情发生。当它们结晶成为固定而绝对的形式时,它们便成为了事件的起源。那么,只有那样,我们才能向回追溯他们的历史。虽然事件照亮了它自己的过去,但它永远不能自过去演绎而来。"①

在阿伦特看来,人们无法事先辨明极权主义的成因。相反,与所有的政治现象一样,极权主义的来源只能追溯性地揭示出来。这些来源必然是多重的,其组成元素在"结晶"(crystallization)过程开始之前便已脱离。事实上,令事件发生的恰恰是另一组元素的组合。在这里,阿伦特的观点与能动性的分配概念是一致的。但是,如果我们关注一下这种结晶过程的推动力,我们会看到她又回到了一种更加传统的、以主体为中心的观念。但是,分配能动性的理论家会回应称,任何事情都可能影响到结晶过程(一种声音、最后一根稻草、一只鞋子、一次停电和一个人的意图)。因此,阿伦特总结称,虽然事件的"意义"(significance)可能会超出"最终导致结晶过程的意图",但是意图仍然是事件的关键所在。同样,人类意向性再一次被定位为所有能动性因素中最重要的一种,即一种特殊力量的承载体。②

---

① Arendt, "On the Nature of Totalitarianism". 感谢约翰·道科尔(John Docker)提供了这条文献。另参见"Après la Guerre"。

② Arendt, "On the Nature of Totalitarianism".

势

我们为什么要讨论聚合体的**能动性**,而不是更审慎地谈论聚合体们形成一种"文化"的能力,或"自我组织"的能力,或"参与"制造影响的能力呢?原因在于,物质能动性的标准很可能会变成人类特例论,也就是人类倾向于低估人类、动物、人造产物、技术和基础力量之间对力量的分享及其运作的不协调程度。没有人真正知道人类能动性是什么,或者说,当人们被称为能动体时在做什么。在每一种分析中,人类能动性仍然是一种神秘的存在。如果我们不理解人类能动性是如何运作的,那么我们如何能确信非人存在留下痕迹的过程与其有什么本质上的不同呢?

聚合体所具有的能动性归功于其组成物质拥有的活力状态。在中国传统思想中,类似于这样的聚合能动性被称为**势**(*Shi*)。**势**有助于"阐明通常难以在话语中捕捉到的东西,即不是源于人类主动性,而是源于物本质的一种潜能"①。**势**是特定构成的物质所固有的风格、能量、倾向、轨迹或活力。最初,**势**这一词语用于军事战略,意指一个好的将军必须能够阅读并驾驭由情绪、风、历史潮流和军备共同组成的**势**。**势**指涉一种动态力量,这种力量源于一种时空组合,而不是其内部的任何特定元素。

同样,一个聚合体所具有的**势**是波动的;**势**是一个开放整体的情绪或风格,其性质会随着时间的推移而变化,而组成部分本身也会经历内部的变更。每个部分都"拥有自主的涌现属性,因

---

① Jullien, *Propensity of Things*, 13.

此能够独立变化,并可以随着时间的推移而变得彼此不同步"①。当成员-行动体(member-actant)在自我改变的过程中变得与(之前的)自我不再同步,或者说如果它处于无功状态(reactive-power state)②之中,那么它可以在这个聚合体中形成新的关系集合,并吸引一系列新的盟友。一个开放整体的组成部分永远不会融入一个集体之中;相反,它们会保持一种与**势**潜在不相容的能量。德勒兹发明了"吸附"(adsorbsion)的概念来描述这种部分-整体之间的关系:吸附是一种元素聚合的方式,其不仅形成了一个联盟,而且保留了每个元素具有的能动性推动力。③ 正是由于行动**体内部的**创造性活动,所以聚合体的能动性在社会结构方面没有得到最好的描述,这种描述指涉了一个惰性的整体,其能效性只存在于条件反射或阻力之中。

  周围环境的**势**可以是明显的,或者是微妙的。**势**可以在人类认知的阈限边沿或是更剧烈地进行运作。咖啡馆或学校是由人、昆虫、气味、墨水、电流、气流、咖啡因、桌子、椅子、液体和声音共同构成的移动组合。它们的**势**可能有时存在于温和而短暂的好感中,有时则存在于能够导致哲学或政治运动的更具戏剧性的力量中,例如让-保罗·萨特(Jean-Paul Sartre)的咖啡馆、西蒙娜·德·波伏娃(Simone de Beauvoir)的巴黎以及20世纪后期巴基斯坦的伊斯兰学校之中。

---

① Archer, *Realist Social Theory*, 66.
② 要注意到,无功功率是指电流和电压的波形达到了九十度的不同步。
③ Hayden, "Gilles Deleuze and Naturalism", 187.

聚合体的政治责任与能动性

通过停电事件,电网照亮了很多问题:公用基础设施的破旧情况,生活在黑暗之中的纽约市的守法居民,北美人对能源不成比例的加速消耗,以及由交叉和共鸣元素组成的带有不可预测性标记的聚合体。这些都是通过电网进行言说的。人们甚至可以说,电网展现出一种进行交流的兴趣。反对者认为,这种交流只能通过人类作为媒介来实现。但是,这是否真的是一种反对意见呢?原因在于,即使语言交流也是需要媒介才能实现的。例如,我的言说依赖于我的铅笔中的石墨,以及印欧语言体系中数百万死去和活着的人们,更不用说还有我的大脑和笔记本电脑中的电流(人类的大脑如果经过合理的线路连接,可以点亮一只16瓦的灯泡)。人类和非人存在一样,都依赖于一系列"非常复杂"的言说假体。①

诺杰·玛尔斯(Noortje Marres)正确地指出,"人们通常很难确定促使某一特定事件发生的能动性的来源是什么",而这种"不可确定性可能是能动性的[必要]组成部分"。② 但是,首先可以确定的是,政治责任的场所是一个人类-非人共同构成的聚合体。在足够仔细的审视下,产生了能效的生产力就会变成一种联盟,其内部的人类行动体自身就会变成工具、微生物、矿物、声音等其他"外来"物质组成的联盟。只有通过这样的分配,人类意向才能

---

① Latour, *Politics of Nature*, 67.

② Marres, "Issues Spark a Public into Being", 216.

显示出能动性。聚合体的能动性并不是奥古斯丁和康德(或者全能的上帝)所渴望的那种强大而自主的能动性,这是因为,趋势和结果之间的关系,或者说轨迹和能效之间的关系,在想象中被认为是更加松动、薄弱而间接的关系。

库尔关于能动性光谱的叙述——就像受到结构约束的那种能动性一样——并不承认人类-非人的聚合体具有的能动性。这部分是因为,我们很难在理论层面上将能动性脱离于这样一种认知,那就是认为人类就其存在而言是**特殊的**,至少在一定程度上独立于物质自然的秩序之外。若要破除这种观念,便需要证实活力状态是沿着一系列存在类型而连续分布的,并且要将人类-非人的聚合体视作能动性存在的场所。但是,将能动性视作可分配且复合的概念,是否必须放弃个人对其行为负责或者官员对公众负责的要求呢?在特别工作组的报告中,第一能源公司的董事们都非常急于得出这样一个结论:没有人是真的应当被怪罪的。尽管能源交易者不太可能像我一样主张活力唯物主义,但我也很难将最强烈或最具惩罚性的道德责任分配给他们。在我看来,自主性和强烈的责任在经验层面上是虚假的,因此它们的施用似乎带有不公正性。在强调行动的集合性质以及人与物之间的相互联系的时候,有活力的物质的理论表明,个体不能为其能效承担**全部**责任。

联合能动性的概念确实削弱了问责的问题,但它并没有因此放弃确定(阿伦特所谓的)有害能效的来源。与之相反,这一概念扩大了寻找来源的空间范围。人们要审视长期的一系列事件:审视那些自私的意图,为能源贸易创造牟利机会但同时造成了平民悲剧的能源政策,以及拒绝承认美国能源使用、美国帝国主义与反美主义之间联系的心理抵制情绪;然而,人们同时还要注意到,高消费社会基础设施的顽固指向性、不稳定的电流、意动的野火、郊区的住房压力以及它们形成的聚合体。在这串名单上的每一项,虽然都有人类及其意图参与其中,但他们并不是这个聚合体中唯一的行动体,也并不始终是最深刻的行动体。

尽管我很希望能够断言,这次停电事件中的真正罪魁祸首是管制松懈和企业贪婪,但我能诚实确认的最多只有:企业是人类改造力量可以应用的地点之一,企业规定是各种意图可能造成一连串能效的地方。也许,现在人类个体的伦理责任就在于人们对自己参与其中的聚合体的回应,我是否试图将自己剥离于其轨迹可能造成伤害的聚合体呢?我是否靠近了一个集合能效性趋于实现更高尚目标的聚合体呢?我认为,虽然能动性分布在嵌合之中,但是我们也可以讨论一下人类在聚合体内部可能施加的一些作用。为了理解这种施加作用,最好的例子便是在沙地上骑自行车的模式。人们可以通过这样或那样的方式来甩动自己的体重,将自行车沿着一个方向或朝一个运动轨迹来移动。然而,骑手只不过是整个移动整体中运作的一个行动体。

在一个能动性分布的世界里,对分配唯一责任的犹豫态度就成为一种可能的美德。当然,有时道德层面的愤怒与柏拉图所说的**激情**(*thumos*)类似,是民主公正的政治所不可或缺的内容。在这本书出版之前的几年里,有这样一些事情使我感到愤怒:先发制人的战争的声明,关塔那摩侵犯人权和违反《日内瓦公约》的行为,伊拉克虐囚事件及其依据的所谓特别引渡政策,布什总统在公开场合将示威者限制在电视摄像机视角之外的"言论自由区",美国军队不计算伊拉克平民死亡数量的政策,等等。虽然愤怒不会也不应当消失,但是一种过度专注于道德谴责的政治和一种还不足以辨识能动性网络的政治,并不能产生好的效果。道德化的政治划分出善与恶,认为某个能动体必须为自己的罪恶付出代价(无论是本·拉登、萨达姆·侯赛因还是布什),这会变得不符合伦理标准,会将复仇合法化,把暴力提升为优先考虑的工具。因此,认为能动性具有分配性和联合性的观点,会再次唤起将伦理从道德主义中分离出来的必要性,指出人们有必要为一个具有鲜活而交叉的力量的世界制定行动指南。

　　这些主张是具有争议的,而融入其他聚合体的其他行动体也将对政治及其问题提供不同的判断。现今人们最需要的是什么?从根本上而言,这是一个政治判断的问题:为了讨论人类-非人的聚合体的力量,拒绝谴责式政治,我们是否应该承认能动性具有的可分配特质?或者说,我们是否应该坚持对物质能动性进行战略性低估,以期加强对特定群体的问责呢?

第三章

可以吃的物质①

Edible Matter

① 本章的另一版本曾出现在 *New Left Review*, no. 45(2007)。

可以毫无争议地说,垃圾、杂物、电和火都与政治有关;或者说,虽然这些物并非政治利益相关者,但它们构成了人类行动的背景环境、方式或阻碍。但是,语境、工具和约束这三个范畴是否涵盖了非人身体所拥有的全部力量呢?在本章中,我将重点讨论这些身体中的一个子集,即那些我们可以吃的身体。我将把食物视作在另一个复杂身体(一个人"自己的"身体)旁边或内部进行竞争的意动体。除了语境、工具和约束(或背景、资源和限制)这三个角色之外,我还将补充行动体(actant)的角色。在意图形成、道德(不)服从、语言使用、自反性运用以及人类文化建构的内外,食物将作为一种行动体出现,并且作为明显的公共效应的诱导者-制造者。我们可以把这些人类身体与非人身体共同形成的聚合体称为"美国消费",并将其后果之一命名为"肥胖危机"。

在讨论食物在这一聚合体中的参与时,我将主要从两点展开。第一,在科学研究中寻求支持,即饮食脂肪对人类情绪和认知倾向的影响(而不仅仅是饮食脂肪对身体尺寸或体积的影响)。第二,重温19世纪对饮食的道德能效与政治能效的激烈讨论。在这里,我将重点关注尼采和梭罗的作品中出现的观念,这些作品认为,吃的行为构成了人类和非人物质之间的一系列相互转化。最后,我讨论了对可以吃的物质的更多关注如何促进了活力物质理论的形成,而这种理论反对将物质视为"同质的无组织的静态物质"①。

脂肪的能效性

1917年,英国生理学家贝利斯(W. M. Bayliss)写道:"每个人都希望避免吃不必要的食物,这可以说是理所当然的。"②然而,在发达国家的许多地方,这个假设似乎已经不再成立了。例如,在最近的《罗伯报告》(Roper Report)中,接受调查的美国人中有70%的人说自己"几乎想吃什么东西就吃什么东西",意思就是,平均每天会吃52茶匙的糖和玉米甜味剂③,超过0.5磅的肉类④,0.2磅的黄油和油⑤。总的来说,美国人想要的就是比起1950年时,每天多摄入大约五百至八百卡路里的热量。⑥

---

① Mario Bunge, *Causality and Modern Science* (1979), qtd. in De Landa, *Intensive Science and Virtual Philosophy*, 137. 邦格指出,对原始物质的推崇"仍然存在于量子理论家当中,他们认为所有的原子级现象都来源于实验者",而德兰达则补充说,同样推崇原始物质的还有"科学的批判者,其认为所有的现象都是社会建构的产物"。

② Bayliss, *Physiology of Food*, 1.

③ 这与1950年相比展现出39%的涨幅,包括每人每年消耗440罐12盎司装的苏打水。参见 Warner, "Sweetener with a Bad Rap"。

④ 相比于1950年平均每年增加了7磅红肉和46磅禽类肉。

⑤ 相比于1950年增加了67%。

⑥ 除非另有说明,所有的食品统计数据均来自美国农业部通讯事务管理局的《美国食品消费记录》("Profiling Food Consumption in America")。在本章参考的《农业概况》(*Agriculture Fact Book*)一书中,"消费"(consumption)一词指的是食物总供应量中消耗的部分。考虑到"浪费、餐余和……其他损失","消

这也就可以解释，为什么美国人的身体变得比以前更大和更重。在这里，我们偶然发现了福柯可能称之为食物的"生产力"的一个普通例子：一旦食物被消化，也就是一旦食物和将其放入口中的手，与肠道、胰脏、肾脏等代谢器官，与体育锻炼等文化实践等开始共同行动，食物便可以产生新的人体组织。就某些食物而言，以薯片为例，我们似乎应当把手的动作仅仅视为准意图或半意图的行动，因为薯片本身似乎唤起或者引起了体力劳动。吃薯条的行动即是进入一个聚合体，在这个聚合体中，我不一定是最具决定性的运行者。薯片挑战了《罗伯报告》中暗示的观点，即人们所"需要"的是完全取决于自己的个人偏好。

食物可以让人们的体型变得更庞大——这个事实如此常见和明显，以至于我们很难把它看作非人能动性发挥作用的一个例子。或许更加强有力一些的例子，是我们意识到迄今尚未认识到的膳食脂肪具有的力量，特别是它们产生的量变与质变的影响。最近的一些研究表明，脂肪（不是薯片中的那种脂肪，而是一些野生鱼类中普遍存在的 omega-3 脂肪酸）可以使囚犯不易做出暴力行为，让注意力不集中的中小学生更好地集中精力，还能令双相情感障碍患者不再那么抑郁。一篇被广泛引用的 2002 年的文章《231 名年轻成年囚犯的食物补充双盲对照随机试验：补充前和补

费"数量可能会大于人体实际消化或摄取的食物数量。例如，如果按照估计，美国人会浪费每 52 茶匙糖中的 20 茶匙，那么每人每天所摄取的糖量可能会降低至 32 茶匙。"添加类脂肪"（added fats）指的是"消费者直接使用的脂肪，如面包上的黄油，以及商业生产的饼干、糕点和油炸食品中使用的起酥油等油类。所有天然存在于食物中的脂肪，如牛奶和肉类，是不包括在内的"。

充期间的惩戒性违法行为比较》("double-blind, placebo-controlled, randomised trial of nutritional supplements on 231 young adult prisoners, comparing disciplinary offences before and during supplementation")显示,补充了 omega-3 脂肪酸的英国囚犯的违法行为率减少了近 35%。① 一项设计类似的研究表明,在"学习、行为和社会心理调整困难"的儿童中,饮食补充的脂肪酸可以"显著提升"其阅读、拼写和行为能力。② 一则神经精神药物学期刊的报告指出,一名患有慢性精神分裂症的 30 岁孕妇在补充 omega-3 的公开试验中,其"精神分裂症的阳性和阴性症状均有显著改善"。③ "各地年均抑郁症患病率相差达 60 倍,这一数字与其国内的鱼类消费数量构成明显的反比……至于双相情感障碍症……其流行率急剧上升时,低于每人每年约 75 磅的鱼类摄入量阈值,即台湾地区为 0.04%(81.6 磅/人),德国为 6.5%(27.6 磅/人)。"(2000 年,美国人均鱼类摄入量为 15 磅左右。)④ 其他类型的脂肪似乎具有消极的认知影响:"中年大鼠"饮食中含有的较高的氢化脂肪会

---

① Gesch et al., "Influence". 现代西方饮食需要的"种子提取的油类消费量惊人地上升……其含有的不饱和脂肪酸主要是替代了 omega-3 脂肪酸的 omega-6 脂肪酸"(Hallahan and Garland, "Essential Fatty Acids and Mental Health", 277)。

② Richarson and Montgomery, "Oxford-Durham Study".

③ Su, Shen, and Huang, "Omega-3 Fatty Acids".

④ 或许我们不应对 omega-3 脂肪酸、心理健康与认知功能之间的关系感到惊讶,因为"哺乳动物大脑的净重包括大约 80% 的脂质(这是所有器官中的最高值)"(Hallahan and Garland, "Essential Fatty Acids and Mental Health", 186)。

使记忆迟钝,并导致"大脑中的炎症物质的产生"。①

像这样的调查结果一般仍需要经过进一步的研究和各种阐释,但是它们支持了这样一种观点,即某些脂质促进了特定的人类情绪或感情状态。这种能效性不应该被认为是一种机械的因果性,我也并不认为营养科学未来可以证明特定种类的脂肪导致了一系列量化和固定的认知或行为效果。更有可能的是,在这里发挥作用的是一种涌现的因果性:特定类型的脂肪在不同的身体中以不同的方式行动,即使在不同时期的相同身体中,其行动强度也不尽相同;因此,这些特定类型的脂肪可能会产生不同模式的效果,尽管这些效果并不一定是可以预见的。原因在于,在食者-被食者(eater-eaten)的复合体中,一个小变化就可能会对其模式或功能造成显著的破坏。② 人类与脂肪共同参与的聚合体或许可以更好地被理解为一个非线性体系:"在线性体系中,两个不同起因的联合行动所导致的最终效果仅仅是……每个原因各自造成的效果[的总和]。但是,在一个非线性体系中,向已经存在的原因中添加另一个小原因则可能会引起戏剧性的效果,而这种戏剧性的效果对原因的广度并没有共通的衡量标准。"③在非线性聚合体中,"效果"与其"原因"产生共鸣或相反作用,因此任何增加的元素(omega-3 脂肪酸)或元素集合(鱼类摄入高的饮食)所造成的影响都是无法一目了然地掌握的。

---

① Carroll,"Diets Heavy in Saturated Fats".

② 我从约翰·布依尔(John Buell)那里得到了这些观点,他指引我去了解在身体-肉体-心灵-食物聚合体中发生的非线性竞争(电子邮件,2008)。

③ Grégoire Nicolis and Ilya Prigogine, *Exploring Complexity: An Introduction* (1989), qtd. in De Landa, *Intensive Science and Virtual Philosophy*, 131.

相反,增加的元素所具有的能动性只会"在聚合体通过自身异质组成部分的相互调节而稳定下来之后,才能慢慢地显露出来"①。

特定的元素可以很好地置于一个聚合体之中,其具有的力量通常非常强大,甚至能够改变整体的发展方向或功能。正如第一章所指出的那样,德勒兹和瓜塔里使用"运行者"(operator)的概念来阐释这种能效性特别强的元素。作为例子,二人引用的是小雀用于搭巢和求偶舞的草。草的茎部"作为通道的一部分,连接起领域聚合体和求偶聚合体。……草茎是一种解域的组成部分……它既不是古体,也不是过渡性或部分性的客体。它是一个运行者,一种动力。它是一种**聚合体转换器**(*assemblage converter*)"②。

特定的食物也可以发挥"聚合体转换器"的作用,这个概念类似于塞尔所说的"热刺激物"(thermal exciter)。对于塞尔而言,热刺激物不会在其进入的聚合体中造成革命性的转变。相反,它会让聚合体"以不同的方式改变状态,它会影响聚合体,它使能量分布的平衡变得波动。它作用于聚合体,它刺激聚合体,它激怒聚合体。这种影响往往不会产生什么效果。但是,它可以通过连锁反应或复制来形成巨大的影响"③。

---

① De Landa, *Intensive Science and Virtual Philosophy*, 144.

② Deleuze and Guattari, *Thousand Plateaus*, 324–325.

③ Serres, *Parasite*, 191. 塞尔指出,在食者-被食者的关系中,**人类**是被动的一方。在他看来,食者完全依赖于食物(处于"寄生"关系中)。我们吃东西的行为牺牲了我们的宿主:"宿主在先,寄生者跟随在后。"(14)因此,食者是**亏欠于**被食者的(也许这就是为什么许多人在饭前要说感谢恩典)。我认为,塞尔正确地注意到食用行为中存在的道德义务,但是我也认为寄生者的形象走得有一些过远,它并没有承认人类身体所具有的活性力量或任何能动力。

因此，如果我们要认真审视非人脂肪的能效性，则不仅需要改变什么是行动者的观念，而且需要将注意力从个体转向聚合体中的行动体。故而，肥胖问题不仅涉及人类及其经济文化旁支（农业企业、零食贩卖机、胰岛素注射、肥胖手术、产品尺寸、食品营销和销售系统以及微波炉），而且还涉及脂肪的运作与轨迹，后者会削弱或增强人类的意志、习惯和观念所具有的力量。

尼采、勇士食物和瓦格纳音乐

正如上文所提到的研究一样，关于食物具有的活力的大多数证据（当食物与其他可以增强力量的活力物质聚集在一起时，这种潜力就会被激活）都来自物理或生物科学。社会科学和人文学科在处理食物问题时，均倾向于关注人类行为，例如，通过社会文化仪式产生的具有意义的食物对象，烹饪自我表达的修辞方式，或审美商业技术引发的对新食品产品的期望。除了描写食材的色泽、质地和气味的食谱作者或餐馆食评者，其他的食物写作很少关注物质具有的力量。正如大卫·古德曼（David Goodman）在批评社会学农业食品研究时所指出的那样，人们很少会认识到食物是一种"本体论意义上的真实、积极而鲜活的存在"①。

然而，在19世纪时，许多哲学家都相信食物具有塑造个人和民族品性的力量。这些思想家审视了与吃饭相关的经验，发现食者和食物之间具有深刻的互动关系。例如，尼采宣称（并没有采

---

① Goodman, "Ontology Matters", 183.

用随机的双盲实验),人们所消化的食物改造并改变了人们的心理、认知、审美和道德属性。尼采认为"不正确的饮食方式(中世纪的酗酒行为以及素食的荒谬性)"是导致"深度抑郁、疲惫不堪和生理不全者忧郁"的原因之一。① 他相信,"每个人之所以……有不同的感受和品位,其原因通常在于他们的生活方式、营养摄入或消化情况的某些特殊之处,可能是他们的血液和大脑中含有的无机盐量不足或过量"②。在尼采的道德观中,也存在这些"暗示":"两餐之间不应加餐,也不喝咖啡:咖啡会扩散忧郁感。如果程度太弱,**茶叶**……也有害于健康,会让人一整天不舒服。"③查拉图斯特拉的"强有力的优美言辞"和"新的欲望"并非受"让人肠胃气胀的蔬菜"的滋养,而是源于(一种无名的)"勇士食物,即征服者的食物"。④(也许指的是生肉?)

在这些引文中,尼采涉及了一种**物质**能动性,这种能动性不仅体现于酒精和咖啡因这样的药物之中,而且存在于所有的食物中。从尼采关于食物的零散讨论中可以看出,可以食用的物质似乎是一种强大的能动体,可以改变与之接触的人类物质(在这里,

---

① Nietzsche, *On the Genealogy of Morals and Ecce Homo*, third essay, sec. 17, 130.

② Nietzsche, *Daybreak*, 39.

③ Nietzsche, "Why I Am So Clever", *On the Genealogy of Morals and Ecce Homo*, sec. 1, 239.

④ 完整的引文是:"我的强健食物发挥了作用,我的强有力的优美言辞:实际上,我并没有用让人肠胃气胀的蔬菜来滋养它们!我使用的是勇士食物,是征服者的食物,我唤醒了新的愿望。"(Nietzsche, *Thus Spoke Zarathustra*, pt. 4, "The Awakening")

尼采的观点可能接近于斯宾诺莎式的意动体模型,后者只有聚集在一起时才能增强自身的力量)。

尼采指出,食物具有的能效性会有所不同,这取决于饮食中摄入的其他食物、吸收食物的特定人体以及采用这种饮食方式的文化或民族。例如,他讨论了一本在其生活年代流行的饮食书籍,即路易吉·科尔纳罗(Luigi Cornaro)所著的《有节制的生活》(La vita sobria,英译为《长寿的艺术》[Art of Living Long])。科尔纳罗(1464—1566)活到了 102 岁,他每天只吃 12 盎司的固体食物("面包、一个鸡蛋、一点肉和一些汤"①)和 14 盎司的葡萄酒("至于水,无论是如何改变或准备的,都不具有葡萄酒的好处,也无法使我放松"②)。尼采抱怨称,虽然科尔纳罗"推荐采用他的微量饮食作为长寿幸福——而且符合道德规范——的生活食谱",但这样的饮食方式只能增强**某些**身体的活力状态。尼采指出,一种饮食方式并不能适用于所有人。对于像科尔纳罗这样的人来说,其"新陈代谢速度非常缓慢",因此微量的饮食会具有很好的效果,但是对于"**我们**这个时代的学者而言,由于其神经能量的消耗速度很快,采用科尔纳罗的治疗方法相当

---

① Cornaro, *Art of Living Long*, 55. 在科尔纳罗的《第二话语:八十六岁纪事》("Second Discourse, Written at the Age of Eight-Six")一文中,他更全面地记录了自己的饮食:"首先,面包;然后,面包汤或清淡的肉汤搭配一个鸡蛋,或其他一些不错的这类小菜;至于肉类,我吃小牛肉、小山羊肉和绵羊肉;我会吃各种各样的禽类,以及鹧鸪和画眉等鸟类。我还吃咸水鱼,如乌颊鱼之类;以及各种淡水鱼,如梭鱼等。"(87)

② Cornaro, *Art of Living Long*, 94.

于自杀"①。

食物具有的能效性因人体而异。尼采关于科尔纳罗的讨论中更有意思的一点是,他认为"同样的"食物在"同样的"身体中所发挥的能效性会随着时间的推移而发生变化,原因是行动体会在此期间进入和离开。"勇士食物"如果能够促进勇士的出现,就必须与许多其他行动体联合起来。在讨论反犹太主义如何控制俾斯麦时期的德国时,尼采指向了食物-人-声音-国家构成的聚合体所具有的能动性:他认为啤酒是背后原因之一,但是啤酒作为饮食的一部分,也构成了德国的"报纸、政治……和瓦格纳音乐"的一部分。② 同样,尼采认为"戒绝食肉"是牧师不满的原因之一——但这种情况只出现在信奉天主教的素食主义者遇到另一组特定的行动体时,也就是,只有让肠胃气胀的蔬菜配合"禁

---

① Nietzsche, *Twilight of the Idols*, sec. 1, 47. 尼采似乎并未足够仔细地阅读科尔纳罗的作品,因为科尔纳罗清楚地提到自己的独特饮食并不适合任何人:"人们没有必要像我一样,把自己的饮食限制在这样小的数量之内……因为我吃得很少;而且我这样做的原因,是我认为少量已经足以满足我弱小的肠胃。"(Cornaro, *Art Living of Long*, 62)"我被迫极为关注自己摄入饮食的质量和数量。然而,那些拥有强壮体质的人可以摄入许多其他种类和品质的饮食,而且可以比我吃得更多。"(同上书,97)

② 完整的引文是:"我……不喜欢最近的这些理想主义上的投机者,这些反犹太主义者,他们……唤醒了人们体内的全部攻击成分,粗暴地滥用鼓动者所有的廉价伎俩与道德态度(如今,所有类型的精神骗术在今天的德国之所以能得逞,和德意志精神的**萎缩**[*Verödung*]有关;而我认为原因在于过于局限性的报纸、政治、啤酒和瓦格纳音乐)。"(Nietzsche, *On the Genealogy of Morals and Ecce Homo*, third essay, sec. 26, 158-159;强调为本书作者所加)

食……节欲……'逃入荒野'……［和］牧师主张的反肉欲主义的形而上学之时"①。

尼采认为,在报纸、瓦格纳音乐和禁欲主义身体实践的物质性中,食物具有的力量会变得活跃起来,而所有这些都符合唐娜·哈拉维(Donna Haraway)所说的"物质-符号行动者"②。那么,任何一种饮食科学都不仅要考虑与消化液或微生物等其他身体联合的食物,而且还要考虑与常被描述为认知、信念和记忆的强度共同作用的食物。尼采警告称,不要把后者想象成"更高"的存在形式:"不可思议的是,营养、地点和气候……比迄今为止人们认为重要的一切物质都更为重要……［比如］'上帝''灵魂''美德''罪恶''超越''真理'和'永生'。"③

与俄罗斯**套娃**一样,聚合体包含了一系列越来越小的组成部分——在一系列更大更复杂的组合中发挥作用的行动体群。但是,尼采的观点也有一定的道理,即认为消费聚合体是以可计算的——而不是涌现结果的——形式出现的,而随着人们对体系的认识变得更加详细、有时效性和全面,这种结果的可预测性也随之增加。尼采倾向于回归至一种生理学的机械模式。我所考虑的是,这种关于可靠机制的假设是否构成了寻求精细消费体系的必要观点,如身体某些部位(眼睛和意志)向其他部位(肢体、嘴巴和手指)发送关于吃什么和吃多少的行动指令计划。

---

① Nietzsche, *On the Genealogy of Morals and Ecce Homo*, first essay, sec. 6, 32.
② See Haraway, *Modest_Witness@Second_Millennium*, 2.
③ Nietzsche, "Why I am So Clever", *On the Genealogy of Morals and Ecce Homo*, sec. 10, 256.

梭罗、死肉与浆果

在反思食物、饮酒、人类消化、新陈代谢和思想强度之间的联系时,尼采开始制订一种具有艺术性的饮食计划。在大西洋的另一边,梭罗正在忙于自己的消化体系,其目的是引起一系列不同的效果。两位实验主义者都试图在思想和身体上从食物具有的活力与积极力量中获益。当蔬菜、苦行实践和牧师的不满相结合时,尼采对蔬菜表示了拒绝:蔬菜可能会带来危险。同样,梭罗虽然也肯定了植物所具有的活力状态,但是他把活力定位于一种不同的聚合体中,而这个聚合体对他的身体产生了另一种影响:在面对社会习俗的病态时更加清醒也更有抵抗力。

一天晚上,梭罗带着刚刚抓到的"一串鱼"往家中走时,"瞥见了一只土拨鼠在路上穿过,我感到一种奇特的野蛮的快乐感,并且强烈地想要抓住它生吞吃掉;这并不是因为我那时候肚子饿了,只是因为土拨鼠所展现出的野性"①。出于对野性的渴望,梭罗先是想要吞食土拨鼠,使**它**的活力状态成为**自己**的。但是,接着梭罗停下来进行思考:**这种活力的转移是怎么可能实现的呢?**通过多年来对物质身体的消耗,梭罗最终质问了食用行为是如何运行的。当**这些**身体与**我**的身体相混合时,究竟发生了什么?之后,沃尔特·惠特曼也进行了类似的考虑。他在《草叶集》(*Leaves of Grass*)中写道:"谁去那里?渴望,粗暴,神秘,裸体;我是如何从吃的

---

① Thoreau, *Walden and Resistance to Civil Government*, 140.

牛肉中汲取力量的呢?"① 最终,梭罗得出的结论是,"吞食"生肉实际上并不会给他自己带来活力,而是会导致其想象的死亡和腐烂。

梭罗接收到的第一个警告迹象是通过肠道传达的:"一年又一年",他的肠胃变得越来越不适应鱼肉。最终,他停止了摄入"动物类食物"(以及茶和咖啡),开始认为"吃……肉在本质上是不洁的"。② 鲜活的土拨鼠原先具有的不可抗拒的野性,现在变成了尸体令人厌恶的不洁(指其肮脏、黏滑与黏稠的感觉)。梭罗称滴落的肉汁为"实际的厌恶",而"一点点面包或几个土豆也可以达到同样的效果,而且更加简单和干净"。③ 然而,这里受到影响的不仅仅是家庭事务。梭罗宣称,肉"与我的想象互不相和";"我认为,每一个曾经热衷于保持其高尚或诗意才能的人,都特别倾向于放弃食用动物……至于为什么想象无法调和于肉类和脂肪,这种疑问可能是没有意义的。我很满意二者是不相合的"。④

如果我们在梭罗对肉类的厌恶中发现某种柏拉图式的、对可能发生变化的物质的反感,以及相较于短暂的物质更偏向于永恒

---

① Whitman, "Song of Myself", lines 389–390, *Leaves of Grass*. 感谢哈德利·里奇(Hadley Leach)帮我找到了这则文献。

② Thoreau, *Walden and Resistance to Civil Government*, 143. 梭罗在日记中指出,尽管"粗糙而匆忙的户外工作迫使自己……不注意饮食",但是"如果允许我自己进行选择的话,我永远都不会……吃肉"(qtd. in Robinson, *Thoreau and the Wild Appetite*, 9)。

③ Thoreau, *Walden and Resistance to Civil Government*, 143. "大多数男人会为自己动手准备食物而感到羞愧",而这些血腥的肉餐是"每天由他人为其准备的",也就是女人(144)。

④ Thoreau, *Walden and Resistance to Civil Government*, 144.

47 的形式的话,与之相对的是梭罗对**其他**食物的赞美——这些物质虽然与动物脂肪一样短暂、容易腐烂和具有物质性,但是可以在梭罗身上产生预期的效果。梭罗拒绝摄取腐烂的动物尸体所分泌的黏液,但是却需要食物影响自己的身体并改善自己的想象。这包括"一点点面包或几个土豆",此外最重要的也许是浆果,这些"小东西——紫黑浆果——不可忽略,是非常好的"①。梭罗"很兴奋地"发现,"我在山边吃过的一些浆果为我带来了灵感"②。

梭罗努力让自己与一系列身体结合在一起,其中有些身体是坚实的,有些是纤细的,它们让梭罗的身体变得更好,更精瘦,也更能辨别物质所具有的力量。例如,梭罗逐渐发现,浆果具有的力量以不同的方式发挥作用:相比于他直接在费尔黑文山(Fair Haven Hill)上的灌木丛边吃的浆果,那些在市场上出售的紫黑浆果和蓝莓"并没有展现出真正的味道……如果你从未摘过浆果,还认为自己品尝过浆果,这就是一个大大的错误……水果具有的最重要的美味都会随着花期而失去。在超市的购物车上,这些美

---

① 对那些想知道为什么他如此重视浆果等小东西的人,梭罗很自信地回答说,那些在墨守成规者看来是"伟大的东西其实并不伟大,反而很粗鄙……小东西其实并不小,而且很好——它们是一些紫黑浆果"(qtd. in Keiser, "New Thoreau Material", 253-254)。

② Thoreau, *Walden and Resistance to Civil Government*, 146. 梭罗称蓝莓为"浆果之王"(Berry of berries),但他同时也高度称赞了野生的黑莓、蓝莓、树莓、越橘、蔓越莓和草莓。罗宾逊指出:"很难分辨梭罗最喜欢哪一种浆果。"梭罗在浆果爱好和浆果饮食方面的混乱促使罗宾逊注意到一种"异教欢乐的仪式感",指出梭罗会描述自己"从一湾泉水走向另一湾泉水,双手在连续的泉水之间因为采摘野草莓而变红"(Robinson, *Thoreau's Wild Appetite*, 22)。

味被抹去了,变成了纯粹的饲料"①。也就是说,波普塔特牌浆果饼干里的浆果,并不会像野生浆果那样发挥作用;或者说,相比于未经高温消毒的奶酪和未经过滤的葡萄酒,那些加工过的奶酪和无菌过滤的葡萄酒变得更加被动,拥有的活力更少,而且更容易预测了。②

饥饿的灵魂

在尼采与梭罗看来,消耗食物好比一条双向的街道,是人类身体与非人身体的相遇场所。茶、咖啡、蔬菜、啤酒、音乐、浆果、鱼、土拨鼠、梭罗瘦削的身体以及尼采病态的身体,都具有一种活力。与之形成鲜明对比的是莱昂·卡斯(Leon Kass)在其畅销书《饥饿的灵魂:饮食与自我本质的完善》(The Hungry Soul: Eating and the Perfecting of Our Nature)中提出的饮食模式。卡斯认为,世俗的饮食行为揭示了有关上帝造物顺序的一些启示:它揭示了一种关于身体的自然等级体系,其中物质位于底层,中间是各种有机体,位于顶层的则是人类。

卡斯首先声称:"我们不会成为我们所吃的东西;相反,食物被吸收到我们体内……可以食用的物质被食用者彻底地改变,并重新融入食用者体内。"③那么,人类身体本身作为一种可食用的

---

① Thoreau, *Walden and Resistance to Civil Government*, 116-117.

② 感谢帕琛·马克尔(Patchen Markell)指出了这一点。

③ Kass, *Hungry Soul*, 25-26. 卡斯于 2001 年被乔治·W. 布什任命为总统生命伦理学委员会(President's Council on Bioethics)成员,并曾担任该委员会主席。

物质,是如何成功地完全超越所有其他身体的呢？卡斯认为,这种高等的力量优势源于(尽管我们将会看到这种说法并不能完全解释问题)人体是有机体的事实。卡斯将有机体定义为一种物质身体,其中注入了非物质的补充物,也就是"生命"(life)。"生命"是一种与单纯的物质机械运作有着质的区别的力量：生命"并不是新陈代谢的结果,而是新陈代谢发生的原因,因为通过获取营养而维持存在是**有组织的**有机体所**达成的结果**,而不是其物质本身的结果"①。所有的有机体——不仅仅是人类——都是因生命而变得活跃的,因此所有的有机体都有力量给无机物质或死肉赋予"形式"。正是这种神秘的被称为"生命"的力量,将"可食用的对象……彻底改造入食者的体内"。

卡斯之后指出,人类有机体被**特别地**赋予这种生命力；有的人可能会说,这种生命**尤其**具有活力,因为它是上帝设计的最高级的有机体,拥有"灵魂"。例如,一个具有灵魂的有机体,可以"从螺旋的顶端凝视着整个世界以及他自己独特的上升地位",能够"接受认可其食用行为的存在形式"。②

卡斯提出了有机生命与无机物质之间区分的有力模式,自信地肯定了一种非物质生命力的存在,这种生命力激活了单纯的物质,并且称赞了人类具有的生命的独特性,即拥有灵魂。通过这些做法,卡斯肯定了一种活力论。作为一名福音派基督徒,卡斯在《饥饿的灵魂》一书中提出了十分清晰、大胆和强硬的主张。由此,他帮助我们认识了一种更加温和且细致的活力论主

---

① Kass, *Hungry Soul*, 55.

② 同上书, 15。

张,其在文化层面传播得更加广泛。在第五章和第六章中,我将再次回到对活力论这一主题的讨论,并审视康德、杜里舒和柏格森等人所赞同的活力论的各种变体,将这些活力论相关主张置于与物质理论的对话之中,将其**本身**视作一种活跃而多变的力量。

卡斯提出了一种人类饮食的征服模式,将所摄入的动物、植物、细菌、金属、人造激素、微量元素、二噁英和其他工业副产品等身体视作供人类使用的不活跃的塑料物质。梭罗、尼采的观点以及最近对 omega-3 与氢化脂肪的研究,都挑战了这一模式及其核心的形式-物质二分法。与之相反,这些研究认识到食物本身具有固有的生产力,这种力量使可食用的物质能够粗化或细化人类的想象力,或者使其脾性更多或更少地倾向于产生反感、抑郁、多动、迟钝或暴力情绪。他们将饮食体验视为人类与非人元素聚合体的形成,而所有这些元素都具有一定的能动力。这种能力既包括抵制或阻碍人类目的实现的消极力量,也包括了产生影响与效果的更加积极的力量。在这种饮食模式中,人类身体和非人身体彼此互动;二者不仅都具有形成的力量,而且本身也是接受其他作用的物质。饮食行为似乎是一系列相互转化的过程,其中内外之间的边界开始变得模糊:我的食物既是我的,又不是我的;人既是也不是自己所吃的食物。

流浪的物质

如果被食用的一方会成为食物,那么它一定是其所进入的外部可以消化的。同样,如果食者要摄取营养,则必须适应于内化的外部。在饮食的过程中,所有的身体都被认为是一种物质性的临时聚集物,是一种生成的过程,是沉淀和物质构成的喧嚣与流动。艾玛·罗伊(Emma Roe)关于英国饮食实践的现象学研究着重指出,食物是如何在某一实体的阈值上下进行摆动的:一根胡萝卜在进入食者的嘴巴时,是一个完整的实体,具有独特的味道、颜色、气味和质地;然而,一旦这根胡萝卜被吞噬,其连贯性便逐渐消失,除非人们通过插入肠道的微型照相机继续观察,否则胡萝卜和食者之间的区别就完全消失了。① 莫德·埃尔曼(Maud Ellman)也描述了食物的各种流动过程:

> [食物]在胃中分解,在血液中同化,在表皮化为汗水,在大肠中发生转变;食物在秋葵和牡蛎中体现出的黏性,在果冻中体现出的弹性,在牛奶冻中的潮解性;在蛇的喉咙里肿胀,在鲨鱼的肚子里慢慢侵蚀;通过牧场、果园、麦场、仓库、超市、厨房、猪槽和垃圾堆放丢弃处的旅行;与食物相关的播种、狩猎、烹饪、磨坊、加工、罐头制品等行业;食物发生突变的神奇之处、面包的膨胀、蛋奶酥的凹陷;生的和熟的、固体的和融化的、蔬菜和矿物的、鱼、肉、禽,这些包括了生

---

① Roe,"Material Connectivity". 瑞秋·科尔斯(Rachel Colls)曾在相关研究中将身体的"赘肉"称为**移动的肉**(*mobile* flesh),这既不完全是"物质的",也不完全是"推论的"(Colls,"Materialising Bodily Matter")。

命物质的整体概况。①

简而言之,食物展现出一种属性,即德勒兹和瓜塔里所说的物质具有的某种"流浪"(vagabond)属性,是一种被"所有物质-形式的故事"所忽略的连续变化的倾向。② 在新陈代谢活动中,内部和外部彼此混合和重组,使活力物质的概念变得更为合理。新陈代谢活动揭示了存在于已形成身体以及顽固物之下和其中发生的诸多活动,而这种活力状态往往被我们把世界划分为无机物质和有机生命的概念习惯所掩盖。

食物为何重要

我将引用的最后一个关于消化艺术的例子,是1986年在意大利出现的慢餐运动(slow food movement),其反对麦当劳化、环境不可持续性和全球食品生产、销售和分配体系的石油中心主义。根据这场运动的宣言,"慢餐运动致力于土地管理和食品生产的生态与健康;主张厨房和餐桌复兴为快乐、文化和社区的中心;促进区域性与季节性饮食传统的复苏和扩散;创造一个合作的、生态导向的、良性的全球化过程;并且提倡一种更慢、更和谐的生活节奏"③。

---

① Ellman, The Hunger Artists (1993), qtd. in Eagleton, "Edible Écriture", 207.

② Deleuze, "Metal, Metallurgy, Music, Husserl, Simondon".

③ 参见 Slow Food USA, "Manifesto"。

慢餐的特色之一，也是它能够成为一种特别有力的聚合体的原因，是其对习惯吃格兰诺拉麦片的人与"美食家"都有吸引力。慢餐运动宣扬了生态可持续性、文化特色、营养经济、审美愉悦以及从零开始做饭的技能。通过将这些形象和实践结合在一起，并且形成这种特殊的聚集体，慢餐运动可能有机会改造那些曾经在"环保主义"旗帜下凝聚起来的公众。或许，慢餐运动的混杂式关注点——美味的食物、节约使用能源以及对地球的关爱——可以将我们从芭芭拉·金索沃尔（Barbara Kingsolver）所描述的"集体幻觉幻想"中唤醒，即不再认为"我们在河流和海湾中倾倒的大量垃圾不会污染水源，我们排放至空气中的碳氢化合物不会改变气候，过度捕鱼并没有竭尽海洋，化石燃料永远不会耗尽，杀死大量平民的战争是掌控情势的合适方式，我们并没有疯狂地向环境银行透支，以及真的，孩子们都没事"①。

慢餐运动不仅包括花费时间准备和品尝食物，而且还要考虑食物在到达市场之前所涉及的经济、劳力、农业和运输过程。通过这种方式，慢餐运动提倡从商品链的角度来看待食物，记录食品的"生命历史"，并追溯"在这条商品链上连接起人类和地点的不同节点"。② 这种做法使消费者能够更好地了解他们即将放入

---

① Kingsolver,"Good Farmer",13.

② Jackson et al.,"Manufacturing Meaning along the Food Commodity Chain".在这里迈克尔·波伦（Michael Pollan）的《杂食者的困境》（*The Omnivore's Dilemma*）一书可以作为很好的例子。书中提供了四种美国膳食的谱系——一种来自麦当劳，一种由在全食超市购买的材料制成，一种配料来自自给自足的小农场，最后一种则由波伦本人打猎或收集而得的食材制成。

口中的食物：这不仅涉及农药、动物激素、脂肪、糖、维生素、矿物质等成分，而且也包括食品工作者的辛苦工作，以及农业企业及其在国会中的代理人的贪婪一面。① 但是，我认为，慢餐运动形成的聚合体可以进一步加强，即将焦点扩大到人类活动之外。慢餐运动倾向于把食物看作一种资源或手段，从而延续了认为非人物质本质上是被动存在的观念，赞同本体论层面上对生命与物质的二元划分。我们对食物所具有的能动性的认可程度，也相应地决定了我们会如何调整自己的饮食经验。如果慢餐运动能够更多地意识到食物具有的活跃的活力状况，事情会如何发展呢？如果说惰性物质的形象会激发我们当下的大肆浪费和危害地球的消费实践，那么将物质视作具有能动性活力的体验则可能会使大众变得更加具有生态可持续意识。

相比于将食物视为"生命延续所需要掌控"的工具，我把食物本身视作一个位于能动聚合体中的行动体，其中包括了我的新陈代谢、认知过程和道德感性。对于围绕着饮食、肥胖和食品安全等概念出现的公众，人类意向固然是一个重要的因素，但它不是唯一的行动者，也不一定是其中的关键运行者。食物作为一种自我改变的耗散的物质，同时也是一个参与者。食物进入我们的生

---

① 在这里，比较好的例子包括切里·卢卡斯·詹宁斯（Cheri Lucas Jennings）和布鲁斯·詹宁斯（Bruce H. Jennings）所揭露的隐藏在红色光洁的超市无虫苹果中的低贱工资和有害工作条件，以及格雷格·克里特斯（Greg Critser）所探讨的农业企业利益、玉米生产补贴、高果糖玉米糖浆与肥胖症之间的关系。可参见 Jennings and Jennings, "Green Fields/Brown Skin"；以及 Critser, *Fat Land*。关于对高果糖玉米糖浆是导致美国肥胖问题的重要因素的批判，请参见 Warner, "Does This Goo Make You Groan?"。

成过程。当我们讨论吃什么食物、如何得到食物以及何时停止饮食的问题时,食物是在人类情绪、认知倾向和道德情感等方面发挥作用的若干能动体之一。

第四章

金属的生命

A Life of Metal

在卡夫卡撰写的短篇小说《致某科学院的报告》("A Report to an Academy")中,文雅而多毛的红彼得(Rotpeter)在全神贯注的人类听众面前说道:"尊贵的科学院的先生们!承蒙诸位盛情厚爱,邀请我向贵院写一份我所经历过的猿猴生活的报告,我深感荣幸……我[将]不得不告诉你们……一只昔日的猿猴需要经过什么方法才能步入人类世界,并取得安身立命之道。"通过加速的进化过程,红彼得进入了人类生活的世界:他学会了抽烟斗,喝杜松子酒,然后因这些成就而兴高采烈,而且由于"我实在忍不住了,自己的意志在躁动",便喊出了"一声简短而准确的'嗨!',由此进入了人类的语言世界;随着这次进入人类社会,我也得到了人类的回应:'听啊,他在说话!'"。①

红彼得向大家介绍了他的"生命"。在这里,"生命"(life)一词指的是与情感、社会性和反思能力相一致的生物学境况。卡夫卡清楚地指出,这是一种猿猴与人类共享的生命活动,而猿猴与人类之间的区别只不过相当于一条"线"上的各个点。自卡夫卡所生活的时代以来,人类与动物之间的差距甚至变得越来越小,因为那些被认为是人类独有的特质或才能,一个又一个被发现也

---

① Kafka, "Report to an Academy", 257.

存在于非人类的动物中。① 因此,认为动物具有生物社会性的、互相交流的,甚至具有概念的生命活动的看法,如今已经不是那么有争议了。然而,非有机体也能拥有生命吗?物质本身是否能够具有活力呢?

在之前的章节中,物质具有的活力状况指的是简单身体或原身体的意动力或动力,是力量倾向于形成具有能动性的聚合体,或者是涉及植物物质和动物物质能够在食用它们的人体中产生效应的能力。在这一章中,我将明确地把注意力转向"生命",关注生命与生理和有机界之间的距离有多远。生命是否只能作为生命-物质二元划分的一端,还是说矿物生命或金属生命是实际存在的,或者说"天下雨了"(it rains)这种表达方式中的"it"是具有生命的?我不仅认为这是存在的,而且我们出于生态和生物技术的原因,有必要对之更好地了解。②

一个生命

在德勒兹的短文《内在性:一个生命》("Immanence: A Life")中,我们了解到"一个"生命("a" life)的概念。正如这一不定冠

---

① 相关研究的综述可参见 Kate Douglas, "Six 'Uniquely' Human Traits Now Found in Animals"。

② 地理学家尼克·宾汉姆(Nick Bingham)提出"非人友谊"(nonhuman friendship)的概念,指涉了外部具有的"某种开放属性"或"习得影响的能力"。尽管他举的非人例子都是有机体(蜜蜂和蝴蝶),但是他的文章提出了一个问题,那就是能否与无机物质"成为朋友"。参见"Bees, Butterflies, and Bacteria"。

词所表明的那样,这是一种不确定的活力状态,是"一种纯粹的主观的趋向"(pure a-subjective current)①。生命只是短暂可见的,因为它是"一种脱离于所发生事情的主观性和客观性的……纯粹的事件"②。生命存在于传记时间或形态时间的各个时刻之间的神秘的非时间(nontime)中。当生命出现在语境中时,我们瞥到了一幕潜在存在的红彼得的生命活动。德勒兹在举例说明这种非人活力状态时,指出很小的孩子虽然还没有成为独立的个体,依然也具有"独特性",原因是他们在相遇时都只会表现出**这种**微笑、姿态或鬼脸。这些小孩"被一种内在的生命所穿越,这是一种纯粹的力量,甚至可以说是神佑……这就是生命力的不确定性"③。**一个生命**具有的纯粹力量可以表现为神佑,或是一种难以形容的纯粹的暴力。在这里,我会对德勒兹的术语进行一些修改,以表达出"**一个生命**"的黑暗一面。维纳·达斯(Veena Das)在她的民族志研究中,尝试分析在出现"毁灭世界的"暴力(例如英迪拉·甘地被暗杀之后发生的大规模杀戮)之后,人们是如何重拾生活的。她指出,这种暴力行为具有一种"非叙述……的冷漠性质"。在这种时候,言语变得"麻木"或似乎失去了"与生命

---

① Deleuze,"Immanence",3-4.

② 同上书,4。在《生命的新奇性》("The Novelty of Life",未发表手稿)中,保罗·玛拉蒂(Paola Marrati)认为德勒兹的"生命"概念并不具有实证或生物学意义上的内容,而是更接近柏格森的"绵延"(duration)的概念。生命"开始与时间的潜在现实及其开放的分化力共存,也就是创造式新奇性"(7)。我的个人收藏中存有此文献。

③ Deleuze,"Immanence",5.

的联系",这也就是达斯所说的人们失去了与文化生命世界的联系。① 在失去与生命世界的联系时,是否意味着这些话语表达了"一个生命"呢? 然而,一个生命一词如今已经不再如此具有吸引力了,在这里达斯的研究让我想起,一个生命的爆发不应该仅仅通过溢出和活力状态的隐喻来描述。有的时候,一个生命的体验与其说是神佑,更多的是恐怖;相比于现实的丰富,更多是毫无意义的虚空。

因此,一个生命指涉了一种不稳定的积极性,一种具有破坏性和创造性的力量与存在,其与任何特定的身体并不完全一致。一个生命撕裂了现实的结构,却未曾完全显示在一个人、一个地方或一个物质中。一个生命指的是《千高原》(*A Thousand Plateaus*)中所形容的"物质**运动**"或"物质**能量**",即一种"进入并离开聚合体的处于变化之中的物质"②。一个生命作为一种活力状态,并非针对任何个体,而是"纯粹的内在性";或者说,是一种真实而非实际的变化的聚集体:"一个生命中只包含实际之物。它是由实际之物构成的"③。一个生命是"一种主观性",德勒兹曾感叹法国小说家倾向于把生活简化为"个人的事",而真正的作家"努力成为一个'伟大的生命'(great Alive),相比于其体内的生命或者流淌的感情来说,他是弱势的"④。在这段引文中,我们可

---

① Das, *Life and Words*, 97.

② Deleuze and Guattari, *Thousand Plateaus*, 407;强调为本书作者所加。

③ Deleuze, "Immanence", 5.

④ Deleuze and Parnet, "On the Superiority of Anglo-American Literature", 50.

以感受到尼采式的独特的活力论主张，例如尼采在《权力意志》（*The Will to Power*）中宣称："你知道对我来说生命是什么吗？是一个能量怪兽……它不会自我消耗，而只会自我改变……一个或多个力量会同时出现并发生波动……各种力量流动和碰撞，永远处于变化之中。"（第1067条）①

金刚石锁链的无生命重量

在埃斯库罗斯的戏剧《被缚的普罗米修斯》（*Prometheus Bound*）中，绑缚普罗米修斯的锁链是无生命的、静止的和实在的，正如一个生命是活跃的、流动的和潜在的。在第一幕中，克拉托斯（Kratos，希腊语意为"强大力量"）让赫菲斯托斯（Hephaestus，冶金之神）去绑紧锁链：

---

① 德勒兹和瓜塔里同样肯定了尼采对形而上学的"原子"或稳定"客体"的批评。尼采在《权力意志》第522条中指出："相比于其他集合"，只有"事件集合更具有持久性"。但是，德勒兹和瓜塔里避开了这种尼采主张中偶尔显现的语言建构主义倾向，未将事件还原成其中运行的**人类**力量。例如尼采曾说："物……原子同样……是不存在的。……'物'是各种效果的总和，由一个概念和意象联合在一起。"（Nietzsche, *The Will to Power*, entry 551）同样，尼采曾在笔记中写道："关于在我们的感知接受能力和理解活动之外，物……会呈现出怎样的形态，我们必须要回答这个问题：我们如何才能知道物存在呢？'物性'（Thingness）最初是我们创造的概念。问题在于……'配置物质'的或许并非唯一的现实；'外部世界对我们的影响'或许也并非这种积极主体的唯一结果。"（entry 569）

> 我们来到了世界的尽头；
> 这里是斯基泰人的国家，一片无人涉足的荒野。
> 赫菲斯托斯，你必须听从父亲对你的命令
> 把这个罪犯钉在高大岩石上的
> 坚不可摧的金刚石锁链上。①

作为普罗米修斯的朋友，赫菲斯托斯不情愿地屈从于克拉托斯，就像普罗米修斯必须屈从于金属一样，因为锁链的确是由**金刚石**（adamantine）制成的，这个词源自希腊语 adamantinos，即**最坚硬的**金属，类似于铁或钢。"罪犯"对金属锁链进行了有力的反抗，但是他的肉体无法对抗坚硬而被动的金属，可谓完全不是对手。

将金属与被动性或无生命的物质相关联的观念持续存在着："金刚石锁链"是长长的名单内容之一，其他还包括铁笼、黄铜钉子、闪光的钢铁、铁一般的意志、结实的金棒等。谁会选择将**金属**作为活力状态的象征呢？那就是德勒兹和瓜塔里。在《论游牧学》的一小段中，他们将金属作为活力物质的典范：最能揭示这种剧烈沸腾的是金属，金属充满了生命力，促使诞生了"**非有机生命的惊人观点**"②。

我遵循德勒兹和瓜塔里的观点，尝试使用行动（activity）是物

---

① Aeschylus, "Prometheus Bound", 65.

② Deleuze and Guattari, *Thousand Plateaus*, 411.

质的"模糊本质"的"惊人"观点。① 但是,这究竟是一种什么样的行动呢? 托马斯·霍布斯(Thomas Hobbes)很久之前就坚持认为,生命只不过是一种运动中的物质而已,身体"不断地放弃一个地方,再获得另一个地方"②。这就是德勒兹和瓜塔里所说的"物质的活力状态"吗? 实际上,并不完全如此。原因在于,霍布斯关注的是成型身体在空间空隙中的行动,而德勒兹和瓜塔里所强调的行动性并不完全是身体行动或空间行动,因为空间中的身体(body-in-space)只是其中一种可能的方式。若要更好地理解这种行动,我们可以通过震颤(quivering)、消逝(evanescence)等术语,或者非确定和无意图的暂停(suspense)等概念来想象。这种引发行动的活力状态先于其他成型的身体,或者说存在于成型的身体之内,或是不同于其他成型的身体。《千高原》中充满了震颤的、转瞬的原身体和非身体,充斥着生成-动物和**无器官的身体**——借用斯宾诺莎主义的术语,对这些身体最好的描述就是"未成型的粒子之间的一系列速度(speeds)和慢度(slownesses)……它们具有一天、一个季节、一年和一生的独特性"③。这是一种强度的

---

① "那么我们应当如何定义这种物质-运动、物质-能量、物质-流动以及这进入和离开聚合体的变化物质呢? 这是一种没有分层的解域的物质……在[这个]区域中,是**模糊和物质本质**(……流动的、不明确但细致的),其不同于固定的、精确而规范的本质……与这种本质相关的是一种**身体性**(*corporeality*[物质性 materiality]),不会与之混淆的是可理解的、规范的本质或理性的、成型的和感知的物的本质(thinghood)。"(Deleuze and Guattari, *Thousand Plateaus*, 407)

② Hobbes, "De Corpore", pt. 2, 8.10.

③ Deleuze and Guattari, *Thousand Plateaus*, 262.

行动,而不是在空间中扩展的物的行动,也不是"潜在"物质或"物质能量"的"纯生产力"。① 德勒兹和瓜塔里认为,这样一种"物质活力论……虽然无疑是无处不在的,但通常是隐藏或被掩盖的,由于形式质料说(the hylomorphic model)而变得难以辨识"②。

"形式质料说"(此处借用了法国技术哲学家吉尔伯特·西蒙顿[Gilbert Simondon]的术语)解释了身体是如何变化或发展的。根据这个学说,那些被认为是被动的、无组织的或原始的物质,若要被赋予有机的"形式",则只能借助于本身非物质的存在的能动性。因此,形式质料说是一种活力论主张,认为一些非物质的补充物有能力将单纯的物质转化为具有形体的生命。在第三章中讨论过的莱昂·卡斯提出了一种关于饮食的形式质料说模式:新陈代谢作为纯物质的机械运动,无法解释有机体的"生命",因为这需要"一些非物质的'物'联合并形成"有机体。③ 卡斯承认,尽管这种精神力量"完全依赖于物质"("狮子的形体永远不会分离于其肉身"),但是其现实独立于肉身,也比肉身更加深刻和真实。因此卡斯认为,实际上"**有机体持续存在,而构成它的物质却不是**"④。

根据形式质料说的模式,任何"形成"的力量都必须位于野蛮而机械的物质的**外部**。这个模式既不能定位也不能辨识位于物质内部——约翰·马克斯(John Marks)所言的"隐含的拓扑形

---

① Deleuze and Guattari, *Thousand Plateaus*, 407-411.
② 同上书,411。
③ Kass, *Hungry Soul*, 36.
④ 同上书,41。

式"——的存在。这些拓扑学倾向并不仅仅是对外部能动体行动的被动抵抗,而是积极地试图表达自己。它们虽然不具有完全的"身体",但却是意动的。形式质料说模式对于木工和冶金学家的熟悉领域所知甚少,如物质具有"可变的强度"和"初始属性",而这些都是"外在形式[只能]凸显和促进"的。① 相比于源自物质的形成力量,工匠们(和机械师、厨师、建筑工、清洁工以及其他任何与物有紧密关系的人)都接触到了一种具有初始倾向和属性的创造性物质,这种倾向和属性依赖于与它们接触密切的其他力量、感情或身体而变化。

总而言之,在德勒兹和瓜塔里谈论物质的活力状态时,他们并不仅仅想让人们关注身体在空间中的"霍布斯式"运动。同样,他们也不是老生常谈地探讨客体的**历史性**(historicity),以及客体的形式和意义如何随着时间的增长而发生变化并脱离社会整体,或者与新的物建立起新的关系(这就是人类学、社会学和科学研究中的"客体社会生活"传统)。德勒兹和瓜塔里所着眼的是别处:在空间中任何安置之前和之后存在的活力,也就是一种强度的独特"动力"(motility)。或者是像艾伦·莱瑟姆(Alan Latham)和德里克·麦考马克(Derek McCormack)这样的非代表性地理学家称之为物质能量的"过程涌现"性质,或者是哲学家布莱恩·马苏米(Brian Massumi)所描述的"压迫性的各种发端和趋势",也**就是物质**。② 在这里,讨论的目的是审视将物质与惰性相结合、将有

---

① Marks,"Introduction",5.

② Latham and McCormack,"Moving Cities",701. 对马苏米的引用参见第705页。

机物与无机物间隔开来的金刚石锁链。也就是说,这里的目的是阐明一种**本身**便具有异质性的难以捉摸的物质性的概念,其本身也是一种不同程度的强度,是**一个生命**。在这种奇怪的**活力**唯物主义视野内,不存在纯粹的静止点,也没有一个原子本身不充斥着实际的力量。

福柯在谈到身体的"无体"(incorporeal)维度时,可能也在试图指出这种活跃性。"无体"维度是一种在空间-物体的哲学框架中无法表达的振动张力,在物质被视为延伸物的情况下,这种维度也是不可想象的。在《哲学剧场》("Theatrum Philosophicum")一文中,福柯介绍了无体的概念,并在讨论中借用了伊壁鸠鲁关于拟像(simulacra)的概念,后者是不断地从较厚和运动较慢的物体身体中脱落的一层层原子。这些薄薄的外膜并非完整的物体,而是人类认知的刺激物,因为这些移动的漂浮的薄膜触及了我们的感知器官,指向了外部的存在。福柯指出,拟像是一种奇怪的物质:它们都只是表面,没有深度;它们像"雾缕"一样升起和"飘出";它们是一种"消散了物质密度"的物质性。[1] 福柯把拟像命名为无体,因为它并不完全是一个独立的身体或具有实质性的语料库;此外,也是由于这种可移动的行动仍然是物质世界的**内在**

---

[1] Foucault, "Theatrum Philosophicum", 169–170. 乔纳森·戈德堡(Jonathan Goldberg)指出:"福柯实际上提及了一个始终困扰着伊壁鸠鲁主义的争论:如果原子本身是不可察觉、无色无味的,如果原子几乎缺乏所有可以感知的身体的特征——实际上也就是物质具有的每一个特征——那么原子在哪层意义上可以被称作是物质的呢?"(Goldberg, *The Seeds of Things*, 34)戈德堡继续探讨了一个奇怪的现象,即物质可见性的可能性或现象经验的条件实际上是**不可见**的物质。参见"Lucy Hutchinson Writing Matter"。

属性,即一种**无体性**(*in*-corporeality)。①

这种存在论的想象如何才能与我们日常生活中遇到的稳定身体相协调呢?在这里,活力唯物主义者可以引用(各种各样的)相对论的观点:我们所接触到的石头、桌子、技术、词语和食物等看似固定之物都是可移动的,其内部是各种异质的物质,相比于参与其中进行观察的人类身体的持续时间和速度,这些物质的速率和变化的速度是**缓慢的**。"客体"之所以会呈现这样的状态,是因为它们的生成速度或等级低于人类识别的阈值。诚然,我们很难铭记一个不能被简化为空间延伸的物质,也很难理解无体或强度分化(a differential of intensities)的概念。原因在于,人类为了活着,需要将世界还原地解读为一系列固定的物体,这种需要也反映在**物质**(*material*)一词所赋予的修辞作用之中。**物质**一词既可作名词,也可作形容词,指的是一些稳定或底层的现实,是一种金刚石般坚硬的存在。举例来说,引用"物质利益"的概念也就是把自己定位为一个现实主义者,而不是那些关注空洞抽象或天真愿景的人。② 历史

---

① 在福柯探讨"无形体的物质性"时,莱瑟姆和麦考马克则关注了物质中的"非物质性"(the immaterial)。"非物质性"赋予物质以"不受制于人类主体的生命表现力和活力"(Latham and McCormack,"Moving Cities",703)。我对这个定义有一些疑虑,原因在于其中关于物质性的内涵需要涉及一些**其他**内容——一些不同于其自身的内容——才能激活物质。与此同时,这个概念涉及19世纪的活力论主张,即认为物质虽然(实质上)是惰性的,但是由于物质身体的移动,其中必然存在着一种活力原则。而这种原则虽然深刻地牵连在物质内,但是并不"属于"物质。同样,莱瑟姆和麦考马克赋予"思考"及其"概念手段"以功能性,"用活力潜能充实……和激活了……世界的细节"(709)。

② Latham and McCormack,"Moving Cities",702.

唯物主义同样依赖于固定性的范畴。本·安德森(Ben Anderson)指出,长期以来,"结构主义者和历史唯物主义者的著作将'物质'界定为一种奠基性的前话语空间,并'最终'确定了一种文化领域"①。

金属的生命

埃斯库罗斯把普罗米修斯的锁链视作一种固定的物质。锁链之所以结实,是因为构成它们的金属是统一而同质的,没有任何内在的差异(纹理、延展性和衰变速度等的差异),所以普罗米修斯无法利用差异来打破锁链。我们被告知,锁链是坚不可摧的,因为构成它们的物质在表面或深度上并没有变化。

然而,这似乎并不是对金属微观结构的很好的实证叙述。金属的微观结构是由不规则形状的晶体组成的,而这些晶体并不能形成无缝的整体。科学史学家西里尔·史密斯对此做了描述:

金属与几乎所有其他的无机物质一样,其本质也是

---

① Anderson, "Time-Stilled Space-Slowed". 安德森有力地证明了厌倦的感情——是"静止缓慢的"而不是有活力的和有创造力的——如何使物质形象复杂化,而这种物质形象则假设了一种"几乎无限的[内在]充足性[和]……'丰富性'"(745)。在《地球论坛》(*Geoforum*)杂志一期关于物质性研究的专题中,本·安德森和迪维亚·托利亚-凯里(Divya Tolia-Kelly)的介绍清楚地提及"两种具体的物质构成"。第一种是物质的现实等同物,具有"直接而稳定的物理性";而"第二种则是'物质'的用途或'物质条件',指的是过度决定了'文化结构'的表面的社会结构"(Anderson and Tolia-Kelly, "Matter(s) in Social and Cultural Geography", 669-670)。

多晶体构成的。也就是说,金属是由许多非常小的晶体共同组成的,这些晶体堆积在一起填充了空间。这些晶体的形状并不像美丽的[宝石]……[它们]具有曲面,因为每个晶体都会影响其相邻晶体的生长,而决定形态的更多是界面而不是内部结构……如果晶粒被区分开来,可以看到它们很少具有平滑的表面,而是有许多曲面。它们不是平面的多面体,其大小和形态各不相同。其唯一的一致性在于,这些表面彼此相交形成了界面的角度。平均而言,每个晶粒大约有十四个面,平均具有五又七分之一条边。①

比如,铁的晶粒大小和形态各不相同,这取决于"相邻晶粒填充空间的压力"②。尽管每个单独的晶粒内的原子是"按照规则排列在一个空间点阵之上的"③,但其中也有"排列上的**缺陷**"④——最明显的是在晶粒"界面"上存在松散的原子。这些原子不"属于"任何一个晶粒,⑤它们使每个晶粒的边界变得多孔而且振动:一个铁晶粒并**不**像"一粒麦子"那样,是"一种包裹着的实体"⑥。这也就意味着,金属的晶体结构中充满了空穴或"晶体

---

① Smith,"Texture of Matter",8-9n.
② Smith,*A History of Metallography*,134.
③ Smith,"Texture of Matter",8-9n.
④ 同上书,27;强调为本书作者所加。
⑤ Smith,*A History of Metallography*,73.
⑥ 同上书,101。

间空间"。① 在决定某种金属的特性时,这些"空位"会像"原子一样重要"。② 例如,冶金学家正是利用了金属片或金属条的这种多样化的拓扑结构,使用热量来生产合金或者将铁转化为钢的。

在多晶体结构的晶粒之间的边缘处,我们可以在这些自由原子的振动中看到金属具有的**活力状态**,也就是一种(非人的)生命。曼纽尔·德兰达在讨论金属具有的生命力时曾援引了另一个例子,即"裂缝扩散的复杂动力学"。同样,这些裂缝也是"晶体结构中……某些缺陷"具有的功能;它们是"线性的缺陷"。这些裂缝的发展线路并不是确定的,而是表现为一种涌现的因果性关系。在这种因果性关系中,晶粒会实时地回应相邻晶粒的特质运动,之后对相邻晶粒的回应再予以回应,等等,形成了一种螺旋式的反馈体系。③

有关裂缝扩散的动力学可以作为德勒兹和瓜塔里所谓的物质的"游牧性"(nomadism)的例子。德勒兹和瓜塔里利用了金属是电导体的概念,指出金属是通过一系列的自我转化来"传导"(引导)自身的,即不是从一个固定点到另一个固定点的连续运动,而是边界模糊的连续变化。更重要的是,这种变化不仅是冶

---

① Smith, *A History of Metallography*, 134.

② 同上书,244。

③ 特定金属的耐久性是一种函数,即内阻如何影响了裂纹的流动。如果"这些线型缺陷的群体可以在物质中自由移动,那么它们会使物质能够在不被破坏的情况下进行变形;换言之,它们会令物质变得更加坚硬。另一方面,被限制的位移运动将会导致……出现更加脆弱的物质……坚硬或强度是金属物质的涌现属性,其来源于其中某些部分的复杂的动态行为"(De Landa, "Uniformity and Variability")。

金学家对金属施加的行动的功能,而且也是金属自身活跃的作用:"[在]苏美尔人的帝国中,有十几种不同种类的铜根据其原产地和精练程度进行了标识和命名。这形成了……一种连续的铜之旋律,而工匠则会说:这就是我需要的。但是,无论工匠是怎么操作的,合金、合金的种类和合金的连续变化并不存在固定的顺序。"①

德勒兹和瓜塔里因循柏格森的传统,先于当代复杂性理论的最近研究成果,提出了一种生成模式。这种模式既是物质的,也是具有创新性的,而不是机械的或注重保持均衡的。虽然在大部分时间中,物质的构成过程是有规律和可以预见的,但有时各种强度的排列会产生不可预测的移动故障线或能量流。对一个生命的自由作用维度,德勒兹和瓜塔里可能会使用矛盾修辞——物质的**身体精神**(*esprit de corps*)——来表示赞同。②

诚然,有的时候埃斯库罗斯的看法是正确的:金属物质可以作为"绝对的不"来发挥作用,例如在铅拒绝传导电流时,或是在连起的铁链强于人类的肌肉时。但是,西里尔和其他人知道,这只是金属的生命故事的一部分而已。

人类的生命

到目前为止,我在讨论中一直将金属视作独立于其他物质而

---

① Deleuze, "Metal, Metallurgy, Music, Husserl, Simondon".

② 可能这指的就是"具有自己的**律令**(*nomos*)的物质性"的概念含义(Deleuze and Guattari, *Thousand Plateaus*, 408)。

存在的。但是，金属几乎总是冶炼的，总是由多种身体共同构成的合金，总是受到地理、生物和人类能动性的影响。人类冶金工人本身便是其所加工的这种活力物质的突出效应。沃尔纳德斯基宣称："我们就是正在行走和说话的矿物质。"① 这一主题关注"我"（I）之中的"它"（it），我将在本书的最后再就此进行讨论。诚然，史密斯的《金相学史》（A History of Metallography）一书的核心论题即是，正是由于人类冶金工人与物质的密切关系使他们——而不是（更少亲手接触的）科学家——首先发现了无机物质的多晶体结构。技工的愿望是了解金属能做什么，而科学家的愿望则是知道金属是什么。这使得前者能够识别金属具有的生命，并因此最终得以更加高效地与金属进行合作。②

十多年来，许多政治理论家、地理学家、艺术史学家、哲学

---

① Qtd. in Margulis and Sagan, What Is Life？, 49.

② 史密斯还称赞了冶金学对"中等规模的集合体"的关注，而对自然的更偏向于理论型的研究则往往侧重于无限的宇宙（如宇宙学）或无穷的小个体（如粒子和亚微粒子物理学）。参见 Smith, "Texture of Matter", 3。海德格尔曾针对现代科学的方法论偏见提出了类似的观点，这种偏见更赞成存在于极端语境中的组织规模："在所有的地方……这个巨人都出现了。通过这样做，它证明了自己同时趋于变得越来越小。"（Heidegger, "Age of the World Picture", 134）《千高原》有时会在极微小的层面上进行探讨，如德勒兹和瓜塔里对强度运动的关注；有时则会在宏大的层面进行探讨，如援引构成了实际的生成宇宙的流动或解域的物质。然而，这并不是一股巨大的、未分化的生成流，而是一种自我解析、自我展示的"生命"，并且一直将自己分散进入各种分组或群体、漩涡、回路、串联和聚合体之中。《千高原》既沿袭了宏大的形而上学，也有对"本地"运行的物质过程的分析，如资本主义、军国主义、音乐和冶金等。

家、社会学家、舞蹈家和文学理论家等曾探讨过感情对公共文化的影响，其中感情指涉了情绪和审美情感是如何像语词、辩论和理性一样影响伦理与政治的。虽然我同意认为人类感情是其中的关键因素，但是在这本书中，我所关注的感情不仅无法完全适用于理性分析或语言重现，而且这种感情也并非局限于人类、有机体甚至身体，也就是技术、风、蔬菜与矿物质所具有的感情。长期以来，社会科学研究认为，无论一个聚合体（例如资本主义、军事工业综合体和性别）多么具有"文化"，它仍然可以抵抗和逃避文化的控制。社会建构被普遍理解为具有自己的负面"生命"。**一个生命**的概念进一步推动了这一点。首先，一个生命不仅是一种负面的顽固状态，而且是一个正面的活跃的实际存在，即具有创新性的冲动（élan）变化原型。其次，一个生命促使人们关注的并非人类设计或随机积累效应的生活世界，而是一种由非人力量、流向、倾向和轨迹构成的间质的场域。

那么，本书的任务就是要理论化一种地理上的影响或者物质的活力状态，这一理论最早的方法论初衷是规避人类中心主义和生物中心主义思想，或者更准确地说，是出于对物质的非理性的热爱。在这里，另一个"惊人的观点"出现了：马里奥·佩尔尼奥拉（Mario Perniola）提出的"无机世界的性吸引力"。佩尔尼奥拉假定，人类中存在一种"中立的性别，一种抽象而无穷的刺激……不考虑美观、年龄和形式"。这种中立的性别将人类身体引向显然无生命的物质，如物体、石头和物质的一部分。难以解释的是，刺激人类的恰恰是被视作"并不充分的刺激物"①。无机物具有的"性吸引力"就像一个生命一样,以另一种方式言说我所认为的闪闪发光的、物质固有的强烈的潜在活力状态。

同样,活力论支持者也坚持认为,存在某种具有能量的自由的能动性,其自主性无法通过身体或自然的机械模型来阐释。但是,如果对柏格森和杜里舒这样的活力论支持者而言,物质似乎需要获得一种并不十分物质的补充材料——生命原理(entelechy)或**生命冲动**(*élan vital*)——才能变得具有活力和移动性,那么对德勒兹和瓜塔里来说,物质性很显然并不需要活跃的附属品。也就是说,在这里物质**本身**便被认为是一种"活跃的原理"。

---

① 佩尔尼奥拉将人类定义为"有感情的物"(a feeling thing /*cosa che sente*)。参见 Contardi and Perniola,"Sex Appeal of the Inorganic";Perniola, *Sex Appeal of the Inorganic*, 2-4。在第一篇文章中,佩尔尼奥拉提出:"'有感情的物'的概念来自两种不同的思想传统的相遇:一种围绕着'物'[das Ding]进行思考,另一种则围绕着'感情'[das Fühlen]进行思考。前者可以追溯至康德(物自体)、海德格尔(物的问题)和拉康(弗洛伊德式物);后者则同样可以回溯至康德(情感)、黑格尔(激情)和移情美学。我去除了影响主观性的第二种传统中的感觉维度。我将'我感到'[I feel /io sento]替换为匿名而非个人的'感受到'[it is felt /si sente],我曾在之前的著作《感觉》(*Del sentire*)中探讨过这一点……在《无机世界的性吸引力》(*The Sex Appeal of the Inorganic*)一书中,'感受到'[it is felt /si sente]指的是一种更加具体的性的内涵。"(括号为原文所注)

第五章

既非活力论,亦非机械论

Neither Vitalism nor Mechanism

第五章 既非活力论,亦非机械论

在之前的章节中,我尝试在叙述事件(与垃圾、电、食物和金属的相遇)时将非人物质展现为名副其实的参与者,而不是顽固物体、社会建构或工具手段。如果我们将物质体验为能动体,我们对自然的感知将会发生怎样的变化?如果公共政策更多地关注物质的轨迹和力量,那么政策导向会发生怎样的变化?我所寻求的唯物主义,是将物质描绘成一种既在其内部也在其外部发挥作用的活力状态,是一种不带有任何强烈的意向性的力量。

这样一种活力唯物主义将同历史唯物主义平行,后者更集中地关注了人类力量的经济和社会结构。这种活力唯物主义一部分是新的发明,另一部分则汇集了此前多种思想传统的元素,包括伊壁鸠鲁、卢克莱修、霍布斯、斯宾诺莎、狄德罗、尼采、梭罗等人。在这一思想传统中,生命与物质、有机与无机、人类与非人或人与神之间的区别并不始终是最重要或最显著的区别。

我认为,如今的活力唯物主义也可以使所谓的活力论支持者重新活跃起来,尤其是那些20世纪初自称为"批判"或"现代"活力论支持者的人。① 例如,柏格森和杜里舒将自己与那些"天真"的活力论支持者区别开来,后者假定存在一种脱离于任何

---

① 弗雷德里克·伯威克(Frederick Burwick)和保罗·道格拉斯(Paul Douglass)认为,"批判活力论"出现"在19世纪,是从基于物质的物理学过渡

科学实验研究的精神力量或灵魂。批判活力论支持者同样反对当时的"唯物主义者"所设想的自然的机械模式。对于柏格森和杜里舒而言，自然并不是一台机器，而物质在原则上也是不可计量的。总有一些物质不受量化、预测和控制的影响，柏格森和杜里舒将这些物质称为**生命冲动**（*élan vital*，柏格森语）和生命原理（entelechy，杜里舒语）。此二人在保持**科学性**的同时，承认物质具有一定的**不可估量性**，这对我来说是很好的例证。

在本章中，我将指出柏格森和杜里舒在试图给予物质的活力状态以哲学声音时，实际上已经十分接近于活力唯物主义主张了。然而，他们却戛然而止了：他们无法想象出一种**唯物主义**足以表达他们在自然过程中所看到的活力状态（与之相反，他们幻想一种并不十分具有物质性的生命力）。虽然如此，柏格森和杜里舒的活力论主张依然令我着迷，这部分是因为我们面对着机械论或决定论唯物主义这个共同的敌人，另一部分则是因为我所期待的神奇的活力物质非常接近他们所提出的活力论主张。

批判活力论

在第一次世界大战前夕，美国出现了一种新的宇宙观，即认为宇宙是活跃而不可估量的，是"一个不断出现不可预测的变化与

到基于能量的物理学"（Burwick and Douglass, Introduction, 1）。关于"能量"（energy）概念的历史回顾，请参阅 Caygill, "Life and Energy"。

可能性的世界,一个始终处于未来时的世界"①。简而言之,活力论主张横空出世了。这次活力论的复兴受到柏格森的《创造进化论》(*L'évolution créatrice*, 1907;1910 年以 *Creative Evolution* 为题出版)和杜里舒在吉福德(Gifford)所做的题为《有机体的科学与哲学》(*The Science and Philosophy of the Organism*, 1907—1908)的讲座的影响,其核心主张是,生命不可被还原为机械性或确定的物质。必然存在着一个生命原则(有时)可以激活物质,后者虽然本身并非物质性的,但是仅在与物质相关时才存在。杜里舒写道,"**自然的概念必须扩大**",直至其"由一个完全空间性的部分和一个仅局部空间性的部分共同构成"。② 活力,或曰自然具有的"仅局部空间性的部分",为胚胎的形态变化提供了动力。但是,批判活力论支持者认为,这也影响了个性和历史的渐进发展。鉴于种子、胚胎、个性和文化都被认为是**有机**的整体,身体秩序、心理秩序和文明秩序之间存在着一种同构性。

关于如何描述活力,批判活力论的支持者之间存在一些分歧,例如,柏格森的**生命冲动**便与杜里舒的生命原理概念相竞争。

---

① Quirk, *Bergson and American Culture*, 1-2. 柯尔克(Quirk)还将威拉·凯瑟(Willa Cather)和华莱士·史蒂文斯(Wallace Stevens)的作品也置于这个语境之中:"凯瑟和史蒂文斯都相信'创造力',而且二人都……将这种力量与活力联系在一起,而这种活力具有生物的本质和原始的起源。"(8)此外,还可以参见亚瑟·洛夫乔伊(Arthur O. Lovejoy)和詹宁斯(H. S. Jennings)1911—1915 年间关于活力论的争论:Lovejoy, "Meaning of Vitalism"; Lovejoy, "Import of Vitalism"; Jennings, "Driesch's Vitalism and Experimental Indeterminism"; Lovejoy, "Meaning of Driesch and the Meaning of Vitalism"; Jennings, "Doctrines Held as Vitalism"。

② Driesch, *The Science and Philosophy of the Organism... 1908*, 321.

但是,关于物质是什么的问题,二人意见统一地赞同与其相对的唯物主义的观点,那就是物质是不自由的、机械的和确定的(尽管在能够承受常见状态变化的层面而言是"动态的")。与之相比,尽管活力论支持者举出了存在于机械世界触及范围之外的"生命"的例子,唯物主义者依然坚持认为,每一个实体或力量——无论多么的复杂——都是"有机的"或精细的,其最终或者原则上是可以通过机械的术语,即他们所谓的"物理-化学"术语来进行阐释的。

柏格森和杜里舒分别提出了一种不可完全计算的、并非完全物质的动力——一种活力或生命原理——作为出现这种生长的原因。或许他们在美国很受欢迎的原因之一(柏格森1913年在哥伦比亚大学的演讲引发了纽约最早的交通拥堵之一)在于,在现代科学的实际成就试图肯定宇宙作为一个无神机器的图像时,他们被认为是自由的捍卫者,主张以某种开放的态度看待生命。[①]

本章的明星,是杜里舒提出的迷人而鲜为人知的活力论主张,当然我也将关注与其相比更为著名的同时代的柏格森的活力论主张。我将集中关注二人各自提出的活力概念(生命原理注入原本被动的物质之中)的不同之处。康德关于生命和物质的思想对杜里舒和柏格森两人都有着重要的影响[②],所以我也将探讨康

[①] Quirk, *Bergson and American Culture*, 1. 与活力论公共讨论相关的是进步主义政治运动。参见 Eisenach, *Social and Political Thought of American Progressivism*。

[②] 在《活力论的历史与理论》(*The History and Theory of Vitalism*)一书中,杜里舒"打破了"书中只对每一种活力论理论进行简短介绍的惯例,他写道:"以康德为例,[我们将]……特别彻底地分析他的《判断力批判》一书,而我们的理由[是]……此书时至今日依然发挥着超凡而深远的影响力。"(66)

德在《判断力批判》(Critique of Judgment)中对**形成动力**(Bildungstrieb)概念的讨论,其对惰性物质和有机生命进行了区分。跟随康德的步伐,杜里舒和柏格森努力把他们对"什么是生命"这一问题的回答与当时实验科学提供的见解联系起来。尽管杜里舒和柏格森的生物哲学思想复杂化了康德提出的强大的生命/物质二元论,二人并未完全摆脱康德塑造的惰性物质的形象。我认为,物质与被动性的联系时至今日依然挥之不去,而这一点削弱了我们对物的力量的辨识。但是,从活力具有的创造能动性到本身被视为创造性能动体的物质,这可能只是其中的一小步。

形成动力

在《判断力批判》中,康德著名的论断是坚持认为物质本身无法具有"自发性"①:"我们绝对无法认为生命物质是可能存在的(这一概念涉及自身矛盾,因为物质的重要本质便是无生命性,即**惰性**)"(《判断力批判》,第73节,#394);我们绝不能"把某种与物质的本质相冲突的属性[生命性]赋予作为单纯质料的物质"(《判断力批判》,第65节,#374;括号为原文所注)。

康德坚持认为,生命与"粗糙物质"之间具有不可逾越的鸿沟(《判断力批判》,第81节,#424),这便产生了一个复杂的问题,那就是如何在有机体中展现出生命与物质的密切关系。有机体是一种我们可以"认知为……自然意图"的存在,或是"一种**自我组织**的存在"(《判断力批判》,第65节,#374),其"既是自身的原

---

① Kant, *Critique of Judgment*, sec. 78, #411. 后文将继续引用这条文献。

因,也是自身的结果"(《判断力批判》,第 65 节,#372)①。康德通过援引一种特殊的"形成动力"——Bildungstrieb——来部分地阐释这个问题,而这种"形成动力"既依附于无生命的物质,也赋予其生命。②

形成动力指涉的不可分割的自我组织能力存在于有机体之中,而不是单纯的物质的聚集体之中。这种"能力"可见于"形成体中普遍存在的机械力量"(《判断力批判》,第 81 节,#424)。③康德指出,我们有必要假定一些这样的"原始组织原则",因为"若要谈及我们只能理解为意图的产品之中存在的物质**专制**,便是使用一个没有意义的词语"(《判断力批判》,第 80 节,#421)。**形成动力**是康德的哲学景观中的奇妙概念之一,其指涉了一种非物质的目的论动力,它赋予物质以功能一致性和"有机"属性(其中整体的每一部分都是其他部分的原因与能效)。**形成动力**推动了尚

---

① 由于我们理解的本质,康德所说的内容需要我们通过机械因果论来解释物质之间的关系,而当我们遇到有机体时,就会陷入僵局之中。有机体超过了机械式的因果性,但我们并没有足够的概念来覆盖这一超越的部分。

② 在提出"形成动力"(Bildungstrieb)的概念之前,康德在文中描述了一种"形成力量"(bildende Kräfte/formative force),这种力量在有机体中发挥作用,但在死性物质中并不起作用:"有机物并不是一台简单的机器。原因在于,机器只具有**运动**力量(motive force),但是有机物内部具有**形成力量**「formative force/bildende Kräfte],而且有机物将这种形成力量赋予各种缺少这种力量的物质(从而对之进行组织)。因此,这种力量也是一种自我传播的形成力量。"(Judgment, sec. 65,#374)

③ 此译文请参见 Robert J. Richards, "Kant and Blumenbach on the Bildungstrieb"。

未分化的原始物质成为一个各部分彼此配合的有组织的结构，其最高级的版本即是"人类"。①

康德注意将自己提出的形成动力的概念区别于无实体的灵魂："我们[不能]用一种外在的原理（灵魂）来补充物质，并将二者**联系**起来。"（《判断力批判》，第 65 节，#375）灵魂被认为能够脱离身体而存在，而形成动力则只存在于身体内部，只能与物质的机械活动相结合，也就是那些受牛顿力（而不是活力）驱动的活动。康德在将**形成动力**与物质的概念紧密关联之时，非常注意不要抹消二者之间的差异。在康德看来，他所提出的**形成动力**概念对物质的依赖，恰恰将他的立场与同时代的纯活力论支持者区分开来。**形成动力**的概念不会将有机体从实体自然体系中驱逐出去；这个概念并没有违背康德的核心方法论程序之一，即"尽可能地使用机械术语来阐释所有自然界的产品和事件，甚至包括其中最具有意图性目的的存在（我们无法确定自己在这一阐释方式方面的能力有什么局限性）"（《判断力批判》，第 78 节，#415）。正如我们将要看到的那样，柏格森和杜里舒同样将自己对活力的观点与宗教的灵魂观念区分开来，他们也否定了这样一个观点，即活力在脱离其运作的身体之外，还可以拥有任何

---

① 可以与**形成动力**（*Bildungstrieb*）相提并论的还有 18 世纪的其他著名的活力概念，包括乔治斯·布丰（Georges Buffon）的**内部模型**（*moule intérieur*）概念；阿尔布莱希特·冯·哈勒（Albrecht von Haller）的**应激性**（*irritability*）概念，即一种应对刺激时会使肌肉抽动的力量；以及卡斯帕·沃尔夫（Caspar Wolff）的**基本力**（*vis essentialis*）概念。关于这些活力概念的更多历史，请参见 Battye, *What Is Vital Force*; Driesch, *The History and Theory of Vitalism*; 以及 Wheeler, *Vitalism*。

存在形式。

康德从哥廷根(Göttingen)医学院的约翰·弗里德里希·布鲁门巴赫(Johann Friedrich Blumenbach)处借用了**形成动力**的概念。1790 年 8 月(《判断力批判》刚刚出版之后),康德写信向布鲁门巴赫致谢,感谢他"关于形成动力的卓越研究……[在研究中],你将两种原理——针对有组织自然的物理机械阐释模式与纯粹的目的论阐释模式——结合在一起。这是两个人们不会想到可以结合的模式。在这一点上,你非常接近我一直以来主要思考的观点——而且,这个观点需要通过[你所提供的]事实来得到证实"①。康德只赞同将布鲁门巴赫的**形成动力**概念作为一种规范性原理来看待:**形成动力**"使生物学家可以在有机体研究中,**假定有机体是在一种导向性的活力庇护下发展形成的**,但是同时又限制了研究者,使其只能求助于机械法则来阐释有机活动"②。布鲁门巴赫的研究,尤其是其早期的工作,可能已经在更加实证的(甚至体验的)层面上对**形成动力**的概念进行了思考,即指出形成动力作为一种"天生而且终生存在的积极动力",实际上"存在于所有的生物体内,从人类到蚯蚓,从杉树到霉菌都包括在内"。③尽管如此,布鲁门巴赫依然一直(以康德满意的方式)坚持认为,**形成动力**的运作永远不可能完全是人类可见的。康德在《判断力批判》中赞同了布鲁门巴赫的观点,认为**形成动力**的"不可测知"

---

① Qtd. in Richards, "Kant and Blumenbach on the Bildungstrieb", 11.
② 同上书, 11—12。
③ Blumenbach, *Über den Bildungstrieb und das Zeugungsgeschäfte* (1781), qtd. ibid., 18.

的本质是一种人类必然难以认知的因果性。① 对布鲁门巴赫和康德——以及之后的杜里舒——而言,若要了解形成动力,就只能通过间接的方式审视其结果,即形成动力所构成的特定有机体。(我的活力唯物主义观点假定无机物质和有机物质在一定程度上是不可测知的,并且无法适用于某种机制模式。)

正如康德指出,**形成动力**作为概念的优势之一便是,它提供了一种确认有机生长现象的**独特性**的方法,这既是一个机械过程,同时也是一个目的论过程。有机体的机械性体现在其受到牛顿力学的控制,后者则适用于**所有的**物理系统;但是,有机体也应当被视为意图性构成的体系,因此需要一种不同的阐释原理。布鲁门巴赫的**形成动力**模型建立在牛顿提出的重力的概念之上,试图"像牛顿对惰性物质的研究一样,对有机身体进行探究"②。

布鲁门巴赫和康德一样,都拒绝认为无机物质可以"自发地"引起有机生命的存在(因此首先有必要对非物质的**形成动力**进行定位);此外,二人都试图将活力与物质非常紧密地联系。例如,布鲁门巴赫指出,有机体的受损部分在修复后**永远不会**与原先一

---

① 通过提出"形成动力"是"一种不可测知的原理",布鲁门巴赫"为自然机械论留下了不稳定但是明确无误的空间"(*Judgment*, sec. 81)。

② Lenoir, "Kant, Blumenbach, and Vital Materialism", 84. 布鲁门巴赫认为:"我们很难解释**形成动力**的出现原因,就像我们很难解释引力或重力或任何其他公认的自然力量一样。形成动力作为一种独立的力量,其存在是不可否认的,它的广泛影响通过有组织创造的整体经验体现出来。相比于其他力量,形成动力不变的现象使人们更容易深入了解生命的发展历程以及其他一些重要的方面。"(Blumenbach, *Handbuch der Naturgeschichte* [1791], qtd. in Lenoir, "Kant, Blumenbach, and Vital Materialism", 89n39)

样——他推断,造成这一事实的是 Trieb(冲动)强度和物质容量之间的必要联系。这个实证论据显示出**形成动力**与其相关的物质之间极度亲密的相互关系。①

布鲁门巴赫与康德一样,都关注物质空间性对形成动力的约束。但是,康德还指出了**形成动力内在的**一种约束:形成动力的内部存在着隐性或**实际的**"**目的性禀赋**[Anlagen],因此其也或多或少地受制于这种禀赋"(《判断力批判》,第 81 节,#423)。② 这些禀赋引导自然有机体到达了一系列目标,从而将有机生成与稳定的创造秩序相联系。可以说,**能动的自然/形成动力**(natura naturans / Bildungstrieb) 的运作瞬间是由**被动的自然/禀赋**(natura naturata / Anlagen) 的运作瞬间进行平衡的。在这里我的观点是,康

---

① 勒努瓦(Lenoir)这样阐释了这一点:"在失去了主要生成性实体的一大部分之后,**形成动力**的力量被削弱了。"(Lenoir, "Kant, Blumenbach, and Vital Materialism",84)

② 在康德生活的时代,曾出现了关于如何解释有机体生长及其繁殖的长期辩论。其中一派人赞成"先成论"(preformation),如查尔斯·邦尼特(Charles Bonnet)提出的"预成论"(emboitement),其认为"上帝创造了多种多样的幼芽,每一个幼芽都包裹着一个有机胚胎,这个胚胎的幼芽中又携带着更小的有机体,直至更小的被包裹的个体"。另一个阵营的人则肯定"后成论"(epigenesis),认为有机体内发生的转型会逐渐变得越来越具体化,从无形的物质变为越来越明确的部分结构。参见 Richards,"Kant and Blumenbach on the Bildungstrieb",14—18。康德或多或少地站在后一派这边,前提是只要"后成论"也可以"被称为一般的先成论体系(the system of generic preformation),原因是发电机的生产缺陷以及特定的形式实际上将会根据其内在的目的能力(**禀赋**[Anlagen])预先形成,这也是其中的一部分(**同源**[Stamm])"(Judgment, sec. 81, qtd. in Lenoir, "Kant, Blumenbach, and Vital Materialism",88)。

德的**形成动力**在可能产生的能效方面并不是完全开放的,由于**形成动力**与物质性和**禀赋**联系在一起,它不能产生以前从未见过的新生命,或者尚未在有机体的起源处发挥实际作用的存在(《判断力批判》,第81节,#423)。

康德对**形成动力**的援引很能折射出他对物质性概念的理解:物质性是一种沉闷而机械的东西,需要获得补充(这种补充既非物质也非灵魂)才能活跃起来。**形成动力**也是一种非**人**的能动性,其自动地与一种有机组织的身体相随;物质中立地分布于所有有机体中。为了避免人们因**形成动力**的概念而误认为人类**受制于**一种目的性动力,康德还小心地补充说,在作为有机体的"人类"中,**形成动力**是与(或者说是我们必须假设的)**自由**的意志并存的。康德力图证明,不仅无机物质和有机生命之间具有数量上的差距,而且人类与其他所有的有机体之间也存在质的差距。[①]

除了对**形成动力**概念的兴趣之外,康德探讨活力论观点的证据还体现在他对伊壁鸠鲁式唯物主义的回应中,后者否定了物质是惰性存在的观点,并且更进一步地描绘了人类与非人之间(以及有机体与机器之间)的差异,主张这种差异是程度的问题,而不是类别的问题,即更多的是不同质地和形态的物质具有的不同成分。伊壁鸠鲁式观点认为,原子的**偏移力**(*clinamen*)对于物质而言并非增补的或异质的,而是物质性本身固有的一种活跃动力。例

---

① 在人类构成其部分的自然因果性体系中,人类占据了一个**特殊**的位置:"只有一种存在具有因果性,那就是目的论因果性——也就是**直接指向**目的,但也正因是如此构成的,这些存在决定其目的的法则呈现出……**无条件和独立于自然条件**的状态。"(*Judgment*, sec. 84, #323;强调为本书作者所加)

如,卢克莱修无须在他的物理学观点中引入**形成动力**或其他一些补充,因为他所建构的宇宙不是由无生命物质和生命存在所组成的,而是由不断偏斜的原子组成的,形成具有生产力的流动。①(在这一点上,活力唯物主义与伊壁鸠鲁的观点达成了一致。)

康德指责伊壁鸠鲁主义是缺乏科学性的:如果没有合目的性的启发原理(在**形成动力**概念中有所体现,但在伊壁鸠鲁主义中缺席),我们就不得不把像鸟类形态及其飞翔之间的精妙而有机的关系视作单纯的偶然了。换言之,我们必须考虑到自然"可以用上千种不同的方式建构自身,却没有准确地想到一只鸟具有的[有机]统一性"。但是,如果将鸟的有机统一性视作随机生成的偶然产物,就会缺乏"这种统一性的……先验基础",如果借用康德的语言表达,即是缺乏一种**科学的**阐释(《判断力批判》,第61节,#360)。

康德喜欢**形成动力**这个概念,因为它使其能够将目的论阐释和机械论阐释结合起来。我对之感兴趣的是,这个概念指向一种非人的、非历史的能动性,是"推动"人类的动力。**形成动力**具有的能动力无法被还原为人类投入其中的目的性能量。当然,对于康德来说,任何这样的动力都必须被认为具有神圣的来源。不同于康德,我认为人们可以而且应当讨论一下这种物质所具有的非人能动性,即一种不同于人类或神的目的性的活力状态。

通过唤起有机体中的原本无生命物质性中运作着的活跃的**形成动力**,康德为柏格森和杜里舒对生命和物质的反思奠定了基础。首先我将关注的是杜里舒,他坚定地认为生命与物质具有质

---

① 参见 Serres, *Birth of Physics*。

的不同，而且由于机械论阐释并不适用于生物形式，所以我们必须假定存在一种非物质的动力，即一种活力，**冲动**——杜里舒称之为生命原理(entelechy)。

生命原理

杜里舒是一位独立而富有的胚胎学家，他也是最早被纳粹剥夺教授职位的非犹太人之一，原因是他反对纳粹借用他的活力论主张来肯定德国对所谓"缺乏活力的"民族的征服。今天再次出现了这种认可活力和政治暴力之间关系的问题，例如福音派基督教的"生活文化"概念与先发制人战争学说之间的联系（这是下一章将要讨论的主题）。

在1907年至1908年间，杜里舒在阿伯丁大学的演讲中肯定了康德的看法，认为物质需要获得一些补充，才能以一种结构化但并非完全确定的方式变得活跃、有组织和有变化能力。我之所以会说"结构化但并非完全确定的"，是因为杜里舒沿袭康德的看法，认为生命原理并不是一种开放的推动力，而是由种子或胚胎固有的某些属性所塑造的。杜里舒也响应了康德的主张，认为生命原理永远不会变得对人类完全可见，而是只能被视作一种不可见的存在，其实际上是在有机体内发挥作用，这也是机械物质永远无法自己完成的。生命原理诞生于自然机械模型的否定空间中，处于"严格的物理化学或机械事件链条"的"间隙"之中。杜里舒否定了斯宾诺莎式的"心理-物理的平行结构"理论，正是因为斯宾诺莎主义就像杜里舒所理解的那样，主张认为"二元论的……物理层面形成了纯物理化学或机械事件的连续链条，而且其中没有任何的间隙"①。

由于杜里舒赞同康德对"教条主义的形而上学"的批判,所以对他而言,他对活力论的"证明"(proof)应该被理解为是**否定的**:"所有关于活力论的**证明**——所有的论述都表明即使机器理论也没有涵盖生物现象的领域——都只能是间接的证明,它们只能清楚地指出,机械的或单一的因果性不足以解释所发生的事情。"②杜里舒关于生命原理的例子也采用了超验论据:鉴于 y 的无可争议的现实,x **必须**是有效的。例如,为了证明生命原理本质上不可能是"物理化学的",杜里舒首先观察了器官的形成(受精卵变为成年有机体的过程),指出"空间的多重性是在没有多重性的情况下产生的"。虽然人们的第一感觉是,这种空间多重性似乎直接来自空间统一的、尚未分化的受精卵,但是理论论证表明这是不可能的:**空间**多重性不可能以**空间**统一性作为其来源。因此,在器官形成之前,一定存在着**一些其他**的"多重性"。由于缺乏"广泛的性质",这种先前存在的多重性作为有机体之后分化的基础,**必须**是一种"集中的多重性"③;也就是说,"能动体在多方面行动,但是在空间中上并非多重的"④。"这也就意味着,[能动体是]……复合的,尽管这一点并未体现在空间中。"⑤因此,我们便有了关于生命原理的第一个定义:生命原理是一种**集中的多重**

---

① Driesch, *The Science and Philosophy of the Organism… 1908*, 115.
② Driesch, *The History and Theory of Vitalism*, 208.
③ Driesch, *The Science and Philosophy of the Organism… 1908*, 144.
④ 同上书,250。
⑤ 同上书,316。

性,从中出现了成熟有机体的广泛多重性。

除了提供关于生命原理的反面间接证据之外,杜里舒关于活力论的论据也适用于他对实验室研究的正面直接干预。诚然,最初促使杜里舒提出"生命自主性"(autonomy of life)的并非理论原因,而是关于海胆细胞分裂的实验。这个实验通过计算干预了海胆的机械机制,从而向杜里舒揭示出,将生命仅视作机械存在是无法对之进行阐释的。然而,虽然生命原理是非物质、非空间和非机械的,这并不意味着其是一种灵魂或精神:"**机械的**(mechanical)的反面仅仅对应了**非机械**(non-mechanical),而不是'精神的'(psychical)。"①对于杜里舒和康德而言,生命原理必须被认为既非机械的身体,亦非超凡的灵魂。

杜里舒的实验目标以及他严格遵循实证科学准则的原因,并不是仅仅为了对有机体的动态化学物理属性进行更加精细的理解,而是为了更好地辨别是什么令这一机器**变得活跃**:"那么,为什么会出现我们描述的所有这些交叉、弯曲……以及所有其他过程?换言之,必然存在一些东西**驱动这些活动发生**。"②杜里舒指

---

① Driesch, *The Science and Philosophy of the Organism...* 1908,115."在科学感知的大自然中,如此时-此刻-此类,根本不存在'精神'实体的空间。"(Driesch, *The Problem of Individuality*,33)杜里舒还曾指出,"在被称为自然的现象空间中……并不'存在'灵魂",这也是与前者类似的观点。详见 Driesch, *The Science and Philosophy of the Organism...* 1908,82。

② Driesch, *The Science and Philosophy of the Organism...* 1907,50;强调为本书作者所加。在这一点上,杜里舒与康德的观点不谋而合,均认为在判断**有机的**存在时,"我们必须总是预设某些本身应用机械论的原始组织"(*Judgment*, sec. 80,#418;强调为本书作者所加)。

出,这些东西即驱动力,也就是生命原理。生命原理既不是一种物质,也不是一种能量(虽然生命原理只在与其相关时活跃),而是"引起生命现象的非机械的能动体"①。杜里舒像康德一样借用了艺术学术语:他从亚里士多德处援引了**生命原理**的概念,保留了其中关于自我移动和自我改变的力量的含义,但是抹去了其中独特的亚里士多德式的目的论色彩。②

除了使物质变得活跃,生命原理还艺术地"配置"了或者说生成了有机体。为了审视生命原理是如何以**非机械化的**方式执行其"形成"任务的,我们需要更仔细地观察器官的形成过程,即杜里舒所说的有机体独有的生成模式。器官的形成过程一方面指胚泡从一个较少的分化形式转化至更多样的分化形式(个体生成),另一方面也指涉一个成熟的有机体在应对损害或疾病时重新自我形成的过程(恢复原状)。③ 诚然,无机身体能够进行**改变**(change),但是杜里舒认为只有生命体才可以进行**变形**(morph):晶体形成可以大批量地减少或增加,但其无法在性质层面上变得更复杂,也不能通过更换或修复部分来恢复自身,从而使"相同"的

---

① Driesch, *The Problem of Individuality*, 34.

② 杜里舒并没有详细说明他与亚里士多德之间的区别,只是提到他会维持亚里士多德的观点,即"在生命现象中有某种东西在发挥作用,其'本身就是目的'"(Driesch, *The Science and Philosophy of the Organism... 1907*, 144)。

③ 布鲁门巴赫曾经说,**形成动力**"最初赋予生物以形体,之后则维持这种形体,并在其受伤的情况下帮助它们恢复原形";在这里,杜里舒以类似的方式描述了"生命原理"(entelechy)的功能(Blumenbach, *Über den Bildungstrieb*, qtd. in Richards, "Kant and Blumenbach on the Bildungstrieb", 18)。胚泡(blastocyst)指的是受精卵在发育阶段从固体的细胞团变为流体空腔周围的空心细胞球。

整体继续存在。① 构成植物的部分与构成山的矿物和化学元素不同,它们是**各种项**(*members*)。当一部分发生变化时,其他的部分不仅会受到影响,而且受到的影响会引起一种**相应的**回应。为了进一步强调机器和有机体之间的区别,杜里舒指出,相比于留声机"接收空气的振动并引起空气的振动",从而使"之前的刺激和之后的反应具有**相同的**本质",在有机体中,对其"感知器官造成的影响"——例如声音——可以在对话中引发一类"完全**不同的**现象"。②

杜里舒认为,无机身体(作为纯物质)也不能从其经验中**习得技能**,因为这不仅需要涉及"追溯发生了什么,而且……还能够**自由地**在另一个语境中将此前出现的元素用于未来**整体**中新形成的**个性化特质**"③。在杜里舒的描述中,这种自由的活动遵循"一个有趣的原则,或许可以被称为……**个体回应**(*individual correspondence*)。也就是说,任何实际的行动都是**个体**对个别刺激的'回应'"④。这种

---

① "有机体不同于……各种晶体的组合,例如那些所谓的枝状晶体(dendrites)……必须被称为集合体(aggregate);然而,有机体并不是集合体。" (Driesch, *The Science and Philosophy of the Organism...* 1907, 25)

② Driesch, *The Science and Philosophy of the Organism...* 1908, 61;强调为本书作者所加。

③ 同上书,79。在这里,杜里舒回应了康德的主张,认为有机体积极地"生产"自我,而不是盲目地因循某条"发展"道路。康德曾写道:"对于只能通过目的论因果性来感知其起源的物质",我们在审视时必须把"自然看作自我生产的,而不仅仅是展开着的"(*Judgment*, sec. 81, #424)。

④ Driesch, *The History and Theory of Vitalism*, 213. 或者,正如杜里舒在 *The Science and Philosophy of the Organism...* 1908 一书中指出的,"在刺激物和效果之间,存在着'一种个体性的回应'"(67)。

个体化的行动专门适用于现时的情况,构成了杜里舒所说的生命原理的"导向性"行动。

在其他的论述中,杜里舒将这种存在于有机体内部的导向力描述为一种守门功能(gatekeeping function):生命原理决定了处于初期阶段的有机体内的诸多形成可能性会成为现实。例如,在(之后会被称为)海胆的干细胞中存在着"非常多的可能性,其表现形式是每个细胞的不同'潜能'"①。但是,如果"其他物质是**能够**形成,而不是实际形成,那么为什么每次都只发生了实际发生的事件,而没有出现其他的事件"?杜里舒再次指出,**一定**存在着某些能动体会导致结果的单一特殊性,某些具有决定性的能动体在守卫着现实的入口:

> 根据我们的假设……在 n 个细胞中,每一个细胞都具有**相同**的大量的生成可能性,其在物理化学层面已做好了准备,但是会被生命原理所中止。按照我们的假设,身体的发展情况如今取决于生命原理是否会**放宽其具有的暂停力**,因此……在细胞 a 中,有一件事被允许发生,在另一个细胞 b 中,另一件事被允许发生,在细胞 c 中,则有其他的事情发生;但是,现在细胞 a 中真正发生的事情或许也是可能发生在细胞 b 或细胞 c 中的;原因在于,这些诸多可能性中的**每一个**可能性都**可能**发生在每一个细胞中。因此,在一个身体中,通过生命原理予

---

① Driesch, *The Problem of Individuality*, 38. 用今天的语言来描述,意思可能是干细胞尚未被引入相应的"命运道路"。

以规范的**放宽**行动,大量可能发生的事件都被中止了,其结果可能是**平等分配的可能性**被转化为**不平等分配的实际结果**。①

需要注意的是,杜里舒在这里再次描述了生命原理具有的力量可以以否定的方式来决定有机生长的轨迹,也就是通过选择性地"放宽"其"暂停力"而发挥作用。这种进行(否定)选择的能力在多种可能性的背景下运作,因此决定有机生长的实际轨迹的方法并不是生硬而机械的。同样,成熟有机体的个体运动也并非完全生硬而机械地受制于周围环境的刺激。外部的事件确实影响了个体,但它们只是创造了"关于进一步行动的**总体可能性储备**,并**没有**在细节层面上决定所有的进一步反应"②。因此,在"具体原因和具体效应之间存在着**不确定的**对应关系"③。虽然如此,有机体对一个事件做出明显而独特的回应的能力(也就是做出"个体回应"的能力)并非**彻底**自由的。生命原理就像**形成动力**一样,并不能产生**完全**新的物质,原因是其智能的反应能力仍然处于压缩强度的导向之下(杜里舒称之为"总体可能性储备",而康德称之为"目的性倾向"或者**禀赋**)。

杜里舒肯定了生命原理注入的生命和无机物质之间具有质的区别:生命原理(作为一种**自我导向的**活力)将晶体区别于胚

---

① Driesch, *The Problem of Individuality*, 39.

② Driesch, *The History and Theory of Vitalism*, 213.

③ Driesch, *The Science and Philosophy of the Organism... 1908*, 72;强调为本书作者所加。

胎,将停车场区别于草坪,将我区别于我的尸体。但是,杜里舒并不太确定人类与其他生命形式之间是否也具有质的区别。一方面,生命原理具有的导向力量(与其"形成力量"不同,后者是平等地分配在所有有机体中的)以一种特殊的强度在人体内运作。然而另一方面,杜里舒也声称,在所有的有机过程中都存在着某些知识和意愿的类似物。① 他并不知道这些类似物是什么,但他指出,每一个有机体都"知晓并**发现**"了维持有机整体的最明显的手段——尽管这一点"或许有些奇怪",但这的确"是一个**事实**"。② 康德把人类定位为一种本体和现象,是一种自然身体的同时也位于自然秩序的之上或之外。在杜里舒的思想中,这种人类例外主义(human exceptionalism)并不那么明显。③

杜里舒对形态发育的密切关注揭示出一种"生命"独有的生成模式:是变化组织和维持了一个复杂的整体——甚至在不断变化的环境中。这些有机整体是否有可能是复杂的**机器**? 如果是这样,则不需要使用像生命原理这样的概念来解释器官的形成过程。杜里舒明确地处理了这个问题,并发现所有关于器官形成的机械叙述都不足以进行解释。原因在于,有机体是一个能够进行

---

① "的确,就形态变化、生理适应和本能反应而言,**必须**有一些东西可以在比喻层面上与特定的知识和意志相比拟。"(Driesch, *The Science and Philosophy of the Organism*... 1908, 143)

② Driesch, *The Science and Philosophy of the Organism*... 1908, 143.

③ 约瑟夫·基亚里(Joseph Chiari)之所以会赞同柏格森的活力论观点,正是由于**生命冲动**(*élan vital*)"作为一种信息精神,会通过人类而发展为意识,从而赋予人类以优势地位,成为创造的目标和顶峰"(Chiari, "Vitalism and Contemporary Thought", 254)。

创新行动的运作整体——它可以修复受损的部分,重新创建受损严重的部分,并使旧的部分适应新的角色。所有这些行动都是为了维护整体的正常运作与同一性。与之相比,对于一台机器(作为物理化学元素的纯聚合物),"**如果你随意地取走其中的一部分,那么它并不能继续维持自身的运行**"①。由于机器不能进行自我修复,我们不得不再次得出这样一个结论,那就是在有机体内运作着某些非物质的能动体,用于提供"具体的、真正的促进因素,从而引发了修复的过程"②。

杜里舒指出,对于有机体的个别器官而言,采用机器作为类比也并不成立。例如,卵巢从一个全能细胞("禀赋")进化而来,这个细胞"已经分化和再分化了无数次"③,相比之下,"**机器怎么可能……在经过无数次分化之后,仍然保持原样呢**"④? 杜里舒的

---

① Driesch, *The History and Theory of Vitalism*, 210. 在这一点上,杜里舒紧密地沿袭了康德的传统。康德曾写道:"如果我们把零件从手表上移除,那么手表并不能自行替换零件;同样,如果零件有所丢失……手表也不会通过让其他零件帮忙的方式来弥补这个[缺陷],更不用说在无序的情况下自行修理了。但是,我们会期待有机的自然可以完成这一切。因此,有机的生命存在并不是一台单纯的机器。"(*Judgment*, sec. 65, #374)

② Driesch, *The Science and Philosophy of the Organism*... 1907, 110.

③ 杜里舒在关于活力论的实证研究(或许更应被描述为反驳了形态形成的机械式叙事的充分性)中,区分了"和谐系统的**分化**"过程与即将发生分化的原始细胞的发展过程。后者"并非复杂系统的产物,而是其本身的来源。我们将以卵巢作为代表性的例子。卵巢从一个特殊的单细胞发展而来,这个单细胞也就是卵巢的**禀赋**(*Anlage*)——在此我们借用了一个不易翻译的德语单词"(Driesch, *The Problem of Individuality*, 21-22)。

④ Driesch, *The History and Theory of Vitalism*, 212.

相关实验证据涉及水螅虫中的筒螅(Tubularia),其被切割的部分无论多么小,都能重新生成为整个有机体。而据机械师的介绍,机器必须包含每个零件,如果某个零件被一切为二,则会继续作为半个零件而运作,不再是一个完整的机器。米哈伊尔·巴赫金(Mikhail Bakhtin)是杜里舒工作的早期批评者,他恰当地描述了杜里舒筒螅实验中得出的结论:"哪种机器才能在我们随心所欲地分割之后还能始终维持其正常功能呢?许多具有相同功能的高度复杂的大大小小的机器,都必须被包含在两厘米的零件之内……此外,这些机器相互重叠,一个机器的部分零件对应于完全不同的另一部分零件。这种机械主义与其概念本身是互相矛盾的。因此,机器理论(在杜里舒看来)最终导向了谬误。"①

杜里舒将生命原理描述为变形发育运动中隐形的"真正的促进因素",同时他也考虑了是否可以将生命原理视作一种"能量"的问题,也就是一种特殊的物理化学实体。这一次,他的回答依然是否定的,并拒绝将"活跃能量"(vital energy)视作一个矛盾体,因为生命是**无法量化的**(unquantifiable),而一切能量在他看来都是一种数量:"在断言……现象遵循能量秩序的时候,我们这里有一个**或多或少**的程度问题……但是,生命原理**缺乏量化所具有的一切特征**。生命原理本身就是**关系秩序**,而绝非其他。"②

---

① Bakhtin, "Contemporary Vitalism", 89.

② Driesch, *The Science and Philosophy of the Organism… 1908*, 169. 只作为一种"关系秩序"(order of relation)意味着什么呢?通过杜里舒的描述,我们可以对这一概念略知一二。杜里舒将"生命原理"(entelechy)称为一种"能动体"(agent),将各种元素融为一个和谐的整体。杜里舒在本能运动中发现了

杜里舒始终强调,生命原理和物质通常的可观察的运作之间具有极为密切的关系。生命原理只能利用"物理化学层面所准备好"的"生成可能性",因为"除了与身体相关时,生命对我们来说是未知的"①;生命原理总是"在每一次形态发育的过程中使用物质手段"②;如果没有氢气的存在,生命原理便无法生成硫酸,但是它可以"**暂停**一段时间,因为其希望能够用现有的这类化合物进行所有反应中的一种,而且这种反应会在缺少**生命原理**的情况下发生"③。这些表述展现出杜里舒试图使生命-物质之间的关系尽可能接近,同时避免一路走向(机械的)唯物主义,以反对一

这种融合能力的痕迹:尽管"生理因素"在本能中发挥了作用,但是"还会有别的东西起作用,这种'东西'可以说**利用了**这些因素"(Driesch, *The Science and Philosophy of the Organism*... 1908, 51)。"无机世界并不知晓……这种新型而自动的自然因素的存在"(同上书, 114),而这种因素也是"物种进化论的根源之一"(Driesch, *The Science and Philosophy of the Organism*... 1907, 287)。此外,这种模式必然自遗传过程起便已经存在了。机械式的阐释只会提及"位于原子核中的"物质单元的转移,但是需要再次指出的是,这些物质条件不会成为"**主要因素**。这里需要的是一些**具有归置功能的**能动体,而这种遗传性的能动体不会具有机械式的物理化学属性"(Driesch, *The Problem of Individuality*, 23)。为什么不会具有呢? 原因在于,根据定义,物理化学属性无法具有所需的归置能动性。归置能动性需要精度和灵活性,需要根据归置物的特性以及有机体所属的语境进行具体的精确判断。与之相对,物理化学元素——比如惰性物质——则过于依靠一般法则来进行所需的运动,由于过度惯性化而难以进行巧妙的归置。

① Driesch, *The Science and Philosophy of the Organism*... 1907, 16.
② Driesch, *The Science and Philosophy of the Organism*... 1908, 295.
③ 同上书, 180。

种"灵魂"的形而上学。

生命原理的概念最让我感兴趣的一点与**形成动力**一样,是其所具有的非人能动性。类似于古希腊荷马史诗中的**灵魂**(*psuche*)①概念,生命原理的概念并不会因人而异;虽然生命原理不是一种独特的灵魂,但也并不会在不同的有机体中有所区别。相反,生命原理是在所有生物体内流动的内在的活力状态。这使得生命原理比灵魂更加抗拒个人道德责任中最强烈或最严厉的观点。生命原理代表一个整体来协调各个部分和回应事件,同时并未遵循某种严格的计划;它以一种创新和明显的方式回应事件,实时地确定诸多可能的发展过程中将有哪些会真的发生。生命原理具有的能动力并不是一个没有身体的灵魂,因为限制它的是其必须寄居的物质性和其中包含的已预先形成的各种可能性。但是,尽管存在这种差异,生命原理仍然具有真实的能效性:即使在不断变化的条件下,它也能对生命身体进行激活、安排与引导。可以说,生命原理是"一种有效的超空间的多元密集的自然建构"②。

作为一种创造性的因果性,杜里舒提出的生命原理概念背后的假设认为,由于物质性是一种被动和单调的存在,因此它不可能完成组织和维护成形整体的棘手任务。有的时候,这种物

---

① **灵魂**(*psuche*)标志着鲜活人类与不动尸体之间的差异。灵魂"由一种非常脆弱的物质组成,当个体还活着的时候,它存在于身体中;在人死亡和去往冥界时则会通过一些小孔飞走";灵魂的"存在确保了个体还活着"(Adkins, *From the Many to the One*, 15)。

② Driesch, *The Science and Philosophy of the Organism*... 1908, 326.

质性中被注入了生命原理而成为生命体;但有时却没有被注入生命原理,于是便聚集成为无机的机器。杜里舒认为,他必须把物质视为一种非物质因素,因为他的物质性概念与机械的、确定性的机器概念有紧密的联系。1926年,巴赫金为杜里舒写了一篇有趣的驳文,认为杜里舒未能考虑到可能存在"不断进行自我建构和发展的机器……[这种机器]不是从预先准备好的零件中建构自我,而是使用自我建构的零件"。这样的一台机器如果损坏了,确实能够进行自我修复;这种修复过程受微妙而互动性的物理-化学信号所驱动和引导,因此并不需要借助于生命原理。①

巴赫金指出,杜里舒的活力论主张取决于他对唯物主义的批判,而这种批判依靠的是把物质性与机械因果性等同起来,也就是将机器看作一种"完全预制的"和"固定不动的"聚合体。② 巴赫金建议,我们应当对机器的概念进行重新思考,而不是拒绝物

---

① Bakhtin,"Contemporary Vitalism",95-96. 巴赫金称这种机器-意象为"现代的辩证唯物主义",不同于杜里舒的"天真-机械的观点及其固定不动的机器"(96)。1923年,拉什利(K. S. Lashley)提出了类似的观点:"活力论支持者援引特定的现象——形态发生、再生、习惯形成、言说复杂性等——并反对对其进行机械描述的可能性。"然而,拉什利也因此犯下了我们可能称之为自我主义的错误。在分析中,拉什利的论点每次都会还原至形式层面:"**我无法设计一台能做这些事情的机器;因此,永远都不会有人能构想出一台这样的机器。**"不当地说,这种观点来自杜里舒和麦克杜格尔(McDougall)的不可构想论。对此,我们或许可以回答称:"你高估了自己的聪明才智。"(Lashley,"Behavioristic Interpretation of Consciousness",242)

② Bakhtin,"Contemporary Vitalism",95-96.

理唯物主义者本身的解释。① 杜里舒不认为可能会出现一种创造性的自我组织或智能适应性机器,同样也不会允许生命原理的概念被同化入能量的范畴,因为机器和能量这两个概念都无法被延伸至包括杜里舒认为的世界上运行的自由和自发性(那种"特定原因和特定结果之间关联的**不确定性**")。那么,最终将巴赫金与杜里舒二人区分开来的,在于自然创造力是否在原则上是可以计算的。杜里舒认为答案是否定的,而巴赫金似乎持肯定的态度。在这一点上,我与杜里舒的观点一致。

柏格森与生命冲动

柏格森的活力论主张同样基于生命和物质之间的区别——尽管柏格森公开承认这些范畴属于真正的宇宙流的"趋向"。生命和物质只存在于彼此的联合和竞争之中;它们并不是永久的语境,而是"方向发生的新变化"②。生命指涉了某种"尽最大可能"活跃的**倾向**,偏向于流动和正在成形的状态。同样,物质必须被

---

① 德勒兹和瓜塔里亦是如此。在《千高原》中,二人将"自然"描绘为形态变化发生的平面,并称之为"战争-机器"(war-machine)。保罗·帕顿(Paul Patton)认为,称之为"变形机器"(metamorphosis machine)或许更加合适:"'战争-机器'(war-machine)……的名字便背叛了其概念本身,因为它与实际的战争并无关系,与武装冲突之间只是矛盾而间接的关系。[它的]……真正的指涉对象……并不是战争,而是创造性突变和变异的条件。"(Patton, *Deleuze and the Political*, 110)

② "如果我们愿意将趋势称为新生变化的方向,那么所有的现实……都是一种趋势。"Bergson, *The Creative Mind*, 188.

理解为**倾向于**被动性,即倾向于稳定的形态。柏格森和杜里舒一样,都认为物质与延伸有关,但是柏格森将事情复杂化了,并提醒人们不要把物质想象为在空间中**完全**延伸的物质,原因是纯粹的空间性"会构成一种各部分关系完美的外部",而实际上"没有什么物质点不是在其他物质点的基础之上行动的"。因此,更确切地说,"物质在空间中**延伸**但并没有被彻底地**延伸**"。换言之,物质是一种空间化的**趋势**。①

物质倾向于受到最小阻力的路线吸引,是一种对惰性的偏倚,而正是在这个意义上,柏格森也沿袭了把物质想象为惰性存在的传统(CE,128-129)。但是对于柏格森来说,我们**必然**会把空间化趋势变为一个固定的实体的世界。这种扭曲之所以是必然的和有益的,是因为人类必须从工具的角度来看待世界才能在其中生存:"我们的思维具有一种不可避免的倾向",会认为构成世界的似乎并非不断变化的时间流,而是可以量化的物。

柏格森赞同杜里舒认为生命不容易量化的观点,尽管柏格森认为生命之所不适用于"数学方法"是由于其本质是一种流动的存在。在这里,柏格森指的是数学中的几何学。相反,"微积分"(infinitesimal calculus)是倾向于"生命"的。微积分"恰恰是尝试用正在**生成**的存在来取代**现成的存在**"(CE,20)。柏格森指出,生命以新的形式"展开"自我,而这些形式在其存在之前是不可想象的;如果要将这些形式进行量化和衡量则已经为时过晚,因为生命早已继续下去了。

---

① Bergson, *Creative Evolution*, 202-203. 后文凡引用此文献皆用缩写 CE 替代。

生命冲动(*élan vital*)就像生命原理(entelechy)的概念一样,源于对机械主义的批判。柏格森指出,有机体中眼睛的存在是具有生理差异的,就像软体动物和人类不同一样,并认为"由大量的小动因构成的两种不同的积累物产生了相同的结果,这与机械哲学的原理是相悖的"。此外,正如杜里舒所言,这种修复现象为柏格森揭示出,我们有必要使用一种非机械的活力能动体:"在**斑点蝾螈**(*Salamandra maculate*)中,如果眼睛中的晶状体被摘除,只留下虹膜,晶状体的修复现象会发生在虹膜的上部;如果虹膜的上半部分……被取走,那么修复现象就发生在……剩余区域的内层。因此,对于不同位置、不同构成并且通常承担不同功能的部件,其能够履行相同的功能甚至制造……机器的相同部件……无论愿意与否,我们都必须遵循**一些内在的指导原则**,以解释这种汇集的结果。"(*CE*,75—76;强调为本书作者所加)

生命冲动与生命原理类似,都属于这种"内在的指导原则"。前文提到,生命原理除了具有"排列"物质的能力之外,还能够"促进"修复并"驱除"物理化学过程。① 柏格森进一步强调了这种激励的属性:**生命冲动**是"生命的巨大内在推动力",是"整体的原始动力",是"把生命注入世界的动力,它将世界划分为植物和动物两个范畴,并且在不活跃的动物王国中,确保其自身至少在某些时候应该振作起来向前进"(*CE*,132)。**生命冲动**的任务是唤醒物质的惰性,并向其中注入某种意外因素:"在生命的本质中,其试图在物理力量所需的情况下,关联尽可能多的**不确定性**。"(*CE*,114)**生命冲动**"一个接着一个地遍及其所组织的身体,从一

---

① Driesch, *The Science and Philosophy of the Organism*... 1907,50.

个世代延续至下一个世代",永不停歇(*CE*,26)。

就像生命原理一样,**生命冲动**本身并不是简单或同质的。杜里舒提到生命原理是一种"集中的多重性",而柏格森则描述了生命动力"以层的形式"进行自我分化的过程(*CE*,99)。**生命冲动**在流动中进行自我定位,在传播自身的同时"没有损失任何自己的力量,反而随着前进而成比例地增强力量"(*CE*,26)。① 通过这种独特的自我分裂,生命冲动在自我传播时获得了强大的力量,这也有助于解释柏格森所说的"**使生命前行的不是元素的关联和累积,而是分离和分裂**"(*CE*,89)。

杜里舒提出的生命原理的概念具有导向性,即配置并维持有机整体的总目标。用于完成这项任务的具体手段各不相同,因为这些手段是根据当时的情况来选择的"个体回应"。柏格森再次论证了杜里舒的观点,认为活力所使用的手段取决于其施力的具体情况,但是在柏格森看来,这种偶然性更加彻底。**生命冲动**可以采用的手段(即使是潜在的"可能性")并不是使用之前就已经存在的,而是伴随其结果而出现的。因此,柏格森不同于杜里舒,并不认为生命冲动的目的是**维持整体**。对于柏格森而言,任何会被维持的整体都不是"给予的",而是始终处于转变中,处于加入或离开的途中。同样,**生命冲动**所做的——也就是其独特的行动——是增加物质形成的**不稳定性**,"把一些**不确定性**注入物质之中,即在生命冲动的演化过程中,其所创造的是不确定和不可

---

① 在德勒兹的描述中,**生命冲动**是"一种处于实现过程中的潜在存在,处于分化过程中的简单存在,处于划分过程中的整体存在"(Deleuze, *Bergsonism*,94)。

预测的形式"(CE,126)。**生命冲动**带来了新的事件,使每一种形式都超越了现在的形式(CE,103)。同样,杜里舒也暗示了这样一种观点,那就是在讨论个体回应时,活力是**具有创造性的**(但这并不是说它是一种**流动体**),然而这个主题在柏格森的活力论观点中体现得更为明显。根据柏格森的观点,生命是一种"永久的新奇"①和"不停歇的创造"(CE,23)。杜里舒认为,创造力的背后是有机体(甚至是器官)对每一个独特构造事件的回应,但是生命原理的能动性似乎并不包括创造全新的物质。

把**生命冲动**注入不确定性的现象称为目的(telos)是错误的。的确,**生命冲动**的作用**具有一定的导向性**——若要发挥作用又有什么其他选择呢——但这并不是实现一个计划。德勒兹指出,对于柏格森来说"不存在所谓的'目标',因为这些导向……都是'随着'其中的行为而自己创造的"②。**生命冲动**是一种没有设计的动力,一种"摸索式"的探寻③:"试图将生命分配至某种目的的做法是徒劳的……谈到目的就会想到一个预先存在的只需实现的模型。因此,也就是假设一切都是被给予的,而且未来是可以通过现在预测的……与之相反,生命……无疑是富有创造性的,也就是产生了扩张和超越自身存在的结果。这些结果并非事先给予的,所以我们也不能把它们作为目的来看待。"(CE,51-52)

在柏格森和杜里舒看来,活力状态只能在持久而强大的物理化学属性的限制下运作。"即使在最完美的情况中",例如前所未

---

① 参见 Bergson, *The Creative Mind*, 95。

② Deleuze, *Bergsonism*, 106.

③ Bergson, *The Creative Mind*, 93.

有的艺术作品中,**生命冲动**"依然受制于其不得不假定的物质性"(*CE*,127)。此外,**生命冲动**也只能"尽其所能地利用已有的能量"①。与杜里舒一样,柏格森也拒绝将活力状态同化为"能量",而将后者视为前者所使用的抵抗手段。但是,比杜里舒更进一步的是,柏格森强调称,生产和谐整体时遇到的一些障碍是**生命冲动**本身所**固有**的,是其不和谐的多元性所具有的功能。生命冲动**是扩张**的,会使自身变得更加不确定,而这意味着其扩张的多条路线会彼此冲突或互相影响。作为一种自我配给的存在,**生命冲动**与自身有着深刻的矛盾:"生命冲动始终在寻求超越自我",而且"对于自己产生的作品而言永远是不充分的"(*CE*,126)。

在柏格森看来,尽管由**生命冲动**的自我配给而产生的宇宙是一种"不可分割的连续体"②,其依然是一个不和谐的整体。自然"允许很多不和谐的存在,这是因为每个物种,甚至每一个个体,都只能保留一定的普遍的生命冲动,并倾向于以利己的方式使用这种能量……相比于以前,和谐状态距离我们更远。背后的原因是一种冲动的同一性,而不是一种共同的愿望"(*CE*,50-51)。杜里舒同样否定了**简单的**和谐模式,他也坚持认为,在各部分的发展过程中,其**内部**会发生变化,此外各部分**之间的**关系也会发生变化:"事实上,每个胚胎部分的发展并非取决于其他部分的存在或发展。与之相反,在器官形成的过程中……非常重要的一点

---

① 柏格森继续指出,"现在,只找到了一种成功的方法,即确保随时可以通过触动扳机……而从物质中获得潜在能量的积累。这种做法本身只拥有释放的力量"(*CE*,115)。

② Bergson, *The Creative Mind*, 31.

是……这是……一系列的过程,其可能从一个共同的根源开始,但是它们的分化方式是完全独立的……假设部分 A 显示出自我分化的迹象,这就意味着,A 的进一步发展并不依赖于某些其他的部分 B、C 和 D;而且这完全**不**意味着……在 A 本身的组成部分中可能没有形成性的行为发生。"①

杜里舒和柏格森都认为,自然无法被还原为在空间中延伸的物质,其中包含了一种动态的强度或活跃动力。无论是**生命冲动**还是生命原理,二者都可以**被还原为**个体栖居与参与的物质和能量;从参与行动的意义上讲,二者都是**行动体**,而不仅仅是条件反射、本能或对刺激物的预设反应;二者都具有生产、组织和激活物质的生产力,只不过杜里舒强调的是活跃能动体的归置与导向力,而柏格森强调的是其激发与创新的能力。总体而言,生命原理相比于**生命冲动**,在运行的自由度上要稍逊一筹,并非"不停地涌出新的物质,在其创造现在的同时便已经落入过去"(*CE*, 47)。在我看来,生命原理的能动性同样是极为自足的:生命原理自身使事情发生的力量被夸大了(尽管杜里舒承认生命原理对物质具有"依赖性")。但是,生命原理的形象的确很好地捕捉到能动性的活力与意动维度,只是这样一种脉动必须从属于一个脉动体系,即一个将彼此连接并形成强度循环的聚合体。

杜里舒首先是一位实验胚胎学家,之后才是一位哲学家;而柏格森则提出一种更加详尽的生成哲学,即"创造进化"说(creative evolution)。然而,杜里舒对于实验科学技术的认同与使用或许可以更好地抵御活力论思想,避免将活力能动体予以**灵性**

---

① Driesch, *The Science and Philosophy of the Organism*… 1907, 108.

化(*spiritualize*)。作为活力论思想屈服于这种诱惑的例子,我将在下一章中转向关注另一种活力的表现,即美国的活力论支持者倡导的"生命文化"(culture of life)所援引的"灵魂"概念。这种活力论主张联合了福音派基督教、干细胞、美国武器以及伊拉克(和其他行动者)的领土,共同形成一个具有强烈能效性的聚合体。我在下一章的目标,便是要辨别这些联系是如何建立起来的,从而揭示出物质意象与政治愿景之间的复杂关系。

第六章

干细胞与生命文化

Stem Cells and the Culture of Life

第六章　干细胞与生命文化

在19世纪末20世纪初,杜里舒和柏格森在捍卫其活力概念的同时,也参与了一场吸引广大公众的争论。在回应细胞生物学与胚胎学方面的新发现时,美国公众开始着迷于发展增长的问题:在植物、动物、精神、文化或其他自给自足的整体中,各种变化究竟是如何发生的?随后的辩论同时是一场道德和科学的辩论:活力论-机械论的争论将生命和言论的自由与对形态学和物质的研究结合起来。

21世纪初,美国人再次参与了这种混合辩论,这一辩论同样以生命与物质之间的根本性差异作为前提。在这些辩论中,出现了一个强大的声音——关于流产、人工生命支持和胚胎干细胞研究——那就是福音派基督徒和罗马天主教徒所倡导的"生命文化"(culture of life)立场,其支持者包括美国前总统乔治·W.布什。我认为,这个立场是一种当今的活力论观点。生命文化运动呼应了康德、杜里舒和柏格森的主张:生物有机体内部存在一种活力,这种活力作为一种自由而非确定的能动性,是无法被还原为物质的。与此前的活力论支持者一样,生命文化的支持者认为机械主义的形而上学具有一些严重的不足之处。

然而,并非所有的活力论主张都是类似的。对于布什和其他福音派支持者而言,活力是激发胚胎物质的神圣精神;他们所肯定的是康德、杜里舒和柏格森曾分别予以否定的灵魂活力论主张。杜里舒尤其花费精力将他提出的生命原理(entelechy)概念区别于宗教概念中的无实体精神(a disembodied spirit)。杜里舒受康德对教条主义哲学批判的影响,在方法论层面更偏向于自然主义解释:在关于胚胎发育的问题上,杜里舒试图使实验室成为最后的法庭。由于杜里舒试图避免科学教条主义以及宗教教条主义,他强调称实验室得出的结果会随着新数据的出现而被修正。

杜里舒认为,在实验室中进行的关于非人系统的实证研究会揭示出同样适用于人类系统的真理。在海胆胚胎、人类胚胎、被称为历史的更大范围的有机整体(那种"**独特而且独特性尚未完成的……超个人的过程**")甚至可能包括无机系统中,存在着一种"形成性"的力量(生命原理):"虽然物质世界作为一种由偶然性构成的世界而存在,但是也存在着一个由形式或秩序构成的世界,其自身体现在物质世界的某些领域中,也就是在生物性的个体中,或曰,在种系的发生和历史中也是如此;在我们所说的无机物中,甚至也**可能**存在着类似的构成形式。"[1]

杜里舒是一个世俗主义者,这体现在他试图在公共论述中将其宗教信仰包含在内。但这并不是说,他认为科学与公共道德无关。恰恰相反,当纳粹主义援引生命原理的概念以支持其主张,并宣称一些生命形式比其他生命形式更重要时,杜里舒表示了强烈的反对——截至 20 世纪 30 年代中期,生命原理已经成为"有机体的**元首**"(*Fuhrer de l'organisme*)[2]。他指出,批判活力论科学的主张得出了这样一种结论,那就是**所有的**人类有机体中都存在

---

[1] Driesch, *Problem of Individuality*, 80, 74-75.

[2] Canguilhem, *Aspects du vitalisme*, 124.

有生命的活力状态。正如历史学家安妮·哈林顿(Anne Harrington)所指出的那样,对于杜里舒来说,生命原理"不承认任何国家的界限",因此"个体可以合理归属的唯一生物'整体'就是'人类'……杜里舒反对……国家与国家之间的军事行动……认为这违背了生命活力的原理、整体合作和更高的发展,[是]**'所有罪行中最可怕的一种'**"①。

这是两种不同的活力论主张(一种以灵魂为基础,另一种则不是),两种不同的政治主张(一种强硬,另一种温和)。一方面,是关于生命或物质的一系列存在论假设;另一方面,则是一种政治。我并不认为二者之间有任何**直接的**联系,也没有什么特定的伦理或政治会必然源于形而上学。但是,灵魂活力论中暗含的上帝-人类-自然的等级逻辑,很容易会转变为社会阶级乃至文明等级的政治形象。在下文中我将指出,生命文化便似乎出现了类似的情况。与福音派活力论主张不同,杜里舒所提出的"批判性""现代"或曰"科学的"活力论主张对应了一种对非物质能动性(生命原理)的**肯定**,这种非物质能动性在自然中发挥作用,带有对任何超自然能动性的存在的**不可知论**。杜里舒首先遵循的是实验科学的研究方法,而这种方法向他揭示出的是一切存在的活力本质:没有一种群体拥有自然权利去统治或处置其他的群体。

杜里舒否定灵魂的概念;他力求用实验假设来取代基于信仰的主张,并且将活力的观念与自由反战论联系起来。生命文化的活力论主张没有符合以上任何一条标准。在下一部分中,我将把

---

① Harrington, *Reenchanted Science*, 190. 1933 年希特勒上台后,"杜里舒是第一批被迫退休的非犹太裔德国教授",她写道(191)。

当今的活力论主张与杜里舒的批判活力论观点进行对比,重点关注二者的政治的价(political valence)。

干细胞

2005年5月,美国总统带着试管胚胎培育出生的婴儿和幼儿出现在白宫前的台阶上,而这些胚胎则是来自使用生育技术的夫妇的额外产物。化身为亲吻婴儿的政治家的总统布什安抚着孩子们,而如果孕育这些孩子的胚胎被用于胚胎干细胞研究,这些孩子早就被杀死了。《纽约时报》(New York Times)称,干细胞研究对于保守基督徒和总统而言是"重要的'生命文化'问题",并指出白宫事件的戏剧性"表明布什先生在多大程度上愿意坚持自己的政策,以维护他所认为的总统职位的道德核心……得克萨斯州的汤姆·德莱(Tom DeLay)对这一法案提出了反对,并且在道义层面上质疑这一提案,'一个胚胎就是一个人,是一个独特的内在指向型的自我整合的人类有机体'"①。

2007年4月,全国天主教祷告早餐会和最高法院同时商议禁止晚期堕胎法律的合宪性,布什也在这时重申了自己对生命的重视:"我们必须继续致力于以强护弱的生命文化,意识到在每一个人的生命中都蕴含着我们的造物主的形象。"②三天后,一场为期四年的先发制人的战争开始了。在这次战争中(截至2007年8月),共有3689名美国士兵阵亡,据估计夺去了几万至几十万伊

---

① Stolberg, "House Approves a Stem Cell Bill".

② Cole, "Bush Stands Against 'Temptation to Manipulate Life'".

拉克人的生命①。布什反对任何关于美军撤军的时间表，并且把入侵和占领行为描述为一场"生死战"，表面上与"生命文化"相符。②在本章后半部分，我将再次讨论这种对生命和暴力的双重歌颂。

干细胞（*stem cell*）是一个新词，指的是多能物质的一部分，即能够生成为任何成熟而分化的有机体的各种细胞或组织。人们希望通过更好地了解多能性，促使科学家在例如阿尔茨海默病患者的受损脊髓或新的脑组织中诱导生成新的神经细胞。然而，干细胞虽然具有多能性（pluripotent），却并不是"全能的"（totipotent），也不能自行产生完全分化的有机体。③ 生命文化的倡导者所抨击的这种过程，即包括了从囊胚期（blastula）的受精卵中提取细胞，而这时受精卵正在从固体的细胞集合变为空心的细胞球。之后，囊胚可能会继续进入"原肠胚"（gastrula）阶段，并在这一

---

① 较低的估数来自网站"iraqbodycount.org"，较高的估数则来自约翰斯·霍普金斯大学布隆伯格公共卫生学院国际紧急灾难与难民研究中心的莱斯·罗伯特（Les Roberts）和吉尔伯特·伯恩翰（Gilbert M. Burnham），哥伦比亚大学的理查德·加菲尔德（Richard Garfield），以及巴格达穆斯坦色利亚赫大学药学院的利雅得·拉夫塔（Riyadh Lafta）和贾马尔·库德哈里（Jamal Kudhairi）。

② 布什曾说："我们不应将这次重要的战争认定为失败。"（United States, Office of the White House Press Secretary, "President Bush Discusses Iraq War Supplemental"）

③ 正如杜里舒在干细胞概念发明之前所指出的那样，这并不是一种能够"在整个系统中扮演**每一个角色**"的"能量"（Driesch, *Science and Philosophy of the Organism*... 1907, 120-121）。此外也请参见 U.S. Department of Health and Human Services, National Institutes of Health, "Stem Cells"。

阶段分化为三个胚层,其细胞"进入各自的命运路径",变得不再具有多能性。① 布什等人之所以反对进行胚胎干细胞研究,就是因为提取细胞的行为会将形成过程暂停在原肠胚阶段。德莱将这种行为形容为"为了医学实验的目的而分裂鲜活而独立的人类"②。

当人们从胚胎中取出人类干细胞时,胚胎便被破坏了。干细胞也可以从脐带血、成人骨髓以及因过大而无法继续发育的受精胚胎中提取或培育而成;此外,在撰写本文的现在,从人类皮肤细胞中也可以完成这种提取或培育了。③ 布什政府并不反对干细胞的这些来源,也许是因为如果血液、骨髓、皮肤和衰变的胚胎是无生命物质

---

① Maienschein,"What's in a Name".

② Tom DeLay, qtd. in Baer,"In Vitro Fertilization". 关于原肠形成前期的聚集体是否属于"胚胎",目前还存在着一些争议。如果胚胎被定义为受精卵,那么答案是肯定的。但是,其他人将胚胎定义为已经**完成**原肠胚形成的分裂的卵子:"许多生物学家……不认为这些发育的早期阶段属于胚胎,而是胚胎植入前期胚胎(preimplantation embryo)或前胚胎(pre-embryo)。胚胎植入前期胚胎的发育周期要经过三个阶段:受精卵阶段(zygote,单细胞)、桑椹胚阶段(morula,聚集在一起的多个相同的细胞)以及囊胚阶段(blastula,形成卵黄囊等部分和内外部,但仍然没有确定的胚胎结构)。"(Spike,"Bush and Stem Cell Research",45)

③ 2007年11月,两个研究实验室共同报告了"一种将普通的人类皮肤细胞变为似乎是胚胎干细胞的全新方式,并且过程中没有使用人类胚胎"(Kolata,"Researcher")。如果这项新技术要转入人类医学治疗,还有许多障碍需要克服:"科学家尚未完全了解DNA如何才能通过编程和重新编程用于治疗。此外,最初的实验所使用的逆转录病毒会引起肿瘤和癌症……尽管如此,干细胞的生产来自废弃的人类胚胎细胞,这一点也受到了布什总统和其他人提出的道德与伦理异议。"("Stem Cell Breakthrough")

而不是生命,对它们的使用便不会对生命文化构成威胁了。

等级的自然秩序

在教皇约翰·保罗二世(Pope John Paul II)1995年的通谕《生命的福音》("Evangelium Vitae")中,生命文化是其核心主题;在此之前,美国的非天主教福音派尚未使用这个概念来指涉一系列与公共政策相关的神学信仰。① 这些政策很容易举例:生命文化被用于推进立法进程,以支持将饲养管插入一个脑功能已停止的妇女体内,或是限制未成年人堕胎并取缔某些堕胎方式,以及反对联邦政府对胚胎干细胞研究的资助。虽然生命文化中的理论信念并没有得到明确的阐述,但是以下四个主张似乎是其核心诉求:

1. **生命与物质具有本质的区别**。生命是有组织的、积极的、自我推进的,而且在这一术语的不同语域中,是"自由的"。物质则在本质上是被动的,并且在其运作之前便已是确定的。生命可能是——而且通常会展现为——具有实体的;在这种情况中,生命会沿着物理化学实体和过程来运行。但是,生命无法被还原为这些实体和过程的总和。生命是可以从实体中分离出来的。

2. **人类生命相比于其他生命具有质的不同**。与其他有机体一样,人类被赋予一种活力;但与所有其他有机体不同的是,这种力量是"一种独特的生命原理或灵魂"②。生命文化基金会的主席指出:"无论是在理论上,还是在企图克隆人类胚胎的实践中,

---

① Paulus PP, "Evangelium Vitae".

② Best, "Prepared Statement".

如果社会没有意识到人类生命、动物生命和物质存在之间的本质区别,那么它就失去了作为人类社会的地位。它会失去人性的指向针,转而为生物混乱替代人类生命的现象奠定基础。"①相比于其他有机体,具有灵魂的人类有机体是一个巨大的飞跃。

3. **人类独特性表达出一种神圣的意图**。人类的独一无二性并不是偶然事件、进化事故或人类身体的独特物质组成具有的功能。相反,这种独特性源于一个无所不能的存在("全能者"),他将神圣的火花或灵魂植入每个人类个体之内。

4. **世界是神灵创造的秩序,而这种秩序具有固定的等级构造**。人类不仅是有机的、独一无二的、具有灵魂的,而且占据了存在等级的顶峰,**优越于**地球上所有的其他存在。

第一个观点,即认为生命是不可还原为物质的,与杜里舒提出的活力论核心观点是共鸣的。换言之,有机体的发展过程**并非**"**无机科学界已知因素的特殊组成**造成的结果",而是生命"特有的**自主性**造成的结果"。② 迄今为止,因为这种自主性被认为是灵

---

① Best,"Prepared Statement".

② Driesch, *The History and Theory of Vitalism*, 1. 与此紧密相关的是,柏格森曾提道:"尽管分析无疑会将有机创造的过程分解为不断增多的物理化学现象……这并不意味着化学和物理学能够给予我们生命的钥匙。"(Bergson, *Creative Evolution*, 31)。杜里舒指出,他"很清楚地知晓……'自主性'(autonomy)通常意味着将规则加于自身,并且……是与人类社区相关的;但是在我们所说的语境内,'自主性'指涉的是在特定的现象中**受到**规则的**约束**"(Driesch, *The Science and Philosophy of the Organism… 1907*, 143)。虽然杜里舒的本意是关注有机体进行自我归置和自我恢复的能力,但是他对**自主性**这一术语的使用仍然带有一定的康德自由概念的痕迹,即一种脱离了宿命论的自由。

魂，其存在不依赖于与物质的关联，所以这种自主性也符合杜里舒所说的"旧活力论"(old vitalism)。与"现代"或"批判"活力论相比，这种活力论主张并没有利用科学对自然界的洞察。对于杜里舒而言，实验室和科学家的论证是接触生命原理的特权点，而且人们始终"有必要以开放的态度再次反思实际的生物数据"①。批判活力论所提出的是可以证伪的假设，而不是只有不道德者才会反对的教条。

生命文化的倡导者肯定科学及其产品，特别是武器装备——只要它可以提升美国的实力。但是，没有任何一门科学可以否定关于灵魂的神学真理、人类的独一无二性以及神祇创造所划定的定性等级。例如，在德莱看来，无论是分子化学还是复杂性理论中关于**无机**系统自组织能力的研究，都不能否定他所主张的物质是惰性的以及只有生命才是自由而开放的观点；关于囊胚阶段和原肠胚阶段的细胞分化的灵活性，并没有数据可以改变"受精卵是由全能者赐予灵魂的人"的结论。② 对于德莱和其他灵魂活力论支持者来说，活力是一种个人的能动性；而对于杜里舒和柏格森来说，活力则是一种非人的能动性。若要用第四章所论述的术语来表达，活力是一个独特的主体，而不是**一个**生命(*a* life)。

---

① Driesch, *The History and Theory of Vitalism*, 57–58.
② 这里值得注意的是，不一定是无神论者才会反对生命文化中的特定思想；各种各样的泛神论思想也主张在**所有的**物质中都可以发现神性——不论是人类还是非人类，有机物还是无机物；许多"犹太学者和穆斯林学者……认为生命开始于……受精后的 40 天"；有些信徒相信上帝会赞同胚胎干细胞研究，认为其可以在形态发生的过程中更充分地实现潜力。参见 Maienschien, "What's in a Name", 14。

简而言之，灵魂活力论比批判活力论更具人类中心性和等级性。灵魂活力论所建构的宇宙是神祇的道德排列物，上帝在其顶端安置的是最具有活力的生物，即人类。这一点的体现便是人类是最具有生命力的，因此也是最强有力的生物；此外，人类也拥有最大程度的自由，或曰不受状况或环境决定因素的影响而行动的能力。灵魂活力论观点认为，有机生命不仅比无机物质的等级要高，而且在质量上与其有着本质的区别。同样，**人类**生命不仅比非人有机体的等级更高，而且与其有着质的差异——换言之，人类生命是具有灵魂的。虽然生命都是特别的，但我们作为人类却是其中最为特别的。在关于不同民族的讨论中，同样的逻辑也延续了：对于布什及其党羽而言，虽然所有的人类都具有灵魂，但并不是说所有这些灵魂都是同样活跃的，同样具有生命力的，或者同样自由的。灵魂活力论呼吁那些"强大"的人类去"保护弱者"，虽然它同时也提醒人们"意识到在每个人的生命中都蕴含着造物者的形象"①。与这种家长式的关怀相联系的，是活力战争的准则以及其他表现形式并不十分隐蔽的对暴力行为的认可，如对酷刑、枪支和所有军事物资的强烈支持（在布什的坚持下，平民总统基本被定义为总司令的工作）。

那么，这种对生命的热爱为何会与对暴力的热爱并存呢？关怀与征服之间的这种奇怪的联系是如何形成的？看起来，自然物种等级的理念似乎被延伸了，或是转而认为各民族也是根据自由度进行排列的。至少，这可以作为对上文问题的一种解释，因为对于那些身处生命文化之中的人们来说，对伊拉克的入侵构成了一种照顾弱者的行为，为他们带来了活力状态和自由。然而，这

---

① Cole, "Bush Stands Against 'Temptation to Manipulate Life'".

种解释完全专注于人类行动体,即各种人类信仰和实践之间的相互作用。更多样的叙述会将生命文化看作人类行动体和非人行动体共同构成的聚合体。在这个聚合体中,人类对全能父权主宰宇宙的等级体系的认可,人类对弱者的怜悯情感,以及人类在侵略和暴力行为中获得的快感,三者会聚集在一起,并且关联到多能性的干细胞、未出生胎儿的超声波图像、美国帝国的非人动力以及在伊拉克发生的惊人火灾与爆炸。

倡导生命神圣观点的福音派支持者赞成先发制人的战争,纳粹援引生命原理的概念以支持自己所宣称的德国民族必须完成自己的使命并发动一场战争。在活力论和生命自主性的观点中,是否存在某些固有的元素使其与暴力相结合?杜里舒的例子指向了反面。我不确定杜里舒对活力论的提倡如何孕育了他宽厚的政治主张,但是很有可能的原因是他在实验室中从事的实践性工作:杜里舒亲自动手,面对面地接触海胆、海水、硫酸以及各种玻璃和金属设备。这种对非人物质及其力量的关注,很可能会削弱任何预先形成的或稳定的自然等级观念。

杜里舒试图使自己的有机整体理论区分于那些认为活力状态在人们之间不均匀分配的观点。最终,杜里舒不仅捍卫了所有人的生命原理的平等性,而且捍卫了**所有物质共享这种活力状态的可能性**。在《活力论的历史与理论》一书的末尾,杜里舒提出了后一种观点;令读者惊讶的是,杜里舒否定了他建立论点的基础,即生命-物质的二元划分。杜里舒最终得出的结论是,宇宙并非有时会得到有机生命补充的无生命的物质,而是一个巨大的有机体:"**一种处于进化过程之中的物质**(*a something in evolution*)。所有的自然生成现象仿佛都是**一种宏观的胚胎学**"。所有的物质都是具有生命原理的,具有生命的,是生机勃勃的。杜里舒在倡导活力论的论述最后,"摧毁"了"'机械论'和'活力论'之间的区别……而这是我们此前极为精心地建构起来的"。① 我认为,正是在这一点上,杜里舒开始从活力论转向活力唯物主义。

活力状态与自由

作为机械唯物主义者,巴赫金批评了杜里舒的观点——杜里舒认为,卵裂球(blastomere)包含了多重强度,其中只有一个会在经过生命原理的选择之后成为现实。在巴赫金看来,并不存在几种可能的途径:每一种器官的形成行为只发生在单一的条件下,因此只存在**一种**可能的结果,这个结果正是由当时的物理化学条件所决定。杜里舒"谈到,多种潜力和可能性都服务于同一个目的:这种观点认可的前提是这些潜力都具有同等的可能性……因此,是可以从中自由**选择**其一的。自由选择……是杜里舒建构所有观点的基础所在"②。

---

① Driesch, *The History and Theory of Vitalism*, 223-224.

② Bakhtin, "Contemporary Vitalism", 92. 更完整的引用展现出巴赫金的决定论唯物主义思想:"显然不言而喻的是,在每一个地方和每一次,一些特定的条件会占据上风。因此,(像杜里舒那样)认为在既定的卵裂球中的确存在特定的可能发育实际上是完全荒谬的。作为周围复杂环境的一部分……发育潜能存在于其中。那么,杜里舒的做法呢?他脱离了任何实际的环境,将抽象的卵裂球置于时空框架之外……探讨多种潜力和可能性只有一个目的:认定前提是所有的潜力都具有相同的可能性……因此可以从中任选其一。杜里舒全部理论的基石不是有机生命决定论,而是自由选择。"

我认为,活力论和暴力之间的联系是偶然的。但是,我同意巴赫金的观点,即活力论的必备观点就是对自由行动的肯定。在福音派基督徒的想象中,这种自由是一种自由意志;而在批判活力论支持者看来,这种自由是一种**生命冲动**或生命原理所具有的不那么个人化的力量。无论是某种"特定原因与特定结果之间关联的**不确定的**"①自由,还是"不断产生新物质的"②自由,或是打着对方"热爱恐怖"③和憎恨自由的旗号而侵犯对方领土的自由,活力论之所以会复苏,是因为它捍卫了一个并非预先确定的开放的世界,这是一个充满了创造力、惊喜和选择的机会之地。自由是一个很有吸引力的概念。我们应注意到,干细胞之所以会引起人们的兴奋,便是由于它们具有的多能性,或者说是那种开放的自由,即可以生成任何成熟而分化的有机体的各种细胞或组织。

类似于**形成动力**(*Bildungstrieb*)、生命原理(entelechy)、**生命冲动**(*élan vital*)和灵魂(soul)等概念的,是外部(out-side)的概念。这种物质的活力状态是难以计算的,徘徊在乔治·康吉莱姆(Georges Canguilhem)所谓的"不确定的飞地、不同的区域以及异

---

① Driesch, *Science and Philosophy of the Organism*... 1908, 72;强调为本书作者所加。

② Bergson, *Creative Evolution*, 47.

③ 两段引文:恐怖分子之所以会杀戮是因为"他们厌恶自由"(United States, Office of the White House Press Secretary, "Remarks by President and Mrs. Bush")。"伊拉克人民变得越自由,就会拥有越多的电力和更多的工作,会有更多的孩子能够去上学,而杀手也会变得越绝望,因为他们无法忍受自由社会的概念。他们讨厌自由。他们热爱恐怖。"(United States, Office of the White House Press Secretary, "President Bush, Ambassador Bremer Discuss Progress in Iraq")

端的聚集地"①中。对于世俗的现代主义者而言,各种形式的自由活力状态提醒着人们,虽然人们的确可以干预物质世界,但是我们并不能掌管物质世界,因为其中存在着各种"外来"的力量。

尽管关于美国胚胎干细胞研究的争议常常被描述为宗教人士与科学家之间的冲突(或者,正如之前引用的《泰晤士报》文章所暗示的那样,矛盾的一方认为道德优于医学进步,而另一方则持相反的意见),但是在我看来,这是活力论-唯物主义争论的回归。活力论曾多次从针对自身的科学批评的灰烬中复活。正如1916年弗朗西斯·萨姆纳(Francis Sumner)在对杜里舒的《活力论的历史与理论》一书的评论中所说:"活力论是不会衰落的。对近期文献的考量促使我们得出了这样一个结论。过去几十年来最为广泛阅读的哲学著作之一(柏格森的《创造进化论》)便基本是为这一学说进行的辩护。杜里舒的德文与英文著作均以惊人的速度相随出现,其观点甚至吸引了最坚定的机械主义者。"②

然而,活力论实际上是针对机械唯物主义的对应形成物。当然,还存在着另外一个内容丰富的唯物主义传统,其认为原子会偏斜,身体受努力所驱动,而"未成形的元素和物质会如跳舞一般活动"③。从这一传统的角度来看,机械唯物主义低估了物质具有的复杂而新兴的因果性,这种物质性也就是阿尔都塞所说的"没有主体的过程"④。自然的机器模型及其惰性物质,甚至已经不再

---

① Canguilhem, *Aspects du vitalisme*, 121.

② Sumner, *Review of The History and Theory of Vitalism*.

③ Deleuze and Guattari, *Thousand Plateaus*, 255.

④ Althusser, "Underground Current of the Materialism of the Encounter", 190.

被认为是科学的了。这种模型所受到的挑战,来自系统理论、复杂性理论、混沌理论、流体动力学以及塞尔在《物理学的诞生》中所记载的许多早期的流体生物哲学①。正如我们将要看到的,这种模式也受到了来自美国国立卫生研究院关于干细胞研究的报告的挑战。然而,认为唯物主义等同于机械主义的大众形象依然持续存在,也许是因为科学界倾向于强调人类的独创性会导致人们更多地控制自然,而不是强调物质所具有的自由因素;而造成**这种现象**的原因则可能是,对人类控制力的极限和物质具有的非确定活力状态的强调,会使科学与神学之间的联系过于紧密,比如布什的当今活力论主张便是如此。

深入物质

2001年,美国国立卫生研究院做了关于干细胞研究的报告,其中提出了两个令我吃惊的说法。首先,还没有人知道"胚胎干细胞"是否在子宫内的人类胚胎中同样存在;也就是说,在从囊胚中提取出来,并置入实验室生成的新环境**之前**,胚胎干细胞是否存在。尽管"大多数科学家现在都认为**成体**干细胞存在于人体的许多组织中(**在活体内**)……但是人们并不确定胚胎干细胞是否在胚胎中也如此存在。相反,胚胎干细胞……在从早期胚胎的内细胞团中衍生而来之后,**是在培养组织中进行发育的**"②。第二个

---

① Serres, *Birth of Physics*.

② "Executive Summary" in U.S. Department of Health and Human Services, "Stem Cells", 9;强调为本书作者所加。

令人吃惊的说法是,虽然这些干细胞看上去是同质和未分化的,而且对其多能性的预判也以这一纯粹而变化的不确定状态作为前提,但即使是针对实验室生成的胚胎干细胞,人们也不能确定其是否真的是"同质和未分化的"。

我对这些问题的回应是惊讶,甚至是惊愕。什么?胚胎干细胞甚至可能并不**存在**于身体之内,而它们的实验替身甚至可能不**是**未分化的多能性的例证?我的反应表明,我也一直认为我的身体是一种生理机制,具有包括干细胞在内的固定而确定的部件。由于我接纳了自然的机器模型,如果我不够谨慎,这必然会限制我感知物质活力状态的能力。与此相反,美国国立卫生研究院则肯定了柏格森的观点,认为"物质性"是一种流动性,是一个不可分割的生成连续体,其中的蛋白质成分不仅在流动的环境中精致地相叠,而且也**成为**这种流动的一部分。如柏格森指出,广泛而密集的形体在四处流动,生成了一个开放而鲜活的整体,这是"一种并非外界给予的整体"。① 如果事实证明活体内并不存在"胚胎干细胞",可能是因为胚胎**并非**零散部分的集合体,甚至不是原生体或预先生成的可能性的集合体;而且只有在**实验室的**封闭系统中,柏格森称之为生命的"不可分割的连续性"才能被切割并分成"胚胎干细胞"。在细胞中造成分化现象的人类技术能力并不能解释为什么细胞自身会发生分化。虽然我们可以激起这个分化过程,但是我们并不知道细胞分化的自身激活物是什么(杜里舒会将这种内在的激活物称为生命原理)。

我对康德、杜里舒、柏格森以及生命文化的探索,是源于希望

---

① 关于柏格森和开放整体的讨论,参见 Marrati,"Time, Life, Concepts"。

了解生命-物质二元论及其相关的自然机器模型的吸引力所在,同时也是为了提出另一种唯物主义观点。这种唯物主义观点承认世界上存在不确定的活力状态,同时不会退回关于非物质能动性的活力论主张之中。1848 年,爱默生在日记中写道:"我已经不再对这种被称为生命的精致品感兴趣了,但是我会再次深入野蛮的物质之中。"①同样,活力唯物主义者也会深入其中——并且发现,物质并没有那么野蛮。

约翰·哥特弗雷德·赫尔德(Johann Gottfried von Herder)认为,康德因理论驱动而无视物质所具有的鲜活活力状态,他对这种做法表示反对并试图"终结一切——这种体系或那种体系所宣称的——关于上帝如何可能作用于无生命物质和通过无生命物质发挥作用的看法,认为这是应予以反对的观点。物质并不是死物,而是生命。因为在这些物质中,顺延其内部和外部的器官,有上千的多重活力正在发生作用。我们对物质的了解越多,我们在其中发现的力量就越多,因此无生命延伸的空洞概念就完全消失了"②。活力唯物主义者认可物质是一种活力原则,而这种活力物质性的宇宙总是处于各种不同的凝聚和分散的状态中;这些物质是活跃而具有创造性的,不需要在经验或认知中被视作神性或目的性的一部分。杜里舒、柏格森与我共享了一种宇宙的构造,其中生成过程始终与存在形式进行竞争,但是对他们而言,生成过程包括了以**生命冲动**或者生命原理的形式出现的超越瞬间。虽

---

① Emerson, *Journals and Miscellaneous Notebooks*, 10:335.

② Johann Gottfried von Herder, "God: Some Conversations" (1787), qtd. in Zammito, *Genesis of Kant's Critique of Judgment*, 244.

然杜里舒和柏格森考虑到了物理化学过程的复杂性,但他们无法想象出一种适合于生命流动的唯物主义。然而,批判活力论的支持者距离提出这种唯物主义已经十分接近了,我正是在他们之后才找到了这种活力唯物主义。

第七章

政治生态学

Political Ecologies

在这一章中,我有两个目标。第一个目标比第二个要更加容易实现一些:我将重述几个关于蚯蚓的故事——最初是从达尔文和拉图尔处听说的——目的是展示蚯蚓是如何与我们"相像"的。在这里,正如书中的其他部分一样,我在非人身体或者不完全是人类的身体中发现了物质活力状态的证据。蚯蚓或电力,或各种小工具,或脂肪,或金属,或干细胞,都是行动体,也就是达尔文所谓的"微观能动体"(small agencies)。这些微观能动体在与其他适合的身体和生理身体联合时,可以促使重大的事件发生。至于第二个目标,则是解决能动体的**政治**能力这个难题。例如,即使能有力地证明蚯蚓是雨林生态系统的活跃部分之一,那么蚯蚓可以被视为**公众**的部分吗?生态系统与政治系统之间的区别是什么?二者是类比关系吗?是同一个系统在不同规模下的两种名称吗?行动体和政治行动者之间有什么不同?二者之间有没有明确的区别?一项行动是否因为在公众"中"发生而被视为**政治性的**行动?公众中有非人成员吗?总而言之,对政治理论而言,活力物质的(形而上学)物理学意义是什么?

在这些关于蚯蚓的故事之后,我试图使用两个民主理论来探索这些非常棘手的问题。我将关注两种理论对什么是公众的不同理解,公众概念是如何形成和变形的,以及什么是政治行为等方面。我选择的第一个理论来自杜威,因为在这个理论中,生态系统和政治系统之间的相似性比较高,而且行动与政治行动之间的差距相对较小。这里的关键在于杜威对生成领域(the generative field)的理解,他称之为"联合行动"(conjoint action)。联合行动是"公众"涌现背后的能动性;公众的能动性或产生效果的能力也是联合行动具有的功能。杜威的理论为联合行动的某些行为起源于非人(自然和技术)身体的说法留下了可能性。我选择的第二个理论来自朗西埃,因为这个理论强调了政治究竟在多大程度上构成了行动的独特领域之一,从而勾勒出政治组织不应被视为一种生态系统的原因。朗西埃指出,构成公众的是具有独特的人类能力、才能和技能的身体,而政治行动是只有这些群体才能完成的事情。这两种理论模式都具有启发性,它们共同帮助我们开始关注活力唯物主义的政治学。

蚯蚓的"微观能动性"

达尔文观察的是英国蚯蚓。他花了很多很多的时间,观察了很多很多的蚯蚓。达尔文观察了蚯蚓是如何移动的,它们去了什么地方,它们做了什么事情,以及最重要的是,观察蚯蚓如何形成了表层土或"腐殖土":在吸收"土地物质"后,蚯蚓会将脱落物放在地洞的洞口位置,从而不断地在表面形成一层很好的腐殖土。达尔文写道:这"很好地反映出,任何肥土都……曾通过并每隔几年将会再次经过蚯蚓的尸体"①。但是,达尔文的《腐殖土的形成和蚯蚓的作用》(*The Formation of Vegetable Mould, through the Actions of Worms, with Observations on Their Habits*,1881)一书的最终结论并不是关于生物学

---

① Darwin, *The Formation of Vegetable Mould*...,313. 后文还会引用这部著作。

或农学的,而是关于历史学的:"蚯蚓在世界历史上所发挥的作用,要比大多数人最初认为的更为重要。"(Mould,305)蚯蚓是如何创造历史的?它们通过制造腐殖土来创造历史,这使得"各种各样的幼苗"成为可能,形成了一个适于人类居住的地球,从而使人类历史的文化产物、仪式、计划和各种努力都成为可能(Mould,309)。蚯蚓还通过保存人类所制造的文物来"创造历史":蚯蚓在"无限期内保护了每一个不容易腐烂的物体,这些物体掉落在地表上,蚯蚓则将它们埋藏起来",因此"考古学家应该感激蚯蚓"所做的这项工作(Mould,308)。

达尔文声称,是蚯蚓开启了人类文化,之后则与人类一起协助保护人类和蚯蚓所共同创造的物质。达尔文并不认为,蚯蚓是有意形成对人类有益的能效的,或者有任何神圣的意图在通过它们发挥作用。相反,蚯蚓对人类历史和文化的贡献是蚯蚓与其他(生物、细菌、化学、人类)能动体共同作用和竞争导致的计划外的结果。达尔文将蚯蚓的活动描述为许多"微观能动体"通过"累积效果"而造成了相当大的影响。① 达尔文认为,蚯蚓参与了一种异质的聚合体,其中能动性并没有单一的核心,没有主脑,而是分布在各种各样充满活力的物质群中。②

---

① 这些"微观能动体"不应因其无意图而被"低估"重要性(Mould,2)。
② 16世纪时,一位磨坊主曾因类似的唯物主义观点而作为异端受到审判,卡罗·金兹伯格(Carlo Ginzburg)在《奶酪与蛆虫》(The Cheese and the Worms)一书中对此有记录。麦诺齐奥(Mennochio)认为,上帝并不是从"无"中创造了世界,因为最初"一切处于混乱之中,换言之,土地、空气、水和火都混合在一起;从这一团混沌中形成了一个集合体——就像奶酪由牛奶制成一样——蛆虫开始出现在其中,这些都是天使……在众多天使中,还存在着上帝,他也是在同一时间从这一团混沌中被创造出来的"(6)。

虽然蚯蚓并非有意地使人类文化成为可能,但是达尔文指出,蚯蚓的行为的确具有预期性。通过对蚯蚓的仔细观察,达尔文得出这样一个结论:蚯蚓的行为并**不是**"不变的遗传冲动"(*Mould*,64-65)所造成的结果,而是一种智能的即兴创作。例如,在"用树叶填满它们的洞穴"时,蚯蚓几乎"以与人类相同的方式行事"——也就是说,蚯蚓所做的决定显然是自由的,或至少是不可预测的,其建立在可用的物质基础之上。虽然蚯蚓通常用自己的尖端抓住叶子(拖至自己的洞穴),但"它们并不是在所有的情况下都以一成不变的方式行动",而是根据具体的情况及其各种可能性来调整自己的运动方式:哪些叶子是可用的?地面是湿的还是干的?周围还有哪些其他生物?(*Mould*,312)可以进一步证明蚯蚓的行为具有一定自由度的,是蚯蚓**超越**正常生理反应的现象:当蚯蚓暴露在明亮的光线下时,并未收缩和退回洞穴之中。达尔文指出,当蚯蚓专注于一项任务,例如吃东西、拖拽树叶或交配时,便会发生这种情况:

97　　　　当蚯蚓突然被照亮时,它会像一只兔子一样冲进自己的洞穴……起初我们会把这种行为看作反射行为。对脑神经节的刺激似乎会导致某些肌肉以不可避免的方式发生收缩,而不依赖于意志或意识……就像机器人一样。但是[对这种观点提出疑问的是]……这样一个事实,那就是当蚯蚓以任何方式忙碌时,以及在这种忙碌时段的间隔内,无论当时是哪些肌肉和神经节被刺激,其往往都会忽略光线的影响……对于高等动物来说,当其密切关注某些物体以至于忽视其他物体对

其产生的影响时,我们会归因于这些动物的注意力当时被占据了;注意力便意味着思想的存在。(Mould,23-24)

达尔文所研究的蚯蚓关注并适当地回应了一些前所未有的情况,展现出杜里舒所说的"个体回应"的力量。蚯蚓的行为既不是神圣目的的表达,也无法被还原为一种不变的机械本能。对于这些蠕动的行动体所参与的聚合体,我们并不(如斯宾诺莎一样)将其称为神或自然,而是称之为历史或自然,或者更准确地说,是英国的历史或英国的自然。这个聚合体是一个生态系统,其中包括了一系列相互关联的部件,但是各部件并未遵循固定的顺序,因为这个顺序总会根据行动体所施加的某种"选择自由"而重新形成。

在《潘多拉的希望》(Pandora's Hope)一书中,拉图尔讲述了一个关于亚马孙蚯蚓而不是英国蚯蚓的故事,而我们再次看到,蚯蚓在(那个)世界的历史中所发挥的作用要比大多数人起初认为的更为重要。这个故事开始于热带雨林内大约十米深的地方,那里有热带稀树草原特有的树木。这些树下的土壤黏性"超过了热带稀树草原的土壤,但是低于森林土壤的黏性"。那么,热带稀树草原和森林之间的边界是如何被突破的呢?"是森林在自己的土壤中落叶以创造有利于其扩张的条件",还是"热带稀树草原分解了森林腐殖质以侵入森林呢"?① 这个问题假设认为,在自然系统中存在一种植物能动性,这并不是一种固定规律的机械秩序,而

---

① 这个故事援引自 Latour, Pandora's Hope, chap. 2, 53。

是多种行动体之间不可完全预知的相遇场景。热带稀树草原植被、森林树木、土壤、土壤微生物以及热带雨林中本地和外来的人类，都在实时地、没有预设结果地对彼此做出反应，对变化结构所具有的集体力量做出反应。人类面临的任务是寻找对人类行动者和非人行动体之间关系的更加平行的表述方法，从而更加忠实于每个行动体的行动方式。

拉图尔和他观察的科学家最终得出的结论是，出于人类尚且未知的原因，蚯蚓聚集在森林和热带草原的边界处，并产生了大量的铝元素，这使得沙土中的二氧化硅转化为更适合林木生长的黏性土，因此实际上是森林正在侵入热带稀树草原之中。① 在这里，很难确定究竟是谁或者是哪个关键的运行者或"聚合体转换者"(assemblage converter)在发挥作用②：蚯蚓？蚯蚓的饮食？含有铝元素的排泄物？热带雨林的居民是否做了某些事情促使蚯蚓移居？这些不同的物质并未施加完全相同的能动性，但是把这些物质排列成一个等级结构也不是一件容易的事情。因为在某些时候和地方，看似低级的蚯蚓的"微观能动性"会比人类具有的高级能动性发挥更大的影响。

例如，当人们分散到种族隔离和经济隔离的社区中时，我们认为这是一种政治行为——即使在这样做的时候，人们遵循的是一种文化潮流，而且并未明确地倾向、认可甚至考虑到自身行动所造成的影响，如在市政财政、犯罪率或运输政策等方面的影响。那些把个人物品搬到郊区新家的人类的行动，以及将树叶拖拽至

---

① Latour, *Pandora's Hope*, chap. 2, 76.

② Deleuze and Guattari, *Thousand Plateaus*, 324-325.

自己洞穴或迁移到热带稀树草原-森林的边界地带的蚯蚓的行动,这两种行动之间实际上具有很多的相似之处。

关于拟人论的一点讨论

达尔文和拉图尔帮助我们证明了蚯蚓是活跃的物质行动体,其与人类之间的差异可能比我们想象的要小。如果没有蚯蚓或铝元素(或食物、干细胞)及其意动性的努力,那么人类很难甚至不可能施加自己的精致意愿或意图。看起来,似乎蚯蚓很"类似"于人类,而且(借用一种康德式的表述)我们必须把某种非人能动性作为人类能动性的可能性条件。或者说,这些观点是否完全依赖于拟人化(anthropomorphization)过程呢?

拟人化——使用人类特定或个体的特点来阐释非人存在或非个体的存在——显然是部分原因,但是人们并不清楚这种原因的关键程度。乔治·莱文(George Levine)指出,"达尔文对蚯蚓才能的非凡好奇与他根深蒂固的拟人化观点有着千丝万缕的联系",这"无疑是他的更大框架的理论计划的核心部分"。[1] 达尔文将他的蚯蚓拟人化了:他在蚯蚓身上看到了智力和固执,认为这与自己的智力和固执是相关的。但是,这种自恋的凝视发挥了相反的作用,因为它也促使达尔文密切关注蚯蚓的世俗活动,而通过关注显露的是蚯蚓自己独特的物质复杂性。达尔文发现了自然史学家所说的蚯蚓的"嘶嘶声",地理学家杰米·洛里默(Jamie Lorimer)则将其描述为"属性的独特组合……这种属性使

---

[1] Levine, *Darwin Loves You*, 150.

蚯蚓能够从其他蚯蚓那里获得认同和分化"①。在活力唯物主义中,感知中存在的拟人化元素可以揭示出一个具有共鸣和类似之处的世界整体——声音和景象的回声和反射远远超过了阶级结构的宇宙原本具有的可能性。起初,我们可能只会看到一个以自己的形象呈现的世界,但接下来出现的却是一群"有能力的"活力物质(包括具有观察能力的自我)。

因此,拟人化元素可以催化一种感觉,发现世界并非充斥着本体论意义上不同范畴的生命存在(主体和客体),而是充满了各种各样的物质所形成的联合体。拟人化在表明各个范畴划分的相似性时,也显露出"自然"中的物质形态与"文化"中的物质形态之间的结构相似之处,进而揭示出同构的现象。在这方面,一个很好的例子就是14世纪的音乐学著作《崇高声音论》(*Great Treatise on Supreme Sound*)中提出的情感(sensibility)概念。书中根据动物所表现出的运动风格,描述了鲁特琴(lute)演奏的各种声音,并指导鲁特琴演奏者模仿这种运动风格:为了演奏出断奏音,演奏者应当尝试用手指动作复制出"消瘦的乌鸦栖息在光秃秃的树上或啄食雪地希望找到东西吃"的动作;为了发出食指、中指和无名指同时拨动两根琴弦时的特色声音,演奏者需要让手指模仿"鲤鱼若无其事地抖动尾巴"的形象;为了演奏出"流畅的声音",演奏者应该模仿"白蝴蝶在花丛中飞舞徘

---

① Lorimer, "Nonhuman Charisma". 洛里默指出,"嘶嘶声"很接近德勒兹和瓜塔里所说的"'独特性'(singularity)——某种个性化模式的凝聚体"(915)。这篇文章详细记述了不同身体(对人类而言)的"可探知"程度。

徊却不逗留"的一系列动作。① 20世纪时,复杂性理论同样关注了同构共振的现象。人脑中的神经元簇、城市中的建筑群以及黏液菌群都被证明遵循了类似的组织规律,每一个群体都是史蒂文·约翰逊(Steven Johnson)称之为"有组织的复杂性"的例证之一。②

公众及其问题

认为蚯蚓、树木和铝元素是生态系统参与者的观点,与政治参与有什么关联呢?这个问题的答案部分取决于,政治制度本身是否构成了一种生态系统。杜威关于公众的概念认为答案是肯定的。接下来,我将转而关注杜威的观点,探讨杜威把政治建模视作生态系统的优点和局限性所在。如果说达尔文突出强调蚯蚓具有的选择力,其目的是反对认为蚯蚓只受动物本能或身体感情所驱动的观点,那么杜威则从另一个角度填补了人类存在与非人存在之间的差距:杜威突出强调的是人类反应的受感性与身体本质。

---

① Jullien, *Propensity of Things*, 113, 115. 不同于欧洲体系给每一个音阶配以音符或符号的做法,"中国乐谱并不表示音阶本身……而是仅仅指涉了产生这种音阶所需的精确手势"(116)。

② Johnson, *Emergence*, 18. 相比于简单的线性因果关系和大型的统计概率体系,"有组织的复杂"体系以自我组织为标志,采用自下而上的创造模式,没有单个元素扮演中央或更高权威的角色。其中并没有"领头者",只有一个创造性的"群体"。有组织的复杂体系会产生"涌现"的结果,也就是说,其来源既不是一个完美的中心能动体,也不是一个自动的过程。

在《公众及其问题》(*The Public and Its Problems*)一书中,杜威把公众视为一个身体联合体,这些身体不是由选择(公众并不完全是一个自愿的联盟)联系在一起的,而是通过一种共同的受害体验而聚集,这种体验则会随着时间的推移而联合变为一种"问题"。杜威清楚地指出,公众并非在特定的问题之前存在,而是在发生问题之后作为对之的回应而出现。① 公众是一种连续而临时的组成体,与其他公众(other publics)、原公众(protopublics)、残余公众(residual)或后公众(postpublics)共存。问题不断地出现和消失,公众也是如此:在任何时候,许多不同的公众都处于结晶和溶解的过程之中。②

当不同的身体突然接近并形成公众的时候,它们实际上受到了某一个问题的刺激,也就是说,是"联合行动"所产生的"间接、严重而持久"的后果。③ 问题是联合行动所产生的现象的结果。与达尔文的蚯蚓所进行的联合行动一样,杜威的公众所进行的联

---

① 诺杰·玛尔斯指出,对杜威(以及沃尔特·李普曼[Walter Lippmann])来说,"确切而言,公众并不是一个社会群体……那些一同牵连其中的人们必须组建一个群体。公众的所有成员的共同点是他们都会受到影响……但他们尚不属于同一个群体"(Marres, "Issues Spark a Public into Being", 214)。

② "这些问题的分支……非常广泛和复杂,其中涉及的技术事宜非常专业,细节众多而且经常变化,因此公众无法在任何时间内对之进行识别和掌控。并不是说公众是不存在的……而是有着太多的公众。"(Dewey, *Public and Its Problems*, 137)

③ 公众"由所有受到交换的间接影响的人们所组成,而且由于其影响程度,被认为有必要系统地关注这些影响"(Dewey, *Public and Its Problems*, 16)。

合行动也不受任何理性计划或意图倾向的控制。人们无法真正准确地指出问题自身产生的有效原因。更重要的是,没有哪一种行动**不是**联合的;换句话说,没有哪一种行动不会立即融入联系所构成的网络。在杜威看来,任何行动都始终是一种交-互行动(trans-action),而任何行动实际上都只不过促使产生了一连串合理和反常的结果。原因在于,一次行动只能发生在已存在的其他行动及其影响的领域之内,其中新加入者会立即与其他参与者相互作用、彼此重叠和彼此干扰。因此,在杜威看来,**政治**行动的领域就是一种生态系统。没有任何一个身体自身拥有主导性,因为主导性会立即融入一群非人身体,其中每一个身体都有自己的持续时间和强度,都正在失去或获得动力,融入并与其他身体重新组合。按照杜威的说法,联合行动产生了"多重影响",而这些影响中的每一个都会与其他影响"相互交叉",产生自己的问题,从而形成自己的公众或"受到特别影响的人类群体"。①

杜威将公众想象为一系列身体,这些身体受到行动群所产生的共同问题的影响。我们姑且先不探讨杜威将公众视作一群"受到特别影响的**人类群体**"的观点,也不谈论究竟**哪一类**身体才可以进行联合"行动"的问题,而是把重点放在杜威是如何通过公众成员的"影响"能力而对公众成员进行定义的。那么,我们就可以得到关于杜威公众理论和联合行动理论的这种(斯宾诺莎式)版本:问题促使公众产生,公众是有能力产生影响并且被影响的身体;问题表明了公众的准成员或原成员已经受到了来自其他身体的间接影响,而这些影响降低了原成员的行动能力。作为一种身

---

① Dewey, *Public and Its Problems*, 137.

体集合,公众受到了来自其他身体行动的伤害,甚至可能因为其自身的交-互行动而受到伤害;受到伤害的身体相互靠近,寻求参与新的行动,以恢复自身的力量,防止未来再次受到伤害,或者为已经造成的伤害弥补损失——其中包括他们的政治行动。既幸运也不幸的是,这些政治行动也将会成为联合行动,并且带来一系列间接而不可预知的影响。

在杜威的论述中,公众成员是被**引导**加入的,而不是**自愿**参与的:每个身体都发现自己和其他受伤害的不安身体被放在了一起。杜威的实用主义政治思想——与我在第二章讨论停电事件时最后表达的观点类似——强调的是影响,而不是意图,并且更多地将"责任"视作对危害作出反应,而不是确定责难的对象。杜威关于联合行动的概念将责任分散给许多不同的(人类)行动者。更重要的是,杜威在指出**问题**(而不是一种意愿行动)是公众形成的背后推动力时,(几乎)承认了**政治**行动不一定来源于人类身体。原因在于,联合起来造成伤害的主导者,有些不正是来自(或者其后与之联合的)动物、植物、金属或机器的活跃身体吗?

在《作为经验的艺术》(*Art as Experience*)一书中,杜威表达出十分接近的观点,认为即使人类具有的主动性也并不完全是人类**独有**的。他注意到人类身体及其外部(out-side)之间的边界具有多孔性,于是开始从后人类的角度探讨行动的概念:"表皮只是以最肤浅的方式表明了哪里是有机体的终点及其周围环境的起点。在身体里,存在一些外来的物,而有些位于外部的物实际上是属于身体的;如果生命要继续下去,就必须拥有这些物。在动力中表现出来的需求通过环境——仅是环境本身——可提供的物来满足,这是对自我完整性依赖于周围环境的一种动态的认识。"①

当然,杜威并不完全是一位活力唯物主义者。上文所引用的他的言论最终将非人存在和非有机物降格为"环境",而不是行动体的角色;其证实的是人类对"周围事物"存在深刻的"依赖",而不是各种物质成分的参与者之间的真实互惠关系。杜威大致认为,联合行动中的行动来自**人类**。这种人类中心主义思想是不可能完全避免的,正如阿多诺所说,我们(几乎)忽视了观念和物之间的差距,而且我们还倾向于——甚至连斯宾诺莎也不免如此——在承认其他意动体存在的情况下,依然将**人类**行动置于优势地位。如果人们从实用主义的角度审视政治,则会强调问题的解决,这可能会特别明显地涉及柏格森所说的行动导向型认知方式(action-oriented perception)。问题在于,在分析问题和设计解决策略方面,难道不是人类身体具有最好的条件吗?各种各样的身体可能会联合起来,但是实用主义者会很快注意到,只有**一部分**身体可以将这种联合体变为一种**任务**力量(a task force)。然而,若假设所有的物质身体都是被引介加入的潜在的公众成员,那么其中依然存在着一种自利的动机。这样的假设可以使我更加全面地认识到它们对自己所产生的影响:食物或者蚯蚓或者铝元素是如何促使形成了一个对我有影响的问题的呢?这些非人存在可以如何为问题的解决做出贡献呢?

拉图尔将杜威的公众理论及其问题向前推进了一步,走向了活力唯物主义的方向。第一,拉图尔发明了行动体(actant)的概念,这种尝试与联合行动一样,试图在行动的观念和人类意向的

---

① Dewey, *Art as Experience*, 59.

观念之间撬出一些空间。第二,拉图尔明确地反对"自然"和"文化"的范畴,而赞成"集体"(collective)的概念,后者指涉了人类元素和非人元素共同构成的生态系统。① 政体(polity)便是其中的一种集体。第三,拉图尔没有把政治行动定义为选择的施加,而是作为各种"提议"之间的呼吁与回应。② 一个提议并不具有决定性的力量,而是一种重要的协助、一种激励和一种压力,指向的是一种行动的轨迹而不是其他。③ 对问题给予的任何回应都不是"深思熟虑"的结果,而是受影响身体的各种提议和能量的"发酵"结果。④ 最后,拉图尔还将能动性分配给"事件"(event)。政策方向和政治情绪无法被还原为各种提议的总和,即使是本体论意义上多元的公众提议总和也不适用,原因是行动中始终会存在一些小小的意外:"会有各种事件的存在。我从不**行动**;我总是对

---

① "数百万年来,人类已经将他们的社会关系扩展到其他行动体,人类不仅与它们/他们交换了许多属性,而且与它们/他们共同组成了集体。"(Latour, *Pandora's Hope*,198)拉图尔在书中指出,他拒绝划分"自然"这个范畴(作为没有人类文化的纯净领域),因为这样的想法"遮蔽了政治过程,而宇宙正是通过这个过程聚集形成了一个宜居的整体"(304)。我要强调的是,拒绝"被动物质"的概念也同样重要,因为这种思想会遮蔽在政体中运行的物质能动性。

② "行动并不是指人们做什么,而是'已完成的事情'(*fait-faire*/making-do),也就是在特定语境提供的特定机遇下,与他者一起完成了某件事。这些他者并不是想法或物质,而是非人实体,或……**提议**(*propositions*)。"(Latour, *Pandora's Hope*,288;强调为本书作者所加)

③ Latour, *Pandora's Hope*,288.

④ 同上书,247。但这种发酵似乎需要一些管理来确保,例如,所有的因素都需要到位。这似乎需要人类来行使这种"执行"功能。

我所做的事情感到有些惊讶。那些通过我而行动的物质也会对我所做的事情感到意外，并且有可能会发生变异、改变和分裂。"①

杜威将公众视为联合行动的产物，他的叙述描绘了一幅关于政治体系的图景，而且与动态的自然生态系统有许多共同之处。杜威曾声称，公众成员"被交易行为所导致的间接结果影响，以至于认为有必要对这些结果进行系统化的关注"②；与此同时，杜威所描绘的政治图景为行动理论铺平了道路，更加明确地接受非人身体作为公众成员，更加明确地探讨非人身体是如何以相同的方式参与联合行动的，并且更加清楚地发现了对动物、植物、矿物的（受感）身体及其生态文化造成损害的例证。这些损害无疑会引发一些"事件"作为回应，但这是否会激励人们付出努力来解决问题，还是悬而未决的。人们可能会因为太迟注意到损害而无法有效地进行干预，或者他们的干预策略可能是无效的，又或者他们可能会认为**没有必要**对损害"进行系统化的关注"，因为我们经常会为自己的利益而牺牲一些行动体。虽然每个公众都可能是一个生态系统，但并不是每个生态系统都是民主的。我无法想象任何政体可以平等到不将重要的人类需求——比如健康或生存——置于优先考虑的地位。

为什么不呢？既然我已经从多个方面质疑了人类的独特性，为什么不能断定我们和他们具有相同的权利呢？原因在于，我并

---

① "每当我们做一些**我们**并未掌握的事情时，我们总会有些受制于行动，每个建筑师都明白这一点。"此外，非人活力同样也有一些受制于"行动的**趋势**"（Latour, *Pandora's Hope*, 281）。

② Dewey, *Public and Its Problems*, 16.

没有消除我们之间的所有差异,而是审视了这些差异之间的密切关系,后者使本书所探讨的各种聚合体成为可能。直白地说,我的自然倾向不会让我把整个世界彻底"扁平化"(horizontalize)。我也认可与自己同物种的其他成员,因为他们是与我最为相似的身体。因此,即使我试图扩展我们对彼此的相互影响和相互依存关系的认识,我也依然抱有这种认同感。活力唯物主义的政治目标并不是实现行动体之间的完全平等,而是建立起各个成员之间拥有更多沟通渠道的政体(拉图尔称之为具有更多"血管"的集体①)。

在这里,存在着许多实际和概念上的障碍:当许多成员不具有语言能力的时候,交流该如何进行呢?我们能否更细致地将这种交流能量的各种形式予以理论化?人类怎样才能学会聆听或提高自己对于非语言表达型"提议"的接受能力?如何对之进行翻译呢?什么样的民主制度和仪式才是合适的?拉图尔认为,我们应该召集一个"物的议会"(parliament of things),这个观点既具有挑战性,也很难把握。② 或许,通过关注一种致力于保证被排斥

---

① 民主集体"聚集了起点、朊病毒、牛、天堂和人民……进而形成了一个'宇宙',而不是'不规律的混乱'"(Latour, *Pandora's Hope*, 261)。

② 拉图尔认为:"今天我们最紧迫的关切点是如何才能将人类和非人类融合在同一个杂糅的场所之中,如何尽可能快地召集起'物的议会'。"(Latour, "What Rules of Method")凯文·默里(Kevin Murray)指出,将非人声音包含在内的提议最初引起了"中世纪式的喜剧,让濒临灭绝的亚马孙森林触碰麦克风,以发出盖过巨型动物的怒吼的声音。然而,若要地球不被短期的资本利益迅速地消耗殆尽,这种思想层面的改变是有必要的"(Murray, "Cabinet of Helmut Lueckenhausen", 19)。

人类的声音具有民主性的理论,我们可以在这一方面取得更好的进展。我暂且先转而关注朗西埃的民主理论。

干扰与平民

相比于杜威和拉图尔,朗西埃较少关心公众是如何出现的,而是更多地关心公众(表面上)的连贯性会被何种手段所干扰。在影响深远的《歧义》(Disagreement)一书中,朗西埃把重点放在公众内部存在的(尽管未被承认)潜在的破坏性人力上——朗西埃称之为人民的力量或"平民"(demos)的力量。当人民的行为揭露出占据主导地位的"感性划分"的武断性时,便会出现最好的民主行动。① 这种划分使一些人作为政治能动者而变得可见,同时把其他人推向关注的阈值以下。正如朗西埃所说,构成政治的不是维持政治秩序或回应已表达问题的行动,而是"指涉了对身体

---

① "我将'感性分配'称为感觉认知的自明事实体系,其同时揭示了共同之处的存在,界定了其中的相应部分和位置的划分。因此,'感性分配'同时建构起一些共同点……和专属点……'感性分配'基于人们的行为以及行为发生的时空因素,揭示出哪些人可以分享公众共享的物质……在政治学的核心,有……一种'美学'存在,这种美学与本雅明所讨论的'政治的审美化'无关……这种美学……可以被理解为……先验的形式体系,决定了呈现自身的感官经验。它划分了空间和时间、可见和不可见、言说和噪声……政治围绕着所看到的物质和可以对之进行的讨论而展开,围绕着谁有看的能力和说的才能,围绕着空间的性质和时间的可能性。"(Rancière, Politics of Aesthetics, 12-13)

分配秩序的独特的干扰(disruption)"①。

这些独特的干扰既不是有意的行动,也不是偶然的爆发;朗西埃将这些独特干扰定位于所发生事件之间的空隙中。平民或多或少地自发建构了一个"争论的场景",在这个场景中,强大的人们之前曾经听到的噪声开始变得像"争辩性话语"②。然而,这些场景的出场人物虽然各不相同,却始终在讲述同一个故事——那就是关于"言说者的平等"③的故事。"舞台布景重塑了'可见'(the visible)和'可言说'(the sayable)二者之间的关系",揭露了"任何社会秩序的终极机密"④,那就是"并不存在一个人统治另一个人的自然法则"⑤。

因此,在朗西埃看来,当受感体进入一个现存的公众群体,或揭示出身体一直作为被忽视的部分存在于公众中时,其发出的感叹中便蕴含了政治行动(我认为,如果朗西埃在这里采纳了杜威关于多种共存公众的观点,而不是讨论拥有公开潜在成员的个体平民,那么对他应当会有所裨益)。那么在朗西埃看来,此前被忽

---

① Rancière, *Disagreement*, 99.

② Rancière and Panagia, "Dissenting Words", 125.

③ Rancière, *Disagreement*, 33. 民主就是"展现监管逻辑与政治逻辑之间的矛盾",正如1849年女权主义者珍妮·德溗(Jeanne Deroin)本人作为"候选人参加了一场自己无法进行的立法选举"(41)。

④ "除非以这些未见布景为形式,重构可见与可言说之间的关系,否则人类是不会践行民主的。"(Rancière and Panagia, "Dissenting Words", 125)

⑤ Rancière, *Disagreement*, 79. 只有当"社会身体的不平等分配秩序"和"一般言说者的平等能力秩序"之间的不对称性变得可见时,才会出现民主(42)。

略的身体所发出的感叹造成了怎样的影响呢？它修改了"可感知物的划分方式"，或者说"可见物的体制"①，而这便可以改变一切。例如，朗西埃援引了罗马（贵族）公众的平民群体所引发的干扰：

> 平民们聚集在阿文丁山（Aventine）上……他们没有像斯基泰（Scythian）奴隶那样建起防御营地。他们所做的是在后者看来无法想象的事情：他们建立起另一种秩序，另一种可感知物的划分方式；他们没有将自己视作与其他勇士相同的勇士，而是作为一种言说者，他们所拥有的属性与那些否定他们具有这些属性的人相同。因此，他们所进行的一系列言说行动都模仿了贵族的行动：他们说出了咒骂和赞美之词；他们委派其中一人去请示**他们的**神谕；他们通过重新命名来选出自己的代表。总而言之，他们就像拥有名字的存在一样行事。通过越界，他们发现自己……的言说也不仅仅是表达欲望、痛苦或愤怒，而是智慧。②

平民设法重新分配感性体制。这是一种人类独有的力量吗？

---

① Rancière, *Disagreement*, 99.
② 同上书，24—25。平民们要求贵族在讨论自己时承认其具有智慧，是值得与之交谈的。平民们"以民众出现的名义建立起一个领域"，勾勒出"城市的心脏……[一个]行使自由的地方……在那里，实现的是人民的力量"（66）。

虽然朗西埃所使用的关于爆发(eruption)或干扰(disruption)的隐喻可能暗示了政治行动"类似于"一种自然力量,他对行动的描述则越来越多地呈现出一种语言学特征("干扰"[disruption]变成了"中断"[interruption],进而变为"歧义"[disagreement])。这是"对错误行为的反对",其中错误行为被定义为不平等地对待被平等地赋予**人类**言说能力的生命存在。当在公共场合被问及是否认为动物、植物、药物或(非语言的)声音会干扰警察秩序时,朗西埃予以否认:他不想将政治的概念延伸得太远,非人存在并不具有平民参与者的资格;干扰效应必须伴随着参与理性话语的意愿。①

尽管朗西埃做出了如此回答,但是我认为这甚至可能违背了他的本意。也就是说,朗西埃提出的模式包含了更加倾向于(活力)唯物主义民主理论的迹象与可能。例如,我们可以审视一下这种模式对平民存在的想象:平民并不是一种成型的物或固定的实体,而是一种不规则的行动或不确定的能量波。我们曾在书中读过,平民"既不是人口的总和,也不是其中不受欢迎的元素",而是无法被还原为所涉及的特定**身体**的"溢出"。② 这种溢出身体具有的力量本身呼应了斯宾诺莎的意动体概念和德勒兹关于(动力)强度的概念,我曾分别在第二章和第四章中进行过讨论。那

---

① 在一次关于朗西埃著作的会议上,我向他本人提出了这个问题。这次会议名为"对歧义的忠实"(Fidelity to the Disagreement),会议资助方是英国政治研究协会的后结构主义激进政治团体,于2003年9月16日至17日在伦敦戈德史密斯学院举行。

② Rancière and Panagia, "Dissenting Words", 124.

么,朗西埃提出的形态多样的"溢出"是不是也流经了非人身体呢?《纽约时报》在谈及电网"遵循自己的规律而生存和死亡"时,所指的是不是就是这个呢?(或者说,"战争拥有自己的动力"的说法是不是暗指了这一点呢?)朗西埃模糊地提出了这样一个问题:干扰的力量是否真的只局限于人类言说者呢?

唯物主义民主理论的第二次机遇,出现在朗西埃选择通过所产生的**后果**来定义什么是政治的时候:政治行动不仅会进行干扰,而且其干扰的方式会彻底改变人们可以"看到"的内容——它重新分配了感性;推翻了可感知的体制。在这里,政治大门再次向非人存在(死老鼠、瓶盖、工具、电力、浆果、金属)敞开了足以滑入的宽度,因为非人存在也有能力引发认知的形态转变:原本的垃圾变为物,原本的工具变为参与者,原本的食物变为能动体,原本的金刚石变为强度。我们看到,动物、植物、矿物或人造产物有时可以催化公众,而之后我们则会看到如何拟定更为有效的(实验性)策略来加强或削弱公众。打开政治大门的做法让人感到很危险,因为这使得许多概念上的、道德上的和心理上的所有物变得公开而脆弱。把突发性事件看作"争辩性话语"似乎更加安全。

诚然,民主理论以人为中心是很正常的,而且把政治参与和一定程度的语言能力或协商能力联系起来也是十分合理的。① 这些倾向已经向民主理论家指出了一些重要的问题:缺乏信息的选

---

① 例如,在马克·沃伦(Mark Warren)看来,参与(志愿)协会对于民主文化而言至关重要,这种文化取决于熟知"对话、规范共识、文化共性和共同野心,即根植于言说、姿态和自我呈现的各种交流形式"(Warren, *Democracy and Association*, 39)。

民和协商平台的匮乏,不同人类群体对政治权力的不平等所有,我们未能辨别确定选区时造成的危害,以及未能认清康诺利所描述的非言语"经验之流"中出现的多变身份①。

但是,如果我们减弱了参与行为和人类语言使用之间的联系,将世界视为一群活力物质正在进入和离开能动的聚合体呢?那么,我们可能会发现一系列疯狂而又不那么疯狂的问题:典型的美国饮食习惯是否会促使出现对政治宣传的普遍接受,进而导致入侵伊拉克的战争呢?沙尘暴是否会导致所谓的宗派暴力的蔓延呢?汞元素是否会导致孤独症的发生?电子游戏对感性的影响以何种方式超出了设计者和用户的最初意图?飓风能使总统下台吗?艾滋病病毒会促使出现同性恋恐惧症或福音派复兴吗?禽流感病毒能否从鸟类传染给人类,进而破坏医疗保健体系、国际贸易和国际旅游呢?

尽管朗西埃反对"柏拉图式"的针对平民的偏见——这种偏见把平民视作具有逻各斯的人类的瑕疵版本——但是把政治想象成仅供人类活动的领域可能也是一种偏见:对那些被误认作背景、约束或工具的(非人)群众的偏见。活力唯物主义的民主理论试图将言说主体与缄默客体之间的鸿沟转化为一系列不同的倾向和多样的能力。我认为,这也是达尔文和拉图尔在讲述关于蚯蚓的故事时想要做的事情。

---

① Connolly, *Pluralism*, 76. 在《多元化社会思潮》(*The Ethos of Pluralization*)一书中,康诺利还描述了"法规"政治:通过法规政治,"新的身份从旧的差异、损伤和能量中塑造而成"(xiv)。与朗西埃不同,康诺利强调多元化的新驱动力与现存的多元化方法之间的相互依存关系。

蚯蚓的饮食

随着我们发现与解读动物行为和沟通之更微妙形式的能力的增强,我们也更加愿意将智力归因于行为和沟通,并将其从行为(behavior)转变为行动(action)。但如果要真正重视蚯蚓,我们不但需要修改对蚯蚓活动的评估,还需要质疑我们对人类独特性的普遍自信,并且重新塑造现在与这种自信相关联的概念。① 民主理论假设世界中充斥着活跃的主体和被动的客体,当人类的、病毒的、动物的和技术的身体之间的相互作用变得越来越密集的时候,这些民主理论也开始变为薄弱的叙述。如果人类文化与充满活力的非人能动体②之间具有不可分割的联系,而且如果人类意向只有伴随着庞大的非人存在时才具有能动性,③那么,在分析民主理论时,合适的解读单元似乎既不是人类个体,也不是完全由人类构成的集体,而是围绕着一个问题联合起来的(在本体论

---

① 根据《大英百科全书》(*Encyclopaedia Britannica*)记述,"蚯蚓的饮食"(the Diet of Worms)最初出自"神圣罗马帝国国会(Diet/assembly)于1521年在德国沃木斯(Worms)举行的会议,这次会议因马丁·路德(Martin Luther)出席并回应称其为异教徒的指控而闻名"(online edition, http://www.britannica.com)。

② 这是"能动性"还是"能动体"呢? 在我试图选择正确的术语时,我发现在两个术语中都存在着深刻的含糊之处——哪个是原因以及哪个是结果。

③ 甚至可以说,人类需要非人类的协助才能发挥功效,这一点超过了非人类对人类的需要,因为许多非人类——从垃圾填埋场底部生锈的罐头到北极地区的孢子群——所聚集或生存的区域都超越了人类的局限性。

层面上异质的)"公众"①。我们不仅需要发明或者重新激活一些概念,如意动体、行动体、聚合体、微观能动性、运行者、中断等,还需要设计新的程序、技术和感知机制,从而使我们更加密切地关注非人存在,或者更加仔细地听取和回应它们的爆发、反对、证词和提议。原因在于,这些问题对我们所属的政治生态的健康状态是非常重要的。

当然,承认非人物质可以作为政治生态学的参与者,并不是说一切物质始终都可以作为参与者,也不是说所有的参与者都是类似的。人、虫、叶子、细菌、金属和飓风等都具有不同类型和不同程度的力量,就像不同的人会具有不同类型和不同程度的力量一样,不同的蚯蚓也会具有不同类型和不同程度的力量,等等,这取决于时间、地点、构成和形成密度。但是,民主化的范围当然是可以扩大的,从而以更多样的方式来认可更多的非人存在,这种方式就像我们听取那些此前处于外围的其他人类的政治声音一样:"你准备好了吗,愿意做出什么样的牺牲,来一起过上美好的生活?几个世纪以来,诸多睿智的头脑都可能会提出这种崇高的道德和政治问题,因为如果**只有人类**而没有构成人类的非人元素,我毫无怀疑地认为在不久的将来,这会变得像建国者否认了奴隶和妇女的投票权一样不合理。"②

---

① 公众也就是凯伦·巴拉德(Karen Barad)描述的人类和非人类的"内部-行动"(intra-action),她创造这一术语来"指涉'**客体**'**的不可分性与**'**观察能动性**'(这个术语不同于'互动'[interaction]一词,前者重申了具有争议性的[主-客]二分法)"(Barad,"Scientific Literacy",232)。

② Latour, *Pandora's Hope*, 297.

第八章

活力状态与自利

Vitality and Self-interest

针对一系列实际问题——包括卡特里娜飓风(2005年8月)、昂贵的汽油价格,龙卷风在通常不会发生的月份和地点出现,伊拉克战争和阿富汗战争所导致的被虐尸体以及远距离农业工厂生产的菠菜、辣椒、鸡肉和牛肉中含有病原体等——美国公众似乎正在联合起来。受到一系列危害所造成的"宿命被动性"①的激化,一些公众成员开始发声——在新闻里、学校中和大街上——指出美国生活方式的自我毁灭性。诞生于20世纪70年代的环境主义运动开始东山再起。这次运动的复兴主要受到自身利益的驱动,即担心人类的行动会导致来自环境的"反冲"②。

---

① 我从瓜塔里处借用了"宿命被动性"(fatalistic passivity)一词:"人类与社会、心灵和'自然'之间的关系愈加恶化,原因不仅在于环境和客观污染,也是由于对这些问题整体的一些不理解和宿命被动性,这一点在个体和政府中均存在。无论是否具有灾难性,消极的发展(**进化**[*evolution*])只会被毫无异议地接受……我们需要'摆脱镇静式话语的习惯'。"(Guattari, *The Three Ecologies*, 41;括号为引文原文所注)

② "'反冲'(Blowback)这一 CIA 术语最初出现于 1954 年 3 月,在近期解密的一份报告中,这一术语被用于报道 1953 年推翻伊朗穆罕默德·摩萨台(Mohammed Mossadegh)政府的行动。这个隐喻用于指代美国人民并不知悉的美国政府国际活动所带来的意想不到的后果。中央情报局有充分的理由担心,对伊朗事务的极端干涉可能最终会造成一些反冲。之后扶植的领袖导致伊朗人民经历了 25 年的暴政和镇压,并引发了阿亚图拉·霍梅尼(Ayatollah Khomeini)领导的革命。美国驻德黑兰大使馆的工作人员被扣为人质

与杜威相同,我并不否认这个新出现的公众群体具有自利性。但是,我不确定环境主义是否是解决问题的最好方式,是否可以作为最有说服力的标题来质疑美国人将繁荣等同于肆意消费的观念,或者更普遍地说,能否引起一种政治意愿从而形成更加可持续的政治经济,后者存在于全球资本主义的内部或与之并行。如果我们从环境主义话语转为活力唯物主义话语,是否会改善以可持续发展为导向的公众的未来前景呢?这是一个开放的实证问题。首先我们只能说,这两个概念涉及了不同的感情并援引了不同的使用历史,从而很可能会催化不同的公众。例如,受环境主义影响而聚集形成的公众很难将动物、植物或矿物视作真正的成员分子,因为非人存在已经指涉了一种被动的环境,或是人类行动的顽固背景。那些更倾向于唯物主义观点的公众,则需要将更多的人类纳入行动体之中。如果说环境主义者是生存在地球上的自我,那么活力唯物主义者就是作为地球而生存的自我,后者对于各种物质的能力和局限性("嘶嘶声"[jizz])更加敏锐。如果说环境主义呼吁人们保护和明智地管理我们周围的生态系统,那么活力唯物主义则认为,我们的任务是更具战略意义地参与一种等同于我们本身的物质性。在具有能动性的聚合体中,我们与这种物质性彼此竞争。①

长达一年多之久。美国政府错误的'秘密行动'使伊斯兰世界许多有能力的人相信美国是一个难以对付的敌人。"(Johnson,"Blowback")

① 自然书写作家如巴里·洛佩兹(Barry Lopez)和温德尔·贝里也发现了"环境"范畴的欠缺之处:无法表达出非人自然的复杂之美或人类与自然的亲密程度。尽管他们也试图引起对外部世界的更多关注,但他们并未像我一样,强调非人物质在人类中的重要作用。

环境主义话语无疑提出了很好的政治问题。仅举几例:环境保护与资本主义市场之间是什么关系?《京都议定书》在治理全球变暖方面的优势和局限性是什么?种族、阶级、性别和文明构成的等级体制如何使环境保护项目复杂化?动植物可能被赋予合法权利吗?然而,还有一些问题已经被忽略了:人类怎样才能更关注非人存在的公众活动、感情与效果?如果我们继续忽视物的力量,我们将会面临怎样的危险?如果我们把我们(us)和它们(them)都看作活力物质,那么我们和它们之间还会显露出什么样的其他联系呢?

弗莱雅·玛休斯、布鲁诺·拉图尔、唐娜·哈拉维、盖尔·霍金斯(Gay Hawkins)、提姆·英戈尔德(Tim Ingold)、凯瑟琳·海勒(N. Katherine Hayles)、凯伦·巴拉德、莎拉·华特摩(Sarah Whatmore)、尼克·宾汉姆、费利克斯·瓜塔里、唐·伊德(Don Ihde)和 W. J. T. 米切尔等人一直呼吁使用一种更可持续、更少毒害的生产和消费方式,而且要以活力物质为名,而不是以环境的名义。① 在下一节中,我将研究瓜塔里在这方面所做的贡献。但是,首先请允许我提出在关注活力物质而不是关怀环境的话语过程中,将会出现的三个优势,或者说可能的优点。

首先,如果环境被定义为人类文化的基底,那么**物质性**(mate-

---

① 参见 Mathews, *For Love of Matter*; Latour, *Politics of Nature*; Haraway, *How Like a Leaf*; Hawkins, *Ethics of Waste*; Ingold, *The Perception of the Environment*; Hayles, *How We Became Posthuman*; Barad, *Meeting the Universe Halfway*; Whatmore, "Materialist Returns"; Bingham and Hinchliffe, "Reconstituting Natures"; Ihde, *Postphenomenology and Technoscience*; Mitchell, *What Do Pictures Want*。

riality）这个术语可以更加均衡地适用于人类存在和非人存在。我本人是一个物质构成，公园里的鸽子也是一种物质构成，我的身体和鸽子身体中的病毒、寄生虫和重金属元素也是物质性的。同样，神经化学物质、飓风、大肠杆菌和地板上的尘埃也都是物质性的。作为一种标准，物质性倾向于扁平化人类、生物群和非生物群之间的关系。物质性将人类的注意力转向别处，远离了本体论层面上排序的"宏大存在链"（Great Chain of Being），并且更加深入地认识到人类存在和非人存在的复杂羁绊。在这里，西方思想中隐含的道德义务——"你应该辨别和捍卫人类的特殊之处"——丧失了部分显著性。

第二个优势取决于物质在不同程度上的活跃（vibrant）、活力（vital）、能量（energetic）、生动（lively）、动感（quivering）、振动（vibratory）、消逝（evanescent）和易逝（effluescent）（此处回顾了一下我在整本书中使用过的一些修饰词）。在一个充斥着活力物质的世界里，我们发现生物化学体系和生物化学-社会体系有时会出乎意料地分叉，或者选择不可预见的发展路径。原因在于，支配这些体系的是一个新出现的因果性关系，而不是一种线性的或决定性的因果关系。一旦我们发现了这一点，我们就需要选择另外一种认知方式，而不是将自然视作一个具有目的性的和谐过程，或是将自然看作一种盲目的机制。活力唯物主义既质疑了一些生态学家提出目的论式的有机性，也反对了许多与生态学家相对立的人士所提出的自然的机器形象。

相比于"环境"的概念，"活力物质"概念的第三个优势是我将在本章中重点讨论的。活力物质更好地捕捉到我们自身的"异己"特性，从而促使人类意识到人类存在和非人存在之间的（强烈的)亲缘关系的**根本**特征。我"自己的"身体是物质的,然而这种活力物质性并不是完全人化的或是人类特有的。在我的肉体中,聚居着许多不同的外来者集合。例如,我的胳膊肘就是"一个特殊的生态系统,是超过六种细菌族群的家园……这些细菌族群通过加工皮肤产生的生油脂来帮助滋润皮肤……人类微生物组共同拥有的细菌数量,至少是人类基因组中存的约 20000 个基因的 100 倍"①。换言之,**它**(*its*)的数量超过了**我**(*mes*)的数量。因此,在一个充满活力物质的世界里,仅仅说我们是"形体化的"(embodied)是不够的。相反,我们相当于**一系列的身体**(*an array of bodies*),其中的很多种身体都存在于多种微生物群体中。如果更多的人注意到这个事实,如果我们更加关注自身不可或缺的外在性元素,那么我们是否会继续以同样的不考虑后果的方式来进行生产和消费呢?

  我们很难始终铭记这样一个矛盾的真理,那就是人类并不完全是人类的,我们(we)是由它们(its)所组成的。但是我认为,这个真理以及铭记这一真理的意识的培养,构成了需要出现的新自我的关键部分,即新自我利益的自我。原因在于,在活力物质的世界中,什么才是自我利益的转移呢?接下来,我将讨论瓜塔里的《三种生态学》(*The Three Ecologies*)一书,以及他用来论述这种真理并始终坚持这一点时,所使用的各种修辞策略和概念创造。

---

① Wade, "Bacteria Thrive in Crook of Elbow".

作为它(It)的我(I)：
位于内部(Within)的外部(Outside)

  瓜塔里的《三种生态学》一书写于 1986 年,书的开篇部分便以自利作为诉求。瓜塔里指出,我们所面临的问题不仅仅是"环境"衰退,而是一种萦绕三个"生态范畴"的痼疾,即环境、社会和心理三个范畴。① 现代的"技术-科学转型密集期"已经使非人环境和人类自身的社会心理网络都发生了退化:空气、水和土壤都被污染了,同时"亲缘关系网络往往被降到最低限度;家庭生活正在被大众媒体消费的坏疽所毒化;家庭和婚姻生活常常因某种行为的标准化而变得'僵化';邻里关系通常会降到最简单的表现形式"②。因此,瓜塔里警告称,如果我们对更丰富的亲缘关系、婚姻生活或公民生活具有人文关怀,那么我们应当与非人自然之间建立起一种更具生态可持续性的相互关系。

  瓜塔里坚称,三种生态范畴之间的关系是非常接近的;它们甚至并不是"离散的领域",而只是"可以互换的角度或观点"。事实上,这三种生态范畴形成了一个整体,瓜塔里称之为"整合世界资本主义"(Integrated World Capitalism/IWC)。这种复杂的聚合体致力于制造特定的心理社会自我,以符合环境主义最初追求的利益。这种自我实现方法是通过各种各样的"主体化模块"

---

  ① Guattari, *The Three Ecologies*, 28. 他提到了"社会生态学、心理生态学和环境生态学"(41)。

  ② 同上书,27。

(modules of subjectification)①来推行的,其中包括意识形态元素和(福柯式的)规训元素,所有这些都是为了将身体能量(包括无意识的"集中性"力量)组织成为消费者自我(the consumer-self)的形式。这种消费者自我对环境主义有着"兴趣"。但是,如果绿色化指的是发展超越 IWC 的消费者自我所允许的初级水平(超出蒂莫西·W. 卢克[Timothy W. Luke]一直批评为"绿色消费主义"②的范围),那么我们就必须创建和部署新的主观化单元。正是因为 IWC 通过使用身体感情和引导无意识强度来发挥作用,因此更加绿色的自我-文化-自然(self-culture-nature)关系不仅需要新的"法律、法令和官僚程序",而且需要"新的微观政治和微观社会实践、新的团结体和新的温和手法,以及关于无意识形成的新的美学实践和新的分析实践"③。

瓜塔里声称,生态问题既是一种文化和心理形成的问题,也是流域管理和空气质量保护问题,这一点此后也得到了其他人的认可④。

---

① Guattari, *The Three Ecologies*, 38.
② 例如,可参见 Luke, *Capitalism, Democracy, and Ecology*;以及 Luke, *Ecocritique*。
③ Guattari, *The Three Ecologies*, 51.
④ 例如,环保主义者斯科特·拉塞尔·桑德斯(Scott Russell Sanders)在《静止》("Stillness")一文中也提出了同样的观点:"我们需要抵制对空气、土壤、水和荒野的侵袭。但是,我们也需要改变我们的文化,而不仅仅是我们的领导和技术。我们需要说出并采取更加节俭、更加可持续、更和平和更公正的实践方法,将其付诸我们的家、我们的工作场所、我们的学校和我们的公众集会中。在面对散播娱乐毒品的企业消费主义和大众文化时,我们必须拒绝沉默,拒绝放弃。我们需要阐明和展示一种更加体面和欢乐的生活方式。"(5)

然而引人深思的一点是，瓜塔里特别提出了一种似乎不可能的事实，那就是人类既身处自然"之内"，也"属于"自然；既是一种外部，也不是一种外部。在这里，瓜塔里的修辞策略呼应了罗马天主教的论述方法，后者用这种策略来表达上帝三位一体的神秘统一。瓜塔里指出，一共存在三种生态范畴，或者像巴尔的摩教理中所说的那样，圣父、圣子和圣灵是三个"截然不同的人"。然而，瓜塔里认为，这三种生态形成了一个整体，即 IWC，或者在教义手册的世界里，是"三位一体"的。① 瓜塔里提出，我们必须学会以三位一体的方式进行思考："横断式地"进行思考，或者将我们的注意力集中在机器领域、社会领域和主体内在性三者的交界点上。②

瓜塔里首先将人类存在(或社会心理生态)与非人存在(机器领域或环境生态)区分为两个范畴，然后立即质疑了这种划分方式，并呼吁人们采用"横断式"(transversal)的认知模式。在一组关于"后环境主义"的论文集中，拉图尔撰文将这种双重做法形容为一种典型的"现代"行为。一方面，随着家庭农业转变为农业综合企业，亲手准备的食物变为快餐式消费，血腥的战争从高空发动，人们在消耗燃料时鲜会承认其提取和分配方式的暴力性等，现代

---

① "**三位即是一体**。我们不认为有三位上帝，而是上帝出现于三个人的身上，也就是'三位一体'。神圣的人并不是共同分享一位神，而是他们中的每一个都是完整的上帝。"然而，"**神圣的人彼此是不同的**。'上帝只有一个，但并不是唯一的。''圣父''圣子'和'圣灵'三者并不仅仅是指代神的不同存在形式的名称，因为它们彼此是有所差异的：'圣子不是圣父，圣父也不是圣子，圣灵也不是圣父或圣子'……神圣的整体是三位一体的"("The Dogma of the Holy Trinity"；强调为本书作者所加)。

② Guattari, *The Three Ecologies*, 41-42.

的都市自我越来越**脱离**于自然。这些距离感作为一种抽象的环境被编码融入自然的形态之中,或者被表述为三种独立的生态范畴。但是另一方面,拉图尔继续指出,现代自我——在宇宙、生物技术、医学、病毒和药理学等层面——越来越与非人自然**联系**在一起。虽然自然一直把自我和社会混为一体,但是拉图尔指出,最近这种相互作用已经加剧,并变得更加难以忽视。"在农耕时代,我们只能划破土壤的表面;但是现在,我们可以开始把自己融入土壤细菌的分子机器中了。"①这种关于融合的日常生活经验,以及我们从上部和外部进行导向的环境标准,二者之间存在一种认知上的不和谐。

一些人在回应人类与非人物质性之间增多的羁绊时,试图强化文化与自然之间的界限,正如尤尔根·哈贝马斯(Jürgen Habermas)在《人性的未来》(*The Future of Human Nature*)一书中的做法,或者像美国福音派人士在"生命文化"思潮中对克隆或胚胎干细胞研究的反对。另一种回应方式是接受这种融合状态,并试图使概念上的词汇更加符合这一状态:生态思维应该变得更加偏向辩证、对话或现象学,或者我们不应再提及"自然",而是只提及"第二自然"(second nature)。"第二自然"的概念强调,我们曾经称之为自然的存在实际上是自然的文化确定物。但在这里,活力唯物主义者指出,文化与我们自身的构造**并不**相同,而是融入了生物、地质和气候等力量(正如我在第四章中所指出的那样,存在着金属的生命和人类的生命)。这些力量对我们造成了影响,就像我

---

① Latour, "It's the Development, Stupid", 6-7.

们对它们也造成了影响一样。换句话说,"第二自然"①隐秘难现的劣势与其显而易见的优势是相同的:它强调了人类的能动性。

拉图尔也提出了相同的观点,并指出我们更善于承认人类影响了自然,而不善于承认非人存在影响了文化。原因在于,后者有些渎神地认为非人存在——垃圾、细菌、干细胞、食物、金属、技术和天气——是能动体,而不仅仅是物体。拉图尔提倡一种基于实际的政治学(a pragma-based politics),这种政治学明确地认可这种融合状态,并且提倡(自由民主的)公共政策旨在"**贯彻**"或关注由人类存在和非人存在的亲密关系而引起的人类繁荣问题。② 这种观点承认人类已经爬入或隐藏在环境的每个角落,承认环境实际上存在于人体和思想之内,之后则在政治、技术和科学层面上,在日常生活中小心翼翼地行事——这种情况就像你和那些任性的亲戚之间的关系一样,无论你喜欢与否,你都会一生与其有着不可分割的羁绊。放弃徒劳无益的尝试,不要试图将人类存在从与非人存在的联系中脱离出来。相反,在你和非人存在共同参与的聚合体中,需要寻求通过更加民主、更有策略和更加巧妙的方式来接触非人存在。

和拉图尔一样,瓜塔里也提倡政治应当公开承认(他所分类的)主体性、社会和机器之间的界限是存在空隙的。③ 同样,瓜塔

---

① "第二自然"(Second Nature)原是西北大学(Northwestern University)举办的 2007 年政治理论研究生会议的标题。这次会议的论文参见 Archer, Maxwell, and Ephraim, eds., *Second Nature*。

② Latour, *Politics of Nature*, 12.

③ Guattari, *The Three Ecologies*, 68.

里也反对任何试图将淡奶油从咖啡上拨开的企图——也就是把文化与自然区分开来的做法。1986年，瓜塔里写道，试图将文化同自然分离的做法没有任何政治意义，因为地球的健康"越来越依赖人类的干预，而且迟早会需要建立一个庞大的计划，来调节地球大气层中氧气、臭氧和二氧化碳之间的关系……在将来，人们不仅仅需要简单的自然防御。例如，如果我们要修复亚马孙的'肺'，我们将不得不发起一个倡议"①。

寻求一种不受人类污染的纯粹自然的做法是徒劳的，而且把自我定义为纯粹人类的做法也是愚蠢的。但是，我们如何才能开始感受到自己不仅仅是人类呢？瓜塔里呼吁我们培养一种"横断式"的思维方式，这是我们建构这种新自我的方式之一。活力唯物主义也会根据其内在污染的本性来重铸自我，并且同时也重新定义什么是自利。接下来，为了保持自我的矛盾面，即自我本身的外部，我将转而关注另一种策略，即活力物质。这种策略表现为存在论叙事(onto-story)的形式。

能动的自然(*Natura Naturans*)

在人类文化周围的环境中，甚至分裂成三种生态学的宇

---

① Guattari, *The Three Ecologies*, 66-67. 拉图尔呼应了瓜塔里所倡导的积极、有活力和亲科技的绿化方法。这一呼吁也是谢伦伯格(Shellenberger)和诺德豪斯(Nordhaus)所著的《突破》(*Break Through*)一书的核心观点。拉图尔曾在《这是发展，蠢货》("It's the Development, Stupid")一文中对这本书做出过回应。《突破》认为，环保主义并不足以应对新的生态危机。例如，克服全球变暖问题需要一种新型的经济发展模式，那就是在未来引入大量大胆的技术投资。

宙中,让我们构想一种人类、动物、植物或矿物之间没有任何明确的分界线的本体论领域。**所有的**力量和流动(物质)都具有或可以变得具有活力、感情和指向性。因此,一个具有感情和言说能力的人类身体与具有感情和指向性的非人身体并不具有**本质**差异,二者共存、聚集、享受、服务、消费、生产和竞争。

虽然缺乏最初的划分,但是这个领域并不是统一或扁平的地理环境。只是由于这个领域中存在太多种类的分化形式,因此很难与生命、物质、心理和环境等哲学范畴完全吻合。这个领域的一致性甚至更加不均衡:各个部分凝聚为身体,但是并没有使其中任何一种类型成为具有能动性的特权场所。相反,效果的来源始终是一个本体论层面上的多样的聚合体,其中有各种能量和身体,简单的身体和复杂的身体,物理的身体和生理的身体。

在这种本体论的叙事中,从某种意义上说,一切都是具有活力的。这种活力并不受终极目的的限制,或是受一些简单而永恒的(康德式)范畴所掌握与管辖。我所说的活力物质性或活力物质(vital materiality/vibrant matter)类似于历史意义上谈及的**自然**①一词。尽管大自然可以指涉一种稳定的基础物质,这一术语也指向了生成性、繁殖力、伊希斯(Isis)或阿芙洛狄忒,或是安东

---

① 思想史学家洛夫乔伊列出了这个术语的 66 层含义。请参见以下书籍的附录部分:Lovejoy and Boas, *Primitivism and Related Ideas in Antiquity*。此外,也可参见 Lovejoy, "Nature as Aesthetic Norm"。

尼奥·维瓦尔第(Antonio Vivaldi)《四季》中的《春》乐章。① 这种创造力既可以是具有目的性的，也可以是不具有目的性的。作为原始物质或目的性物质的自然，与作为生成性的自然之间的区别，很好地体现于斯宾诺莎的《伦理学》(Ethics)一书的核心概念中：**被动的自然**(natura naturata)与**能动的自然**(natura naturans)。**被动的自然**是被动的物质，组织构成了创世纪的永恒秩序；**能动的自然**则是不断地生成新形式的无故因果性(the uncaused causality)。当英国浪漫主义者和美国超验主义者试图改善自己的感官时，他们的目的之一便是更好地发现**能动的自然**。这种普遍的创造力需要一种特殊的感性，原因则正如塞缪尔·泰勒·柯勒律治(Samuel Taylor Coleridge)指出的那样：生产力"悬置在产品中了"②。阿尔弗雷德·诺思·怀特海德(Alfred North Whitehead)的过程哲学也强调，自然作为一种生成性是"一连串的事件"③。

德勒兹和瓜塔里二人借鉴了斯宾诺莎、浪漫主义、怀特海德

---

① "自然"的第一层意义是霍布斯、洛克或卢梭所说的"自然状态"(state of nature)，这也呼应了弗洛伊德提出的"驱动力"和"本能"以及海德格尔所说的原始的"被抛境况"(thrownness)。梅洛-庞蒂将作为稳定基质的自然和创造性自然之间的关系描述为"交叉式的"，二者会无尽地流入和流回彼此。

② Coleridge, *The Literary Remains of Samuel Taylor Coleridge*, 2: 341. "如果我们把自然视为'能动的'(natura naturans)……也就意味着我们需要理解……物质的那些**属性**……也就是……被视作自由原因的上帝。如果我们把自然视为'被动的'(natura naturata)，我理解了所有来自［上帝或自然］的**必要性**……也就是上帝属性的所有模式，前提是它们被认为是**物**。"参见 Spinoza, *Ethics*, pt. 1, proposition 29；强调为本书作者所加。

③ Whitehead, *Concept of Nature*, 172.

以及其他人(还包括尼采、卡夫卡和柏格森)的观点,将其用于阐释**能动的自然**:自然是一个"内在性的纯粹平面……未成形的元素和物质则在平面上起舞"①。根据第二章中提及的斯宾诺莎的身体理论,所有的身体都是由共同实体构成的模式,我们可以称之为上帝或自然。由于静态同质性的含义倾向于紧密关联**实体**(*substance*)一词(尽管斯宾诺莎试图避免这一点),再加上斯宾诺莎的(尽管是极为非正统的)有神论观点,德勒兹和瓜塔里或许对之持有谨慎的态度。他们改变了斯宾诺莎式观点,认为自然是生成性的"巨大的抽象机器",其各部分即是"各种各样的聚合体和个体,每一部分聚集在一起形成无限的粒子,构成无限的或多或少相互联系的关系"②。这种抽象机器与斯宾诺莎讨论的上帝或自然类似,同样不是服务于一个预先给定的目的,而是为了作为过程的自我进行运作。③

将自然视作创造力的感官方式似乎也属于古希腊人所说的 *phusis*(自然),等同于拉丁文中的 *natura*(自然)一词。*phusis* 一词源于动词 *phuo*,后者很可能意为喷出、吹出或膨胀,传达的感官是发芽或萌芽、带来、展现或孵化等动作。因此,*phusis* 指涉了一个变形、成形和损形的过程;换言之,在这个生成过程中,运动的物之间开始形成了奇特的相互关系。

---

① Deleuze and Guattari, *A Thousand Plateaus*, 255.

② 同上书, 254。

③ 斯宾诺莎是这样说明这一点的:"没有必要花费时间继续证明自然没有固定的目标,或者证明所有的最终原因都仅仅是人类想象的虚构物。"(*Ethics*, pt. 4, appendix)

关键在于这一点:在自然这一术语的发展历史中,传播着一种充满活力的生成物。**这种具有创造力的力量并非完全是人类的,而且能够产生新的物质**。这种活力物质凝结形成身体,而这些身体则试图维持或延续自己的传播。在这里,存在论叙事再次援引了斯宾诺莎的观点,声称受意动力驱动的身体为了提高自身的力量或活力状态,会与其他身体结成联盟。尽管如此,我们依然不能认为斯宾诺莎是一位活力唯物主义者。斯宾诺莎认为,每一种模式都可以在互换的层面上被理解为一个身体或一种理念,至于这一点是否将斯宾诺莎排除在任何唯物主义观点之外,这些复杂的问题已经超出了本研究的讨论范围。但是,斯宾诺莎的身体理论以及这些身体之间受感的相遇能够——而且的确——给当今的生态思想带来启示。

例如,塞尔认为,各种身体之间的合作与对抗过程并不是随机的或非结构化的,而是符合旋涡、螺旋和漩涡等奇特逻辑的。这种逻辑涵盖了政治、物理、经济、生物、心理和气象学等领域,在各个层次和地点都会出现。在这里,塞尔沿袭了卢克莱修的观点,仅指出了一种同构过程。在这个过程中,出现了"洪水和火灾、过度和枯竭、垂直增长和突然衰减、积累与干涸,其中历史……兴起又衰落,仿佛处于飓风卷起的巨浪上一般"①。虽然这个过程可以在理

---

① Serres, *The Birth of Physics*, 64. 塞尔认为,卢克莱修的著作《物性论》证明了这种同构现象:"第五卷探讨了世界和新生的人性,其中贯穿着和第四卷讨论感知时相同的规律;这也是第二卷中出现的物质规律。永远是同样的整体、多样的元素和相同的运行规律。这种结构恒量方法推广至流动运动的全球稳定性,确立了唯物主义。"(同上书,54)

论层面上被分为几个阶段,但依然是一个涡流过程:首先是物质能量的"衰落"或冲动①;然后是偶然的偏斜,导致了不同部分之间的碰撞;之后是混乱的动荡阶段;再之后是物质的凝结或结晶,形成了各种身体;再然后是形体的衰变、衰落和扩散;最后则出现了新的衰落、新的偏斜、各种动荡力量的不同配置,形成另一组形体,并且以不同的速度和顺序发生衰败与衰落。涡流逻辑的发生具有不同的规模、时间和复杂性,各个阶段重复出现,但每次都会有一些微小的差别:"这就是[卢克莱修式]物理现象中的奇妙一笔:其中没有循环,只有涡流……那种变换的螺旋结构不断进行侵蚀。"②塞尔描述了活力物质的奇特结构主义,即一种包含偶然性的结构主义。

新自我利益的阻碍与构成

我刚刚描述的一元论叙事,可能会,也可能不会引起读者的经验共鸣。即使我相信物质活力状态是真实存在的,它也是很难

---

① "世界、客体、身体和我的灵魂自其诞生一刻起,便处于衰落的过程之中。这意味着,在日常意义上说,它们是终有一死的,必然会走向毁灭。这也意味着,它们会经历形成和上升的阶段。自然会衰落,这种行为是天生的。同样的还有自然的稳定性。原子通过衰落而聚集在一起,这种结合是物质的力量。这指涉的是时间的整体。过去、现在、未来、诞生和死亡的临近、顽固的幻想,全部都只是物质的衰落。物质会衰退,就像动词的时态变化一样,而这个动词是由原子字母构成的……存在、时间、意义和语言也是一同走向倾斜的下坡。"(Serres, *The Birth of Physics*, 34)

② Serres, *The Birth of Physics*, 58.

辨认的;而且即使被辨认出来,也是很难对其保持关注的。活力物质既离我们太近,也太容易逃匿隐藏,是像风一样的物质。它既是动力也是实体,是一种始终正在成为其他物质的运动过程;这种流动过程具有活力和一定的轨迹,但不一定具有意图性。此外,我们的注意力经常会被转移至活力物质之外——原因在于,人们在文化层面上笃信物质是没有活力的,认为真正的能动性只属于人类或上帝,而且需要一个行动导向型的认知方式,而这种认知必然会忽视世界中许多还在徘徊的活力状态。在撰写和修改本书中的句子时——尤其是在试图选择适当的动词时,我逐渐意识到我们需要进行彻底的改革才能重新审视活力物质性。重新书写关于能动性的默认语法似乎是必要的,但也是不可能的:这种语法认为人类是活跃性的,而物则是被动性的。

是否还有更多的日常策略手段可以用于培养一种辨识物质活力状态的能力呢?有人可能会像达尔文一样,允许自己进行拟人化,沉浸于存在论划分中的相似之处:你(误)认为夜晚外面的风是父亲在隔壁房间的呼吸声;你起身时起得太快以至于眼前看到了星星;一张塑料的地形图会让你想起自己手背上的静脉;蝉的嗡鸣声让你想起了婴儿的哭叫声;坠落的石头似乎表达出一种坚持不懈的意愿。如果绿色唯物主义要求我们更加敏锐地关注"实际上也是内部的外部"(the outside-that-is-inside-too),那么部分拟人化或许也是有价值的。也许,我们值得去承担与拟人化有关的一些风险(迷信、自然的神化、浪漫主义),因为奇怪的是,拟人化的做法实际上与人类中心主义背道而驰:人与物之间出现了一个和弦,我不再位于非人"环境"之上或之外。对拟人主义的哲学性排斥往往与某种傲慢的要求紧密相连,即只有人类和上帝才具有创造性行为的痕迹。为了符合并弱化这种意愿，人们需要能够辨别出一种无法还原为人类或神灵活动的生命形式。这种物质活力状态就是我(me)，它先于我，超越我，后于我。

培养这种新的辨识力的另一种方法可能是去除关于人类的话题。让我们暂且不要讨论关于主观性或者人类内在性本质的话题，或者关于人类、动物、植物和物之间的真正区别的话题。这些话题迟早会引导人们走向人类中心主义的道路，引起一种主体优于客体的等级划分，并且阻碍人们自由地思考能动性真正需要的东西。人们也可能尝试去除或不过于回避关于另一个问题的讨论，即认为活力唯物主义的"后人类"倾向导致了一种表演性矛盾①——而这也是一种完全合理的反对观点："毕竟，最终讨论活力物质哲学的，不是依然是具有自我意识和语言能力的人类吗？"我们很难否定、规避或改变这种批评意见。我们可以指出，当这些话题开始对哲学性细节进行探讨时，关于人类主体性和能动性的主导观念便会陷入混乱和困惑。我们可以借用人类肘部的细菌菌落的例子，以此来证明人类主体本身也是一种非人的、外来的、外部的活力物质。我们还可以指出，人类的免疫系统的正常运转依赖于寄生虫；或是引用另一个例子，用人类的赛博格化(cyborgization)来彰显出人类能动性始终是一个聚合体，其中有各种微生物、动物、植物、金属、化学物质、言语声，等等——事实上，就

---

① 关于表演性矛盾的深入思考，参见 Gulshan Ara Khan, "Habermas's Charge of a Performative Contradiction: Paradox of Contradiction?" (unpublished manuscript, 2008)。我的私人收藏中存有此文献。

任何"行动"而言,其已经进入了一个具有能动性的聚合体之中,①例如飓风-FEMA(联邦应急管理局)-全球变暖的聚合体,干细胞-NIH(美国国立卫生研究院)-灵魂的聚合体,蚯蚓-表层土壤-垃圾的聚合体,电力-自由化-火灾-贪婪的聚合体,或是大肠杆菌-屠宰场-农业综合企业的聚合体等。

然而,理性或习惯的声音不可能被这样的策略所平息,并且会再次抓住那些特殊之处,强调**人类**在聚合体中的参与行为具有根本性的**不同**。在这里,我们可以试着质疑这个问题:为什么我们如此热衷于将人类自我与场域区分开来?这是否是因为对人类具有的能动性的假设——借用康德式语言——是这类判断的"必要前提"呢?或者说,这种做法的动机是一种更加局部的要求,即人类作为优越于地球上所有其他物质的存在,其所拥有的灵魂使之有资格获得永恒的救赎?我不认为这些答复中的任何一个能够结束对这个问题的讨论,但其中的一些回应或许可以共同开辟新的探讨途径。

在通向活力唯物主义的道路上,还存在着许多其他的陷阱。例如,虽然我同意拉图尔和瓜塔里的观点,认为人们必须追求技术修复手段(techno-fixes)(那些尊重物质性的活力状态或准自律性的智慧技术),而且认为这些手段本身并没有任何固有的错误,但是我依然怀疑拉图尔所声称的生活(对于美国人和欧洲人来说)已经过于技术化,以至于淳朴自然的观念已无法发挥任何启发性的价值。梭罗及其信徒(如温德尔·贝里和巴里·洛佩兹)的大受欢迎也表明,作为荒野的理想自然形象依旧激励着一些人

---

① Velasquez-Manoff, "Worm Turns", 17.

去追求更加生态可持续的生活方式。但即使拉图尔的预言是正确的——这种理想的自然形象的力量将会减弱并吸引越来越少的人类身体——他也并没有全面地考虑到这种理想形象的消亡所带来的规范性意义。

当然,我也没有全面地考虑到这些意义。但是我注意到了一点,那就是随着我从环境主义转向活力唯物主义,从自然/文化相对立的世界转向一个由活力身体所构成的异质一元论世界,我意识到自己此前的伦理准则之下的地面——"轻轻踩在地上"——变得不那么稳固了。根据这个准则,我应该尽量减少自己的行为所造成的影响,从而对与我共存的其他物质造成最小化的损害或破坏。生态学家詹姆斯·纳什(James Nash)形容称,这种俭省是"认可地球的规范",节约"人类社区必需的资源,保护那些本身既是价值,又对人类需求具有工具价值的其他物种"。① 如果我不是作为一个与自然和文化客体相对抗的人类主体而生活,而是作为诸多聚集在一起的彼此竞争的意动的能动体之一,那么这种俭省准则就太过简单了。有时,生态健康需要个人和集体退后,或是降低他们的活跃性;有时,则需要通过更大规模的、更引人注目和更加剧烈的方式来消耗人类能量。我知道,最后一点是非常抽象或者概括的(想必准则都是如此吧)。而且我知道,还需要进一步明确活力唯物主义在特定语境中的规范性意义。目前,我已经抵达了绳索的尽头。所以,最后我将以一段长陈述结束,这也是给未来的活力唯物主义者的一段尼西亚信经(Nicene Creed):"我相信,在物质-能源的关系中,物的制造者既是可见的,也是不可见

---

① Nash, "On the Subversive Virtue", 427.

的。我相信,这种异质性会横断这种多样性,而且异质性在不断地**影响物**。① 我认为,否定非人身体、力量和形体具有活力状态的做法是错误的,而细致的拟人化过程则有助于揭示这种活力状态——虽然这种活力本身拒绝被完全阐释,而且也超过了我们的掌控范围②。我相信,与活力物质的相遇可以修订我对人类掌控力的幻想,强调一切物共同具有的物质性,揭示出能动性的更广泛的分布情况,并且重新塑造自我和自利。"

---

① 此外还可参见 Pickering, *Mangle of Practice*, 6。

② "拒绝被完全阐释,而且也超过了我们的掌控范围"的表达来自 Romand Coles, "The Wild Patience of Radical Democracy", 78。

参考文献

Adkins, A. W. D. *From the Many to the One: A Study of Personality and Views of Human Nature in the Context of Ancient Greek Society, Values, and Beliefs.* Ithaca: Cornell University Press, 1970.

Adorno, Theodor. *Negative Dialectics.* Trans. E. B. Ashton. New York: Continuum, 1973.

Aeschylus. "Prometheus Bound". *Greek Tragedies*, vol. 1, ed. David Grene and Richmond Lattimore, 61–106. Chicago: University of Chicago Press, 1960.

Althusser, Louis. "The Underground Current of the Materialism of the Encounter". *Philosophy of the Encounter: Later Writings, 1978–1987*, trans. G. M. Goshgarian, ed. François Matheron, 163–207. New York: Verso, 2006.

Anderson, Ben. "Time-Stilled Space-Slowed: How Boredom Matters". *Geoforum* 35, no. 6 (2004): 739–754.

Anderson, Ben, and Divya Tolia-Kelly. "Matter(s) in Social and Cultural Geography". *Geoforum* 35, no. 6 (2004): 669–674.

Appadurai, Arjun, ed. *The Social Life of Things: Commodities in Cultural Perspective.* Cambridge: Cambridge University Press, 1986.

Archer, Crina, Lida Maxwell, and Laura Ephraim, eds. *Second Nature: Rethinking the Natural through Politics*. Minneapolis: University of Minnesota Press, forthcoming.

Archer, Margaret S. *Realist Social Theory: The Morphogenetic Approach*. Cambridge: Cambridge University Press, 1995.

Arendt, Hannah. "On the Nature of Totalitarianism: An Essay in Understanding". 1953. Hannah Arendt Papers at the Library of Congress, http://www.loc.gov.

Augustine. *Confessions*. Trans. Garry Wills. New York: Penguin, 2006.

Baer, Susan. "In Vitro Fertilization, Stem Cell Research Share Moral Issues". *Baltimore Sun*, 4 June 2005.

Bakhtin, Mikhail. "Contemporary Vitalism". *The Crisis in Modernism: Bergson and the Vitalist Controversy*, ed. Frederick Burwick and Paul Douglass, 76–97. Cambridge: Cambridge University Press, 1992.

Barad, Karen. *Meeting the Universe Halfway: Quantum Physics and the Entanglement of Matter and Meaning*. Durham, N.C.: Duke University Press, 2007.

———. "Scientific Literacy → Agential Literacy = (Learning + Doing) Science Responsibly". *Feminist Science Studies: A New Generation*, ed. Maralee Mayberry, Banu Subramaniam, and Lisa Weasel, 226–246. New York: Routledge, 2001.

Barron, Colin. "A Strong Distinction between Humans and Non-humans Is No Longer Required for Research Purposes: A

Debate between Bruno Latour and Steve Fuller". *History of the Human Sciences* 16, no. 2 (2003): 77-99.

Battye, Richard Fawcett. *What Is Vital Force? Or, A Short and Comprehensive Sketch, Including Vital Physics, Animal Morphology, and Epidemics; To Which Is Added an Appendix upon Geology: Is the Detrital Theory of Geology Tenable?* London: Truber, 1877.

Bayliss, William Maddock. *The Physiology of Food and Economy in Diet.* London: Longmans, Green, 1917.

Bergson, Henri. *Creative Evolution.* Trans. Arthur Mitchell. New York: Dover, 1998.

——. *The Creative Mind: An Introduction to Metaphysics.* Trans. Mabelle Andison. New York: Citadel, 1974.

Best, Robert. "Prepared Statement to the Subcommittee on Science, Technology, and Space of the Committee on Commerce, Science, and Transportation". *U.S. Senate Hearing on Human Cloning,* 107th Cong., 1st sess., 2 May 2001.

Bingham, Nick. "Bees, Butterflies, and Bacteria: Biotechnology and the Politics of Nonhuman Friendship". *Environment and Planning A* 38, no. 3(2006): 483-498.

Bingham, Nick, and Steve Hinchliffe. "Reconstituting Natures: Articulating Other Modes of Living Together". *Geoforum* 39, no. 1 (2008): 83-87.

Bonta, Mark, and John Protevi, eds. *Deleuze and Geophilosophy: A Guide and Glossary.* Edinburgh: Edinburgh University Press, 2004.

Braidotti, Rosi. "Affirmation versus Vulnerability: On Contemporary Ethical Debates". *Symposium: Canadian Journal of Continental Philosophy* 10, no. 1(2006): 235-254.

Brown, Bill. "Thing Theory". *Critical Inquiry* 28, no. 1 (2001): 1-22.

Brown, Wendy. *Regulating Aversion: Tolerance in the Age of Identity and Empire.* Princeton: Princeton University Press, 2006.

——. *States of Injury: Power and Freedom in Late Modernity.* Princeton: Princeton University Press, 1995.

Brumfield, Elizabeth. "On the Archaeology of Choice". *Agency in Archaeology*, ed. Marcia-Anne Dobres and John E. Robb, 249-256. New York: Routledge, 2000.

Buell, John, and Tom DeLuca. *Sustainable Democracy: Individuality and the Politics of the Environment.* Thousand Oaks, Calif.: Sage, 1996.

Burwick, Frederick, and Paul Douglass. *Introduction to The Crisis in Modernism: Bergson and the Vitalist Controversy*, ed. Burwick and Douglass, 1-12. Cambridge: Cambridge University Press, 1992.

Butler, Judith. *Bodies That Matter: On the Discursive Limits of "Sex".* New York: Routledge, 1993.

——. "Merely Cultural". *New Left Review*, no. 227 (1998): 33-44.

Canguilhem, Georges. *Aspects du vitalisme: La connaissance de la vie.* Paris: Hachette, 1952.

Carroll, Linda. "Diets Heavy in Saturated Fats May Lead to Fading Memories". *Neurology Today* 4, no. 12 (2004): 31-32.

Casazza, John A., and George C. Loehr, eds. *The Evolution of Electric Power Transmission under Deregulation: Selected Readings*. Hoboken, N.J.: Wiley, 2000.

Caygill, Howard. "Life and Energy". *Theory, Culture, and Society* 24, no. 6 (2007): 19-27.

Chiari, Joseph. "Vitalism and Contemporary Thought". *The Crisis in Modernism: Bergson and the Vitalist Controversy*, ed. Frederick Burwick and Paul Douglass, 245-273. Cambridge: Cambridge University Press, 1992.

Cole, David. "Affective Literacy". Paper presented at the ALEA/AATE National Conference, Gold Coast, Queensland, Australia, 2005.

Cole, Ethan. "Bush Stands against 'Temptation to Manipulate Life'". *Christian Post Reporter*, 13 April 2007.

Coleridge, Samuel Taylor. *The Literary Remains of Samuel Taylor Coleridge*. Vol. 2. Ed. Henry Nelson Coleridge. London: William Pickering, 1836.

Coles, Romand. *Rethinking Generosity: Critical Theory and the Politics of Caritas*. Ithaca: Cornell University Press, 1997.

——. "The Wild Patience of Radical Democracy: Beyond Žižek's Lack". *Radical Democracy: Politics Between Abundance and Lack*, ed. Lars Tønder and Lasse Thomassen, 68-85. Manchester: Manchester University Press, 2005.

Colls, Rachel. "Materialising Bodily Matter: Intra-action and the Embodiment of 'Fat'". *Geoforum* 38, no. 2 (2007): 353-365.

Connolly, William E. *The Ethos of Pluralization*. Minneapolis: University of Minnesota Press, 1995.

——. "Method, Problem, Faith". *Problems and Methods in the Study of Politics*, ed. Ian Shapiro, Rogers Smith, and Tarek E. Masoud, 332-349. Cambridge: Cambridge University Press, 2004.

——. *Pluralism*. Durham, N.C.: Duke University Press, 2005.

——. *Why I Am Not a Secularist*. Minneapolis: University of Minnesota Press, 1999.

Contardi, Sergio, and Mario Perniola. "The Sex Appeal of the Inorganic: A Conversation". *Journal of European Psychoanalysis*, nos. 3-4 (1996-1997): http://www.psychomedia.it/jep.

Coole, Diana. *Negativity and Politics: Dionysus and Dialectics from Kant to Poststructuralism*. New York: Routledge, 2000.

——. "Rethinking Agency: A Phenomenological Approach to Embodiment and Agentic Capacities". *Political Studies* 53, no. 1 (2005): 124-142.

Coole, Diana, and Samantha Frost, eds. *New Materialisms*. Durham, N.C.: Duke University Press, forthcoming. Cornaro, Luigi. *Art of Living Long*. Milwaukee: William F. Butler, 1915.

Corson, Ben. "Speed and Technicity: A Derridean Exploration". PhD diss., Johns Hopkins University, 2000.

Crawford, T. Hugh. "An Interview with Bruno Latour". *Configurations* 1, no. 2(1993): 247-268.

Critser, Greg. *Fat Land: How Americans Became the Fattest People in the World*. New York: Mariner Books, 2004.

Darwin, Charles. *The Formation of Vegetable Mould, through the Action of Worms, with Observations on Their Habits*. London: John Murray, 1881.

Das, Veena. *Life and Words: Violence and the Descent into the Ordinary*. Berkeley: University of California Press, 2007.

Dean, Jodi. *Publicity's Secret: How Technoculture Capitalizes on Democracy*. Ithaca: Cornell University Press, 2002.

De Landa, Manuel. *Intensive Science and Virtual Philosophy*. London: Continuum, 2002.

——. *A Thousand Years of Nonlinear History*. New York: Zone, 1997.

——. "Uniformity and Variability: An Essay in the Philosophy of Matter". Paper presented at the "Doors of Perception 3" conference, Netherlands Design Institute, Amsterdam, 7-11 November 1995.

Deleuze, Gilles. *Bergsonism*. Trans. Hugh Tomlinson and Barbara Habberjam. New York: Zone, 1991.

——. *Expressionism in Philosophy: Spinoza*. Trans. Martin Joughin. New York: Zone Books, 1992.

——. "Immanence: A Life…". *Theory, Culture, and Society* 14, no. 2 (1997):3-7.

——. "Metal, Metallurgy, Music, Husserl, Simondon". Web Deleuze, "Sur *Anti-Oedipe et Mille Plateaux*: Cours Vincennes-27/02/1979", http://www.webdeleuze.com.

——. *Negotiations*. Trans. Martin Joughin. New York: Columbia

University Press, 1995.

———. *Spinoza: Practical Philosophy*. Trans. Robert Hurley. San Francisco: City Lights Books, 1988.

Deleuze, Gilles, and Félix Guattari. *A Thousand Plateaus: Capitalism and Schizophrenia*. Trans. Brian Massumi. Minneapolis: University of Minnesota Press, 1987.

Deleuze, Gilles, and Claire Parnet. "On the Superiority of Anglo-American Literature". *Dialogues*, trans. Hugh Tomlinson and Barbara Habberjam, 36 – 76. New York: Columbia University Press, 1987.

Derrida, Jacques. "The Animal That Therefore I Am (More to Follow)". Trans. David Wills. *Critical Inquiry* 28, no. 2 (2002): 369-418.

———. "Marx and Sons". *Ghostly Demarcations: A Symposium on Jacques Derrida's Specters of Marx*, ed. Michael Sprinker, 213 – 269. London: Verso, 1999.

de Vries, Hent. Introduction to *Political Theologies: Public Religions in a Postsecular World*, ed. Vries and Lawrence Sullivan, 1 – 88. New York: Fordham University Press, 2006.

Dewey, John. *Art as Experience*. New York: Minton, Balch, 1934.

———. *The Public and Its Problems*. New York: Henry Holt, 1927.

Di Menna, Jodi. "Grid Grief!". *Canadian Geographic*, http://www.canadian geographic.ca/blackout_2003/grid.html (accessed 14

April 2009).

Docker, John. "Après la Guerre: Dark Thought, Some Whimsy". *Arena Journal*, n.s., no. 20 (2002-2003), http://www.arena.org.au.

Douglas, Kate. "Six 'Uniquely' Human Traits Now Found in Animals ". *NewScientist*, 22 May 2008, http://www.newscientist.com.

Driesch, Hans. *The History and Theory of Vitalism*. Trans. C. K. Ogden. London: Macmillan, 1914.

———. *The Problem of Individuality: A Course of Four Lectures Delivered before the University of London in October* 1913. London: Macmillan, 1914.

———. *The Science and Philosophy of the Organism: The Gifford Lectures Delivered before the University of Aberdeen in the Year 1907*. London: Adam And Charles Black, 1908.

———. *The Science and Philosophy of the Organism: The Gifford Lectures Delivered before the University of Aberdeen in the Year 1908*. London: Adam and Charles Black, 1908.

Dumm, Thomas L. *A Politics of the Ordinary*. New York: New York University Press, 1999.

Eagleton, Terry. "Edible Écriture". *Consuming Passions: Food in the Age of Anxiety*, ed. Sian Griffiths and Jennifer Wallace, 203-208. Manchester: Manchester University Press, 1998.

Edensor, Tim. "Waste Matter: The Debris of Industrial Ruins and the Disordering of the Material World". *Journal of Material Culture*

10, no. 3 (2005): 311-332.

Eisenach, Eldon J., ed. *The Social and Political Thought of American Progressivism*. Indianapolis: Hackett, 2006.

Emerson, Ralph Waldo. *Journals and Miscellaneous Notebooks*: 1847-1848. Vol. 10. Cambridge, Mass.: Belknap, 1960.

Feher, Michel, Ramona Naddaff, and Nadia Tazi, eds. *Fragments for a History of the Human Body*. 3 vols. New York: Zone, 1989.

Ferguson, Kathy E. *The Man Question: Visions of Subjectivity in Feminist Theory*. Berkeley: University of California, 1993.

Fletcher, Angus. *A New Theory for American Poetry: Democracy, the Environment, and the Future of Imagination*. Cambridge: Harvard University Press, 2004.

Foucault, Michel. "Confinement, Psychiatry, Prison". *Politics, Philosophy, Culture: Interviews and Other Writings*, 1977-1984, trans. Alan Sheridan, ed. Lawrence D. Kritzman, 178-210. New York: Routledge, 1988.

——. "Theatrum Philosophicum". *Language, Counter-memory, Practice: Selected Essays and Interviews*, ed. Donald F. Bouchard, 165-198. Ithaca: Cornell University Press, 1977.

Fraser, Nancy. *Justice Interruptus: Critical Reflections on the Postsocialist Condition*. New York: Routledge, 1997.

Frow, John. "A Pebble, a Camera, a Man". *Critical Inquiry* 28, no. 1 (2001): 270-285.

Gatens, Moira. *Imaginary Bodies: Ethics, Power, and Corporeality*.

New York: Routledge, 1996.

Gesch, C. Bernard, et al. "Influence of Supplementary Vitamins, Minerals, and Essential Fatty Acids on the Antisocial Behaviour of Young Adult Prisoners: Randomised, Placebo-Controlled Trial". *British Journal of Psychiatry*, no. 181 (2002): 22-28.

Ginzburg, Carlo. *The Cheese and the Worms: The Cosmos of a Sixteenth-Century Miller*. Trans. John and Anne Tedeschi. Baltimore: Johns Hopkins University Press, 1980.

Glanz, James. "When the Grid Bites Back: More Are Relying on an Unreliable System". *International Herald Tribune*, 18 August 2003.

Goldberg, Jonathan. "Lucy Hutchinson Writing Matter". *ELH* 73, no. 1 (2006): 275-301.

——. *The Seeds of Things: Theorizing Sexuality and Materiality in Renaissance Representations*. New York: Fordham University Press, 2009.

Goodman, David. "Ontology Matters: The Relational Materiality of Nature and Agro-Food Studies". *Sociologia Ruralis* 41, no. 2 (2001): 182-200.

Gould, Stephen Jay. *The Structure of Evolutionary Theory*. Cambridge: Belknap, 2002.

Guattari, Félix. *The Three Ecologies*. Trans. Ian Pindar and Paul Sutton. London: Athlone, 2000.

Habermas, Jürgen. *The Future of Human Nature*. Cambridge: Polity, 2003.

Hallahan, Brian, and Malcolm R. Garland. "Essential Fatty Acids and Mental Health". *British Journal of Psychiatry*, no. 186 (2005): 275-277.

Hamacher, Werner. "Lingua Amissa: The Messianism of Commodity-Language and Derrida's Specters of Marx". *Ghostly Demarcations: A Symposium on Jacques Derrida's Specters of Marx*, ed. Michael Sprinker, 168-212. London: Verso, 1999.

Haraway, Donna J. *How Like a Leaf*. New York: Routledge, 2000.

——.*Modest_Witness@Second_Millennium. FemaleMan Meets_OncoMouse: Feminism and Technoscience*. New York: Routledge, 1997.

Hardin, Garrett. "The Tragedy of the Commons". *Science*, 13 December 1968, 1244-1248.

Hardt, Michael, and Antonio Negri. *Empire*. Cambridge: Harvard University Press, 2000.

——.*Multitude: War and Democracy in the Age of Empire*. New York: Penguin, 2004.

Harrington, Anne. *Reenchanted Science: Holism in German Culture from Wilhelm II to Hitler*. Princeton: Princeton University Press, 1996.

Hawkins, Gay. *The Ethics of Waste: How We Relate to Rubbish*. Sydney: University of New South Wales Press, 2006.

Hayden, Patrick. "Gilles Deleuze and Naturalism: A Convergence with Ecological Theory and Politics". *Environmental Ethics* 19, no. 2 (1997): 185-204.

Hayles, N. Katherine. *How We Became Posthuman*. Chicago: University of Chicago Press, 1999.

Heidegger, Martin. "The Age of the World Picture". *The Question Concerning Technology, and Other Essays*, trans. William Lovitt, 115-154. New York: Harper and Row, 1982.

——. *What Is a Thing?* Trans. W. B. Barton Jr. and Vera Deutsch. South Bend, Ill.: Gateway, 1967.

Hobbes, Thomas. "De Corpore". *The English Works of Thomas Hobbes*, vol. 1, ed. William Molesworth, n. p. London: John Bohn, 1839.

Ihde, Don. *Postphenomenology and Technoscience: The Peking University Lectures*. Albany, N.Y.: SUNY Press, 2009.

Ingold, Tim. *The Perception of the Environment: Essays on Livelihood, Dwelling, and Skill.* New York: Routledge, 2000.

"Iraq Body Count", August 2007. *Iraq Body Count*, http://www.iraqbodycount.org.

Jackson, Peter, et al. "Manufacturing Meaning along the Food Commodity Chain". *Cultures of Consumption Research Programme* (London: Birkbeck College), http://www.consume.bbk.ac.uk/research-findings/meaningfood.pdf.

Jennings, Cheri Lucas, and Bruce H. Jennings. "Green Fields / Brown Skin: Posting as a Sign of Recognition". *In the Nature of Things: Language, Politics, and the Environment*, ed. Jane Bennett and William Chaloupka, 173-194. Minneapolis: University of Minnesota Press, 1993.

Jennings, H. S. "Doctrines Held as Vitalism". *American*

Naturalist, July 1913, 385-417.

———. "Driesch's Vitalism and Experimental Indeterminism". *Science*, 4 October 1912, 434-435.

Johnson, Chalmers. "Blowback". *Nation*, 15 October 2001, 4-9.

Johnson, Steven. *Emergence: The Connected Lives of Ants, Brains, Cities, and Software*. New York: Touchstone, 2001.

Jonnes, Jill. *Empires of Light: Edison, Tesla, Westinghouse, and the Race to Electrify the World*. New York: Random House, 2003.

Jullien, François. *The Propensity of Things: Toward a History of Efficacy in China*. Trans. Janet Lloyd. New York: Zone, 1995.

Kafka, Franz. "Cares of a Family Man". *Complete Stories*, ed. Nahum N. Glatzer, 427-429. New York: Schocken, 1971.

———. "A Report to an Academy". *Complete Stories*, ed. Nahum N. Glatzer, 250-259. New York: Schocken, 1971.

Kant, Immanuel. *Critique of Judgment*. Trans. Werner Pluhar. Indianapolis: Hackett, 1987.

———. *Religion within the Limits of Reason Alone*. Trans. Theodore M. Greene and Hoyt H. Hudson. New York: Harper Torchbooks, 1960.

Kass, Leon. *The Hungry Soul: Eating and the Perfecting of Our Nature*. Chicago: University of Chicago Press, 1994.

Kauffman, Stuart. *Reinventing the Sacred: A New View of Science, Reason, and Religion*. New York: Basic Books, 2008.

Keiser, Albert. "New Thoreau Material". *Modern Language Notes*

44, no. 4(1929): 253-254.

Kingsolver, Barbara. "A Good Farmer". *Nation*, 3 November 2003, 7-11.

Kolata, Gina. "Researcher Who Helped Start Stem Cell War May Now End It". *New York Times*, 22 November 2007.

Lashley, K. S. "The Behavioristic Interpretation of Consciousness". *Psychological Bulletin*, no. 30 (1923): 237-272; 329-353.

Latham, Alan, and Derek P. McCormack. "Moving Cities: Rethinking the Materialities of Urban Geographies". *Progress in Human Geography* 28, no. 6(2004): 701-724.

Latour, Bruno. *Aramis; or, The Love of Technology*. Trans. Catherine Porter. Cambridge: Harvard University Press, 1996.

——." 'It's the Development, Stupid!' or, How to Modernize Modernization?" EspacesTempswebsite, http://www.espacestemps.net (accessed 15 April 2009).

——. "On Actor-Network Theory: A Few Clarifications". *Soziale Welt* 47, no. 4 (1996): 369-381.

——.*Pandora's Hope: Essays on the Reality of Science Studies*. Cambridge: Harvard University Press, 1999.

——. *Politics of Nature: How to Bring the Sciences into Democracy*. Trans. Catherine Porter. Cambridge: Harvard University Press, 2004.

——.*Reassembling the Social: An Introduction to Actor-Network Theory*. Oxford: Oxford University Press, 2005.

——. "What Rules of Method for the New Socio-scientific Experiments?" *Plenary lecture for the Darmstadt Colloquium*, 30

March 2001.

Laurier, Eric, and Chris Philo. "X-Morphising: Review Essay of Bruno Latour's *Aramis, or the Love of Technology*". *Environment and Planning* A 31, no. 6(1999): 1047−1071.

Lenoir, Timothy. "Kant, Blumenbach, and Vital Materialism in German Biology". *Isis* 71, no. 1 (1980): 77−108.

Lerner, Eric J. "What's Wrong with the Electric Grid?" *Industrial Physicist* 9, no. 5 (2003), http://www.aip.org/tip.

Levene, Nancy K. *Spinoza's Revelation: Religion, Democracy, and Reason.* Cambridge: Cambridge University Press, 2004.

Levine, George. *Darwin Loves You: Natural Selection and the Reenchantment of the World.* Princeton: Princeton University Press, 2006.

Lin, Martin. "Substance, Attribute, and Mode in Spinoza". *Philosophy Compass* 1, no. 2 (2006): 144−153.

Lorimer, Jamie. "Nonhuman Charisma". *Environment and Planning D: Society and Space* 25, no. 5 (2007): 911−932.

Lovejoy, Arthur O. "The Import of Vitalism". *Science*, 21 July 1911, 75−80.

———. "The Meaning of Driesch and the Meaning of Vitalism". *Science*, 15 November 1912, 672−675.

———. "The Meaning of Vitalism". *Science*, 21 April 1911, 610−614.

———. "Nature as Aesthetic Norm". *Essays in the History of Ideas*, 69−77. Baltimore: Johns Hopkins University Press, 1948.

Lovejoy, Arthur O., and George Boas. *Primitivism and Related*

Ideas in Antiquity. Baltimore: Johns Hopkins University Press, 1935.

Lucretius. "On the Nature of the Universe: De Rerum Natura". *The Epicurean Philosophers*, trans. C. Bailey, R. D. Dicks, and J. C. A. Gaskin, ed. John Gaskin, 78–304. London: J. M. Dent, 1995.

Luke, Timothy W. *Capitalism, Democracy, and Ecology: Departing from Marx*. Urbana: University of Illinois Press, 1999.

——. *Ecocritique: Contesting the Politics of Nature, Economy, and Culture*. Minneapolis: University of Minnesota Press, 1997.

Lyotard, Jean-François. *Postmodern Fables*. Trans. Georges van den Abbeele. Minneapolis: University of Minnesota Press, 1997.

Maienschein, Jane. "What's in a Name: Embryos, Clones, and Stem Cells". *American Journal of Bioethics* 2, no. 1 (2002): 12–19.

Margulis, Lynn, and Dorion Sagan. *What Is Life?* Berkeley: University of California Press, 2000.

Marks, John. "Introduction". "Deleuze and Science", ed. Marks, special issue, *Paragraph* 29, no. 2 (2006): 1–18.

Marrati, Paola. "Time, Life, Concepts: The Newness of Bergson". "Comparative Literature Issue", ed. Suzanne Guerlac, special issue, *MLN* 120, no. 5 (2005): 1099–1111.

Marres, Noortje. "Issues Spark a Public into Being: A Key But Often Forgotten Point of the Lippmann-Dewey Debate". *Making Things Public*, ed. Bruno Latour and Peter Weibel, 208–217. Cambridge: MIT Press, 2005.

Mathews, Freya. *For Love of Matter: A Contemporary Panpsychism*.

Albany: State University of New York Press, 2003.

Melamed, Yitzhak. "Spinoza's Anti-Humanism". *The Rationalists*, ed. C. Fraenkel, D. Perinetti, and J. Smith. New York: Kluwer, forthcoming.

Merleau-Ponty, Maurice. *The Phenomenology of Perception*. Trans. Colin Smith. New York: Routledge and Kegan Paul, 1981.

Mitchell, W. J. T. *What Do Pictures Want? The Lives and Loves of Images*. Chicago: University of Chicago Press, 2005.

Murray, Kevin. "The Cabinet of Helmut Lueckenhausen". *Craft Victoria*, no. 29 (1999): 17-19.

Nash, James A. "On the Subversive Virtue: Frugality", *Ethics of Consumption: The Good Life, Justice, and Global Stewardship*, ed. David A. Cricker and Toby Linden, 416-436. Lanham, Md.: Rowman and Littlefield, 1998.

Nietzsche, Friedrich. *Daybreak: Thoughts on the Prejudices of Morality*. Trans. R. J. Hollingdale. Cambridge: Cambridge University Press, 1997.

——. *On the Genealogy of Morals and Ecce Homo*. Trans. Walter Kaufmann and R. J. Hollingdale. New York: Vintage, 1969.

——. *Thus Spake Zarathustra*. Trans. Thomas Common. New York: Dover, 1999.

——. *Twilight of the Idols and The Anti-Christ*. Trans. R. J. Hollingdale. London: Penguin, 1983.

——. *The Will to Power*. Trans. Walter Kaufmann and R. J. Hollingdale. New York: Random House, 1967.

Nosovel, Damir. "System Blackout Causes and Cures". *Energy Central Network*, 6 October 2003, http://www.energypulse.net.

Patton, Paul. *Deleuze and the Political*. New York: Routledge, 2000.

Paulus PP. II, Ioannes. "Evangelium Vitae: To the Bishops, Priests, and Deacons, Men and Women, Religious, Lay, Faithful, and All People of Good Will, on the Value and Inviolability of Human Life". *Libreria Editrice Vaticana*, 25 March 1995, http://www.vatican.va.

Perniola, Mario. *Sex Appeal of the Inorganic: Philosophies of Desire in the Modern World*. Trans. Massimo Verdicchio. New York: Continuum, 2004.

Petulla, Joseph M. *American Environmentalism: Values, Tactics, Priorities*. College Station: Texas A&M University Press, 1980.

Pickering, Andrew. *The Mangle of Practice: Time, Agency, and Science*. Chicago: University of Chicago Press, 1995.

Pietz, William. "Death of the Deodand: Accursed Objects and the Money Value of Human Life". "The Abject", ed. Francesco Pellizzi, special issue, *Res*, no. 31 (1997): 97-108.

Pollan, Michael. *The Omnivore's Dilemma: A Natural History of Four Meals*. New York: Penguin, 2006.

Quirk, Tom. *Bergson and American Culture: The Worlds of Willa Cather and Wallace Stevens*. Chapel Hill: University of North Carolina Press, 1990.

Rahman, Momin, and Anne Witz. "What Really Matters? The

Elusive Quality of the Material in Feminist Thought". Paper presented at the Annual Congress of the Canadian Sociology and Anthropology Association, University of Toronto, 28-31 May 2002.

Rancière, Jacques. "Comment and Responses". *Theory and Event* 6, no. 4 (2003): n.p.

——. *Disagreement: Politics and Philosophy*. Trans. Julie Rose. Minneapolis: University of Minnesota Press, 1999.

——. *The Politics of Aesthetics: The Distribution of the Sensible*. Trans. Gabriel Rockhill. London: Continuum, 2004.

——. "Ten Theses on Politics". *Theory and Event* 5, no. 3 (2001): n.p.

Rancière, Jacques, and Davide Panagia. "Dissenting Words: A Conversation with Jacques Ranciere". *Diacritics* 30, no. 2 (2000): 113-126.

Richards, Robert J. "Kant and Blumenbach on the Bildungstrieb: A Historical Misunderstanding". *Studies in the History and Philosophy of Biology and Biomedical Sciences* 31, no. 1 (2000): 11-32.

Richardson, Alexandra J., and Paul Montgomery. "The Oxford-Durham Study: A Randomized, Controlled Trial of Dietary Supplementation with Fatty Acids in Children with Developmental Coordination Disorder". *Pediatrics* 115, no. 5 (2005): 1360-1366.

Roberts, Les, et al. "Mortality before and after the 2003 Invasion of Iraq: Cluster Sample Survey". *Lancet* 364, no. 9448 (2004): 1857-1864.

Robinson, Kenneth Allen. *Thoreau and the Wild Appetite*. New York: AMS Press, 1957.

Roe, Emma J. "Material Connectivity, the Immaterial, and the Aesthetic of Eating Practices: An Argument for How Genetically Modified Foodstuff Becomes Inedible". *Environment and Planning A* 38, no. 3 (2006): 465-481.

Rorty, Richard. *Rorty and Pragmatism: The Philosopher Responds to His Critics*. Ed. Herman J. Saatkamp Jr. Nashville, Tenn.: Vanderbilt University Press, 1995.

Saler, Michael. "Modernity, Disenchantment, and the Ironic Imagination". *Philosophy and Literature* 28, no. 1 (2004): 137-149.

Sanders, Scott Russell. "Stillness". *Orion* 20, no. 2 (2001): 64-71.

Sargisson, Lucy. *Utopian Bodies and the Politics of Transgression*. New York: Routledge, 2000.

Schoolman, Morton. *Reason and Horror: Critical Theory, Democracy, and Aesthetic Individuality*. New York: Routledge, 2001.

Serres, Michel. *The Birth of Physics*. Trans. Jack Hawkes. Ed. David Webb. Manchester: Clinamen, 2000.

——. *The Parasite*. Trans. Lawrence R. Schehr. Baltimore: Johns Hopkins University Press, 1982.

Sharp, Hasana. "The Force of Ideas in Spinoza". *Political Theory* 35, no. 6 (2007): 732-755.

Shellenberger, Michael, and Ted Nordhaus. *Break Through: From the Death of Environmentalism to the Politics of Possibility*. Boston:

Houghton Mifflin, 2007.

Sikorski, Wade. *Modernity and Technology*. Tuscaloosa: University of Alabama Press, 1993.

Slocum, Tyson. "Bush Turns Blind Eye to Blackout Culprit". Corp Watch, 21 August 2003, http://www.corpwatch.org.

Slow Food USA. "Manifesto". Slow Food USA, http://www.slowfoodusa.org (accessed 25 February 2009).

Smith, Cyril S. *A History of Metallography*. Chicago: University of Chicago Press, 1960.

——. "The Texture of Matter as Viewed by Artisan, Philosopher, and Scientist in the Seventeenth and Eighteenth Centuries". *Atoms, Blacksmiths, and Crystals: Practical and Theoretical Views of the Structure of Matter in the Seventeenth and Eighteenth Centuries*. Los Angeles: William Andrews Clark Memorial Library, University of California, Los Angeles, 1967.

Spike, Jeffrey. "Bush and Stem Cell Research: An Ethically Confused Policy". *American Journal of Bioethics* 2, no. 1 (2002): 45–46.

Spinoza, Baruch. *Ethics: Treatise on the Emendation of the Intellect, and Selected Letters*. Trans. Samuel Shirley. Ed. Seymour Feldman. Indianapolis: Hackett, 1992.

——. *The Letters*. Trans. Samuel Shirley. Indianapolis: Hackett, 1995.

"Stem Cell Breakthrough". *Washington Post*, 24 November 2007.

Stiegler, Bernard. *The Technics and Time*. Vol. 1, *The Fault of*

Epimetheus. Trans. Richard Beardsworth and George Collins. Stanford: Stanford University Press, 1998.

Stolberg, Sheryl Gay. "House Approves a Stem Cell Bill Opposed by Bush". *New York Times*, 25 May 2005.

Su, Kuan-Pin, Winston W. Shen, and Shih-Yi Huang. "Omega-3 Fatty Acids as a Psychotherapeutic Agent for a Pregnant Schizophrenic Patient". *European Neuropsychopharmacology* 11, no. 4 (2001): 295-299.

Sullivan, Robert. *The Meadowlands: Wilderness Adventures on the Edge of a City*. New York: Doubleday, 1998.

Sumner, Francis B. Review of *The History and Theory of Vitalism*, by Hans Driesch. *The Journal of Philosophy, Psychology, and Scientific Methods* 13, no. 4 (1916): 103-109.

"The Dogma of the Holy Trinity". Catechism of the Catholic Church, Libreria Editrice Vaticana, http://www.vatican.va (accessed 25 February 2009).

Thoreau, Henry David. *The Journal of Henry David Thoreau*. Vol. 2. Ed. Bradford Torrey and Francis H. Allen. New York: Houghton Mifflin, 1949.

——. *Walden and Resistance to Civil Government*. 2nd edn. Ed. William Rossi. New York: W. W. Norton, 1992.

——. *The Writings of Henry David Thoreau: Walden*. Ed. J. Lyndon Shanley. Princeton: Princeton University Press, 1973.

Tiffany, Daniel. "Lyric Substance: On Riddles, Materialism, and Poetic Obscurity". *Critical Inquiry* 28, no. 1 (2001): 72-98.

U.S.-Canada Power Outage Task Force. "Initial Blackout Timeline: August 14, 2003, Outage Sequence of Events". Canadian Department of Natural Resources, 12 September 2003, http://www.nrcanrncan.gc.ca.

U.S. Department of Agriculture, Office of Communications. "Profiling Food Consumption in America". *Agriculture Fact Book*: 2001-2002, chap. 2. March 2003, http://www.usda.gov.

U.S. Department of Health and Human Services. National Institutes of Health. "Stem Cells: Scientific Progress and Future Research Directions". June 2001, stemcells.nih.gov.

United States. Office of the White House Press Secretary. "President Bush, Ambassador Bremer Discuss Progress in Iraq". 27 October 2003, http://www.whitehouse.gov.

——. "President and Mrs. Bush's Remarks in an Interview by Television of Spain". 12 March 2004, http://www.whitehouse.gov.

——. "President Bush Discusses Iraq War Supplemental". 16 April 2007, http://www.whitehouse.gov.

Varela, Francesco. "Organism: A Meshwork of Selfless Selves". *Organisms and the Origin of Self*, ed. Alfred I. Tauber, 79-107. Dordrecht: Kluwer Academic, 1991.

Velasquez-Manoff, Moises. "The Worm Turns: Could We Cure Some Diseases by Reintroducing Parasites?" *New York Times Magazine*, 29 June 2008, 7.

Wade, Nicholas. "Bacteria Thrive in Crook of Elbow, Lending a Hand". *New York Times*, 23 May 2008.

Wald, Matthew L. "Report on Blackout Is Said to Describe Failure to React". *New York Times*, 12 November 2003.

Warner, Melanie. "A Sweetener with a Bad Rap". *New York Times*, 2 July 2006.

———. "Does This Goo Make You Groan?" *New York Times*, 2 July 2006.

Warren, Mark E. *Democracy and Association*. Princeton: Princeton University Press, 2001.

Wellmer, Albrecht. *Endgames: The Irreconcilable Nature of Modernity*. Trans. David Midgley. Cambridge: MIT Press, 1998.

Whatmore, Sarah. "Materialist Returns: Practicing Cultural Geography in and for a More-Than-Human World". *Cultural Geographies* 13, no. 4 (2006): 600-609.

Wheeler, Leonard Richmond. *Vitalism: Its History and Validity*. London: H. F. and G. Witherby, 1939.

Whitehead, Alfred North. *The Concept of Nature: Tarrner Lectures Delivered in Trinity College November 1919*. Cambridge: Cambridge University Press, 1920.

Whitman, Walt. *Leaves of Grass and Other Writings*. 2nd edn. Ed. Donald Moon. New York: W. W. Norton, 2002.

Zammito, John H. *The Genesis of Kant's Critique of Judgment*. Chicago: University of Chicago Press, 1992.

索 引

(数字为原著页码)

Actants 行动体, 8-10, 23-28, 35-39, 44-45, 81, 88, 94, 97-98, 103-104, 115; definition of ~的定义, viii-ix

Adorno, Theodor 西奥多·阿多诺, viii, xiii, xvii, 31, 102; on clowning ~论小丑, 15; negative dialectics method of ~的否定辩证法, 14; non-identity concept of ~的非同一性概念, 13-18, 20, 31; thing-power and 物的力量和~, 16

Aeschylus 埃斯库罗斯, xvii, 54, 58, 60

Affect 感情, 54, 58, 100-101, 114; impersonal 非人的~, xi-xv, 61

Affective bodies 受感体, 21, 24, 103, 105, 117-118. *See also* conative bodies 另参见意动体

Agency 能动性, 3, 9-11, 13, 17, 29-31, 41, 44, 74, 79-80; distributive 分配~, x-ix, xvii, 20-24, 28, 38, 49, 94-98, 103, 119-122; impersonal 非人的~, 68-69, 75, 87; "a life" concept and "一个生命"概念和~, xvii, 53-55, 57-61, 87; "small agency" of worms 蚯蚓的"微观能动性", 94-98,

108-109

Althusser, Louis 路易·阿尔都塞, 18, 91

Anderson, Ben 本·安德森, 58

Animism 泛神论, xviii, 18

Anlagen 禀赋, 67-68, 73

Anthropocentrism 人类中心主义, ix, xvi, 24, 28, 61, 87, 102, 107, 120; demystication of ~的去神秘化, xiv-xv

Anthropomorphism 拟人化, xviii, 18, 25, 98-99, 107, 119-120, 122; defined 界限清晰的~, xvi

Aramis(Latour) 高科技自动化地铁系统(拉图尔), 30

Arendt, Hannah 汉娜·阿伦特, 33-34, 37

Assemblage 聚合体, xvi-xvii, 5, 11, 20-26, 28-30, 34-40, 44-46, 49-51, 55, 60, 61, 81, 96-98, 113, 116-118, 121; definition of ~的定义, 23-24; operator in ~中的运行者, 9, 40, 42, 51, 98, 108

Atomism: Epicurean 原子论:伊壁鸠鲁式, xi, 18, 57, 68; thing-power and 物的力量和~, 20

Augustine, Saint 奥古斯丁, 28, 36

Bakhtin, Mikhail 米哈伊尔·巴赫金, 74-76, 89-90

Becoming 生成, 22, 49, 58, 60, 68, 93; animal ~动物, 55; as "creative evolution", 作为"创造进化"说的~, 77, 81, 92; entelechy and, 生命原理和~, 71-73, 75, 89; of things 物的~, 8, 118-119

Bergson, Henri 亨利·柏格森, xiv, 24, 53, 60, 102, 117;

vitalism of ~的活力论, viii, xviii, 48, 61, 63-65, 73, 76-83, 87, 90, 92-93

Berries 浆果, vii, 45, 47, 107

Berry, Wendell 温德尔·贝里, xiv, 111, 121

Bildungstrieb 形成动力, xviii, 64, 67-69, 71, 73, 75, 90; definition of ~的定义, 65-66

Blackout 大停电, xiv, xvii, 21, 24-28, 30, 34-37, 101. *See also* Electricity 另参见电力

Blumenbach, Johann Friedrich 约翰·弗里德里希·布鲁门巴赫, 66-67, 71

Brown, Wendy 温迪·布朗, xiv-xv

Bush, George W. 乔治·沃克·布什, xviii, 26, 28, 32, 60, 82-85, 91

Canguilhem, George 乔治·康吉莱姆, 90

Cap 瓶盖, plastic 塑料~, 3-6, 21

Causality 因果性, 31-34, 67, 68, 75, 117; emergent 初现的~, 33, 59, 91, 112; emergent vs. mechanical 初现的~vs.机械的~, 41; mechanical 机械的~, 65, 70, 76

Clinamen 偏移力, 21, 103; Lucretian swerve 卢克莱修的偏斜, 18, 68, 91, 119

Cole, David 大卫·科尔, xiii

Coleridge, Samuel Taylor 塞缪尔·泰勒·柯勒律治, 117

Coles, Romand 罗曼德·科尔斯, xiv, 14, 16

Complexity 复杂性, 93, 111, 119; organized 有组织的~, 100;

theory ～理论, 60, 87, 91, 99

Conative bodies 意动体, x, 2, 26, 39, 44, 102. *See also* Affective bodies 另参见受感体

Conatus 努力, 3, 21–22, 91, 104, 106, 108, 118; definition of ～的定义, 2

Connolly, William 威廉·康诺利, 29, 33, 107

Constraint 约束, xvi, 29–30, 36, 39, 67, 108

Consumption 消费, viii–ix, 37, 45, 47, 110–111

Context 背景, xvi, 5, 29, 39, 108, 111

Coole, Diana 戴安娜·库尔, xvi, 36; on agency ～论能动性, 30

Cornaro, Luigi 路易吉·科尔纳罗, 44

Darwin, Charles 查尔斯·达尔文, viii, 119; worms and 蚯蚓和～, xviii, 94–100, 108

Das, Veena 维纳·达斯, 53–54

Dead meat 死肉, 45, 48

Dean, Jodi 乔迪·迪恩, xv

De Landa, Manuel 曼纽尔·德兰达, 6–7, 11, 40, 59

Deleuze, Gilles 吉尔·德勒兹, x–xi, 8–9, 17, 35, 42, 54, 55–57, 59–61, 106, 117–118; on affect ～论感情, xii–xiii; "assemblage" concept of ～的"聚合体"概念, xvi–xvii, 21–23; on *élan vital* ～论生命冲动, 78, 79; "a life" concept of ～的"一个生命"概念, 53–54; "vagabond" materiality concept of ～的"流浪"物质性概念 49–50; "war-machine" concept of ～的"战争机器"概念, 76

Democritus 德谟克利特, xiii, 18

Demystification 去神秘化, xiv-xv

Derrida, Jacques 雅克·德里达, xiii, 32

De Vries, Hent 亨特·德·弗里斯, 3

Dewey, John 约翰·杜威, xviii, 95, 100-105, 110

Diderot, Denis 德尼·狄德罗, xiii, 62

Driesch, Hans 汉斯·杜里舒, 85; individual correspondence and 个体回应和~, 72-73, 78-79, 97; machine model of nature and 自然机械模型和~, 70, 91-92; vitalism of ~的活力论, viii, xviii, 48, 61, 63-67, 69-84, 87, 89-90, 92-93. See also Entelechy 另参见生命原理

Dumm, Thomas 托马斯·杜姆, 5, 16

Ecology 生态学, ix, 10, 18, 50-51, 53, 97, 112, 118, 121; micropolitics of self and 自我的微观政治学和~, 113-116; political 政治~, xviii-xix, 94-95, 98, 100-109

Élan vital 生命冲动, xviii, 61, 63-64, 76-78, 90, 93; for Deleuze 关于德勒兹的~, 73; entelechy vs. 生命原理 vs.~, 78-81. See also Bergson: vitalism of 另参见柏格森:柏格森的活力论

Electricity 电力, vii, viii, x, xiii, xvii, 10, 21-39, 59, 62, 94, 104, 107, 121; as reactive power 作为无功功率的~, 26-27, 30, 35. See also Blackout 另参见大停电

Emerson, Ralph Waldo 拉尔夫·沃尔多·爱默生, xii, 92

Enchantment 附魅, xi-xii, 16

Energy 能量、能源, xi, 7, 16, 18, 20, 23, 35, 50, 54, 63, 71,

106, 122; consumption of 能量/能源的消耗, 36, 44; policy 能源政策, viii, 26–28, 37; vitality as 作为能量的活力状态, 74, 76, 79–80. *See also* Matter-energy 另参见物质能量

Entelechy 生命原理, xviii, 61, 63–64, 69, 72–78, 83, 89–90, 92–93; denition of ~的定义, 70–71; *élan vital* vs. **生命冲动** vs.~, 78–81

Environment 环境, 22, 73, 88, 92, 110; nonhumans as 作为~的非人, 102, 111–117, 120; sustainability and 可持续性和~, xi, 50–51

Environmentalism 环境主义, 50, 113–114, 116; vital materialism vs. 活力唯物主义 vs.~, 110–112, 121

Epicureanism 伊壁鸠鲁主义, x–xi, 57, 68

Epicurus 伊壁鸠鲁, xiii, 18, 62

Ethics 道德: Adorno and 阿多诺和~, 15–16; demystification and 去神秘化和~, xiv–xv; diet and 饮食和~, 39–41, 43–51; human exceptionalism and 人类例外主义和~, 108–109, 112; Lucretius and 卢克莱修和~, 18; responsibility and 责任和~, 36–38; sensibility and 感性和~, xi–xii, 61; vitalism and 活力论和~, 82–89; of vital materialism 活力唯物主义的~, 12–14, 16–17, 116, 121–122

Exceptionalism 例外主义, human 人类~, 34–37, 73, 86–87, 108–109, 112, 121

Fat 脂肪: dietary 膳食脂肪, 39–43, 46–48, 51, 94, 112; omega-3 fatty acids omega-3 脂肪酸, vii, 41–42, 48

Fire 火, 6, 24, 28, 37, 88, 96, 107, 118, 121; brush 电刷起火, 25–26

Food 食物, x, xiii, xvii, 40–51, 62, 103, 107, 115; conative bodies and 意动体和~, 39; fast 快餐, 114; slow 慢餐, 50–51

Foucault, Michel 米歇尔·福柯, xv–xvi, 1–2, 17, 40, 114; "care of the self" work of ~的"关心自我"研究, xi; the incorporeal and 无体和~, 57

Frow, John 约翰·佛柔, 9

Goodman, David 大卫·古德曼, 43

Gould, Stephen Jay 史蒂芬·杰伊·古尔德, 4

Guattari, Félix 费利克斯·瓜塔里, x, 42, 54, 55–57, 59–61, 106, 110, 111, 117–118, 121; on affect ~论感情, xii–xiii; "assemblage" concept of ~的"聚合体"概念, xvi–xvii, 21–23; *The Three Ecologies*《三种生态学》, 113–114; "vagabond" materiality concept of ~的"流浪"物质性概念, 49–50; "war-machine" concept of ~的"战争机器"概念, 76

Haraway, Donna 唐娜·哈拉维, 45, 111

Hardin, Garrett 加勒特·哈丁: "tragedy of the commons" concept of ~的"平民悲剧"概念, 27, 37

Harrington, Anne 安妮·哈林顿, 83

Hawkins, Gay 盖尔·霍金斯, 111

Hegel, Georg Wilhelm Friedrich 格奥尔格·威廉·弗里德里希·黑格尔, xiii, 61

Heidegger, Martin 马丁·海德格尔, 18, 60, 61, 117

Hobbes, Thomas 托马斯·霍布斯, 62, 117: matter in motion concept of ~的运动中的物质概念, 55-56

Hurricanes 飓风, 24, 107-108, 112, 119, 121; Katrina 卡特里娜~, 110

Hylomorphic model 形式质料说, 56

Individual correspondence 个体回应, 72-73, 78-79, 97

Inorganic matter 无机物质: organic life vs. 有机生命 vs. ~, vii, ix-x, xii, xvii-xviii, 6-8, 9, 18, 20, 48, 50-69, 71-78, 83-89, 92-93, 117; "sex appeal of the inorganic" (Perniola) "无机世界的性吸引力"(佩尔尼奥拉), 61

Intentionality 意向、意向性, 20-23, 29-40, 51, 87, 96-108, 119

Isomorphism 同构, 64, 99, 118, 119

Jizz 嘶嘶声, 99, 111

John Paul II (pope) 教皇约翰·保罗二世, 86

Kafka, Franz 弗兰兹·卡夫卡, xiv, xvi, 11, 19, 117; Odradek (character), 奥德拉代克(角色) 6-8, 10, 20; Rotpeter (character) 红彼得(角色), 52-53

Kant, Immanuel 伊曼努尔·康德, ix, 16, 61, 72, 74, 87, 92, 98, 117, 121; on agency ~论能动性, 29, 36; morality and 道德和~, 12-13; vitalism of ~的活力论, xviii, 48, 64-71, 73, 82-83. See also *Bildungstrieb* 另参见**形成动力**

Kass, Leon 莱昂·卡斯, 47-48, 56

Kingsolver, Barbara 芭芭拉·金索沃尔, xiv, 50-51

Latham, Alan 艾伦·莱瑟姆, 57

Latour, Bruno 布鲁诺·拉图尔, 5, 103-104, 111, 114-116, 121; actant and 行动体和~, viii-ix, 9; *Aramis* 高科技自动化地铁系统, 30; "slight surprise of action" concept of ~的"行动带来的些许惊讶"概念, 27, 103; worms and 蚯蚓和~, 94, 97-98, 108

Levene, Nancy 南希·勒弗尼, 2

Levine, George 乔治·莱文, 99

Life 生命, 52, 56, 120-121; autonomy of ~自主性, 70, 87, 89; becoming and 生成和~, 73, 75-79; "culture of life" "生命文化", xviii, 69, 81-88, 92, 115; force ~力量, xiii, 48, 56, 63-64, 86; "a life" concept "一个生命"概念, xvii, 53-55, 57-61, 87; nonorganic 非有机~, 3-4, 6-7, 18, 55, 59; unquantifiable 无法量化的~, 74, 77. *See also* Inorganic matter: organic life vs. 另参见无机物质: 有机生命 vs. 无机物质

Litter 弃物, viii, xiii-xiv, xvi, 4, 62. *See also* Trash 另参见垃圾

Lopez, Barry 巴里·洛佩兹, xiv, 111, 121

Lorimer, Jamie 杰米·洛里默, 99

Lucretius 卢克莱修, x-xi, 17, 19, 22, 62, 118; swerve and 偏斜和~, 18, 68, 91, 119

Luke, Timothy W. 蒂莫西·W. 卢克, 114

Lyotard, Jean-François 让-弗朗索瓦·利奥塔, 11

Machine model of nature 自然的机器模型, 70, 91-92

Marks, John 约翰·马克斯, 56

Marres, Noortje 诺杰·玛尔斯, 36, 100

Marx, Karl 卡尔·马克思, xiii-xiv, xvi, 18

Massumi, Brian 布莱恩·马苏米, 57

Materialism 唯物主义、物质主义, xv, 9, 96; American 美国物质主义, 5; deterministic 决定论唯物主义, 63, 75-76, 89-91; of the encounter 相遇唯物主义, 18; specific 特定的唯物主义, 14, 16; vital 活力唯物主义, x, xiii, xvii-xix, 12, 13, 17-19, 23-24, 30-32, 37, 57, 62-68, 92-93, 95, 99, 102-112, 115-122; vital vs. Historical 活力唯物主义 vs. 历史唯物主义, xvi, 18, 58, 62

Materiality 物质性, 45, 58; affect and 感情和~, xiii; antimateriality 反物质性, 5; ethics and 伦理和~, 12-13; as extension in space 作为在空间中延伸的, 20, 55, 57-58, 76-77, 80, 93; Marx's notion of 马克思的~概念, xvi; recalcitrance of ~的顽固性, 1, 3, 9, 35, 50, 61-62, 111; vagabond 流浪~, 49-50, 60. *See also* Materialism; Matter 另参见唯物主义、物质主义;物质

Mathews, Freya 弗莱雅·玛休斯, xiv, 111

Matter 物质: edible 可食用的~, xvii, 39-40, 42, 44, 47-50; form vs. 形式 vs.~, 46-48, 50; hylomorphic model and 形式质料说和~, 56-58; life/matter ontological divide 生命/物质的本体论划分, xvii-xviii, 51, 84; in motion 运动中的~, 55; nomadism of ~的游牧性, 59-60; vibrant 活力~, vii-x, xiii, xv, xvii–xix, 3, 5, 13, 18, 20, 29, 37, 53, 91–92, 94, 111–112, 116–117, 119–120. See also Inorganic matter: organic life vs.; Materialism; Materiality 另参见无机物质：有机生命 vs. 无机物质；唯物主义、物质主义；物质性

Matter-energy 物质能量, x–xi, xix, 7, 11, 20, 54, 55, 56–57, 119, 122

McCormack, Derek 德里克·麦考马克, 57

Merleau-Ponty, Maurice 莫里斯·梅洛-庞蒂, 20, 117; *Phenomenology of Perception*《知觉现象学》, 5, 29–30

Messianicity 弥赛亚, 32

Metal 金属, vii, 8–10, 48, 62, 89, 94, 102, 107–108, 112, 120; a life of ~的生命, 53–60, 115

Metallurgy 冶金, 54, 56, 59–60

Micropolitics 微观政治学, xii; Adorno and 阿多诺和~, 14–15; anthropomorphism and 拟人化和~, 119–120, 122; of self 自我的~, 113–116; techniques of ~的技术, 1

Minerals 矿物质, 8, 20, 23, 36, 50–51, 53, 61, 71, 103, 107, 111, 117; talking 正在说话的~, 10–11, 60

Monism 一元论, x–xi, 119, 121

Mood 情绪: diet and 饮食和~, vii, xvii, 40–41, 51; ethics and 伦理和~, xii, 61; event and 事件和~, 103; *shi* and 势和~, 35. See also Sensibility 另参见感性；情感

Morphogenesis 器官的形成, 70–71, 73, 74, 75, 76, 87, 89

Nash, James 詹姆斯·纳什, 121

Nature 自然, 12, 17-18, 60, 62, 66-68, 71, 72, 73, 74, 80, 84, 106, 110, 111, 119; culture vs. 文化 vs.~, 99, 103, 113-114, 120-122; as generativity 作为生成性的~, 117-118; human 人性, 29; mechanistic model of ~的机械模型, xviii, 61, 63-64, 70, 91-92, 112; "second" "第二~", 115; Spinoza's Nature 斯宾诺莎的自然, x, 3, 22, 97; spontaneity of ~的自发性, viii; as "war-machine" 作为"战争机器"的~, 76

Nietzsche, Friedrich 弗里德里希·尼采, viii, x, xii, xiv, 1; on diet ~论饮食, xvii, 40, 43-48, 62, 117; ethics and 伦理和~, 12; *Will to Power*《权力意志》, 54

Nonidentity 非同一性, 13-18, 20, 31

Nonlinear system 非线性体系, 42

Objects 客体、对象、物体: actants vs. 行动体 vs. 客体, 10, 115; affective 有情感的对象, xii; becoming of 物体的生成, 58; edible 可食用的物体, 48; historicity of 客体的历史性, 56-57; preponderance of 客体的优势, 14-17; recalcitrant 顽固物体, 62; things vs. 物 vs. 客体, vii, xvi-xvii, 2, 5, 12-13, 18, 22, 61. *See also* Subject: object vs. 另参见主体:客体 vs. 主体

Odradek (Kafka character) 奥德拉代克(卡夫卡笔下角色), 6-8, 10, 20

Omega-3 fatty acids omega-3 脂肪酸, vii, 41-42, 48

Ontological divide 本体论划分, 120; human/nonhuman 人类/非人, 12, 24; life/matter 生命/物质, xvii-xviii, 51, 84; subjects/objects 主体/客体, 99, 108, *See also*: Inorganic matter; organic life vs.; Subject: object vs. 另参见: 无机物质: 有机生命 vs. 无机物质; 主体: 客体 vs. 主体

Operator 运行者, 40, 42, 51, 98, 108; definition of ~的定义, 9. See also Assemblage 另参见聚合体

Organism 有机体, 6, 8, 24, 45, 47-48, 53, 56, 61, 63, 65-75, 77, 79, 83, 85-90, 97, 102

Out-side 外部, xvi, 2-3, 5, 13, 17, 20-21, 49, 53, 90, 102, 111

Perception 认知、知觉, 5, 18, 30, 35, 45, 57, 99, 107-108, 114; action-oriented 行动导向型~, xiv, 102, 119; distribution of the sensible and 感性分配和~, 105

Perniola, Mario 马里奥·佩尔尼奥拉, 61

Phenomenology of Perception (Merleau-Ponty)《知觉现象学》(梅洛-庞蒂), 5, 29-30

Plato 柏拉图, 38

Prometheus 普罗米修斯, xiii, xvii, 54-55, 58

Public 公众, x, xviii-xix, 37, 50-51, 82, 94, 107-108, 110-111; Dewey's notion of 杜威的~概念, 95, 100-103; Latour's notion of 拉图尔的~概念, 103; Rancière's notion of 朗西埃的~概念, 95, 104-106

Purposiveness 目的性、合目的性, 32, 55, 67-69, 93, 112, 117

Rancière, Jacques 雅克·朗西埃, xviii-xix, 95, 104; "partition of the sensible" concept of ~的"感性划分"概念, vii, 105-107

Rat 老鼠, 3–6, 10, 21, 107

Responsibility 责任, xv, 21, 24, 28, 75, 101–102; distributive agency and 分配的能动性和~, 36–38

Rothy, Richard 理查德·罗蒂, 11

Rotpeter (Kafka character) 红彼得(卡夫卡笔下角色), 52–53

Sea urchin 海胆, 70–72, 83, 89

Self-organization 自我组织, 6–7, 10, 33–34, 65, 76, 87, 100

Sensibility 感性;情感, 29, 107; anthropomorphism and 拟人化和情感, 99, 119–120; ecological 生态感性, xi, xiv, 10; ethics and 伦理感性, xi–xii, 51, 61. *See also* Mood 另参见情绪

Serres, Michel 米歇尔·塞尔, 91; "thermal exciter" concept of ~ 的"热刺激物"概念, 42; turbulence and 动荡和~, xi, 118–119

Shi 势, 34–35

Simondon, Gilbert 吉尔伯特·西蒙顿, 56

Slowness 慢度, 55, 58

Smith, Cyril 西里尔·史密斯, xvii, 58, 60

Soul 灵魂, viii, xvii, 3, 10–11, 45–48, 63, 66, 68, 71, 75, 81, 83, 90, 119, 121

Speech 言说、言论, 36, 38, 52, 76, 105–106, 107

Spinoza, Baruch 巴鲁赫·斯宾诺莎, viii, xiii, xvii, 5, 21–23, 32, 62, 70, 91, 101 108, 117 118; affect and 感情和~, xii; conative bodies concept of ~的意动体概念, x, 2, 26, 39, 44, 102; ethics of ~的伦理, 12; on Nature ~论自然, x, 3, 22, 97

Spool of thread 线轴, 3; Odradek (Kafka character) 奥德拉代克

（卡夫卡笔下角色），6-8，10，20

Stem cells 干细胞，vii，viii，x，xiii，xviii，72，81-82，84-86，87，88，90-94，98，115

Stiegler, Bernard 贝尔纳·斯蒂格勒，31

Subject 主体，ix，19，87，91；object vs. 客体 vs. 主体，xiv，2，5，7-10，12-13，16，20，22，27，99，108，120，122；willing 意愿~，28，30-34

Subjectivity 主体性，ix，xiii，3，16，18，53，114，116，120

Substance 实体；物质，41，49-50，58，67，71；conative 意动实体，x，21-22，117-118；inert 惰性物质，xiii，xvii，51

Sullivan, Robert 罗伯特·沙利文，6，19

Surprise 惊讶，90-91；of action 对行动感到~，27，103；*élan vital* and 生命冲动和~，78

Sustainability 可持续性，viii-ix，xi，xix，22，50-51，110，113，114，121

Thermal exciter 热刺激物，42

Thing-power 物的力量，xiii，xvii，2-6，8，10-11，13-14，16-18，29；definition of ~的定义，xvi；individualism and atomism 个人主义与原子论，20

Things 物：Adorno's nonidentity and 阿多诺的非同一性和~，13-15；becoming of ~的生成，8，118-119；"feeling"有"感情"的~，61；force of ~的力量，vii-ix，xii-xiv，xvi-xvii，1-6，18，20-22，29-31，35，47，63，65，89，92，107，111；as *natura naturata* 作为被动自然的~，117；Nietzsche on 尼采论~，

54；objects vs. 客体 vs. ～, vii, xvi–xvii, 2, 5, 12–13, 18, 22, 61；"parliament of" "～的议会", 104；people vs. 人民 vs. ～, x, 4, 9–10, 12, 37, 86, 119–121；recalcitrance of ～的顽固性, 1, 50. See also Thing-power 另参见物的力量

Thoreau, Henry David 亨利·大卫·梭罗, viii, xii, xiv, 5, 62, 121；on diet ～论饮食, xvii, 40, 45–48；"the Wild" concept of ～的"野性"概念, xv, 2, 20, 121

Thumos 激情, 38

Tool 工具, 7, 25, 38–39, 51, 108；stone 石器工具, 31

"Tragedy of the commons" concept (Hardin) "平民悲剧"的概念（哈丁）, 27, 37

Trajectory 轨迹, viii, 61, 119；of actants 行动体的～, 62；of action 行动的～, 103；of assemblages 聚合体的～, 24, 31–32, 35–38；of fats 脂肪的～, 43；of organic growth 有机生长的～, 72–73

Transformation 转型、转化, 98, 108；entelechy and 生命原理和转化, 72；epigenetic 后成论的转型, 67；between human and non-human 人类与非人之间的转化, 40, 48–49；of life 生命转化, 54；of matter into life 物质转化为生命, 56；of metal 金属的转化, 59；techno-scientific 技术–科学～, 113；"thermal exciter" and "热刺激物"和转化, 42

Trash 垃圾, vii–viii, x, 5–6, 10, 39, 107, 115；in the Meadowlands 梅多兰兹的～, 5–6, 20. See also Litter 另参见弃物

Value 价值, xiii, 121–122；distribution of ～的分配, 13

Vernadsky, Vladimir Ivanovich 弗拉迪米尔·伊万诺维奇·沃尔纳

德斯基, 8, 11, 19, 60

Vital force 活力, xviii, 24, 38, 47, 63, 64–67, 69, 78–79, 81–84, 87

Vitalism 活力论, xiii, 56, 74; of Bergson 柏格森的~, viii, xviii, 48, 61, 63–65, 73, 76–83, 87, 90, 92–93; critical 批判~, 63–65, 84; of Driesch 杜里舒的~, viii, xviii, 48, 61, 63–67, 69–84, 87, 89–90, 92–93; of Kant 康德的~, xviii, 48, 64–71, 73, 82–83; latter-day 当今的~, 81–91; of Nietzsche 尼采的~, 54

Vitality 活力状态：definition of ~的定义, viii; as energy 作为能量的~, 74, 76, 79–80; metallic 金属~, 59; violence and 暴力和~, 53–54, 61, 69, 85, 88–90

Whitehead, Alfred North 阿尔弗雷德·诺思·怀特海德, 117

Whitman, Walt 沃尔特·惠特曼, xii, xiv, 46

Will 意志, 43, 73, 97; free 自由~, viii–x, 2, 21, 28–33, 45, 68, 90, 98, 102; to mastery 掌控欲, xvii, 15; political 政治意愿, 10; to power 权力~, xiv

Will to Power(Nietzsche)《权力意志》(尼采), 54

Worms 蚯蚓, vii, xiii, xviii, 51, 99–100, 103, 120–121; "small agency" of ~的"微观能动性", 94–98, 108–109

译后记

  我与《活力物质》一书的翻译结缘，要追溯到2018年。在北京初春的某个下午，汪民安老师联系我，询问是否愿意翻译本内特的理论著作《活力物质》。当时，新物质主义（new materialism）在国外理论界刚刚成为前沿热点，《活力物质》便是这一思潮的奠基之作。汪老师对新物质主义理论一直非常关注，他敏锐地捕捉到这一新兴思潮在国外的影响力，在2017年也曾邀请我为他编写的《文化研究关键词》撰写了"新物质主义"词条。此次，面对汪老师的翻译邀约，我当时自然非常心动。一是因为，我对新物质主义理论的研究已经持续多年；二则是因为，我赞同汪老师的理论敏锐度，深知新物质主义理论的发展潜力。2015年，在多伦多大学做生态批评研究时，我便亲身感受到新物质主义思潮对北美人文研究界的巨大影响。因此，在有机会翻译《活力物质》这部新物质主义的早期理论著作时，虽然科研忙碌，也依然毫不犹豫地接受邀请，承担了本书的翻译工作。

  本书的书名是《活力物质》，即具有活力的物质。作者本内特将"物质"作为研究对象，致力于解构关于"物质"的固有认知，挖掘物质的"新"属性（"活力"），并由此展开了她关于"活力物质主义"(vital materialism)①的一系列探讨。本内特将物质视为一种与非人世界相遇的方法,试图使物质所固有的"活力"理论化,从而使物质摆脱被动、机械或神造实体的形象。她所关注的"活力物质"可谓包罗万象,从人类的身体到巴尔的摩的废弃物、普罗米修斯的镣铐、达尔文的蚯蚓、电流、食物与干细胞等,都是她关注的对象。通过重构物质与意义之间的关系,本内特为读者展现出物质具有的叙述力,以及这种叙述力所创造的意义是如何与人类生活互动的。

《活力物质》对"物质"活力的讨论,促使"物质"的定义出现了革新性的改变,这也是新物质主义思潮的核心议题。正因如此,虽然本书中尚未正式出现"新物质主义"的说法,却依然被人们认为是新物质主义的奠基之作。新物质主义的"新",在于其对"物质"的概念有"新"的阐释,这一点《活力物质》的早期讨论至关重要。新物质主义思潮延续了《活力物质》的主张,呼吁人们解构二元对立,关注物质的"活力",聆听物质"讲述"的故事。② 新物质主义理论将物质看作一种叙述的场所,关注环境、场所、过

---

① 值得注意的是,活力物质主义或新物质主义中的 materialism 的内涵,并不简单等同于传统唯物主义的 materialism——虽然二者都使用 materialism 一词,但前者更接近于 material+ism(物质+主义),更多地是探讨"物质"及其新定义。对于二者概念的区别,本内特也在本书中进行了长篇的论述。另可参见吴美群的讨论:《〈物治理:福柯与新物质主义〉中的关联物质主义刍议》,《外国文学》2023 年第 2 期。

② 也正因如此,新物质主义与生态批评研究有着天然的契合,这一点从本书标题中的"生态"二字也可看出。此外,在新物质主义影响下,也出现了"物质主义生态批评"(material ecocriticism)研究。

程、力量与经验中蕴含的基本的物质性，瓦解了此前占据学界主导地位的"语言学转向"，最终推动了人文学科向"物质转向"发展。

目前，新物质主义理论在外国文学、文化研究、艺术学研究等领域都产生了巨大影响，涌现出大量交叉研究[①]，展现出很强的适应性与潜力。本书围绕日常生活对"物质"及其活力的探讨，既深入浅出，又颇具趣味，可以说既是学术研究者深入理解新物质主义理论的必要一步，也能够改变读者对衣食住行等人类基本生活的理解方式。

最后，本书在翻译过程中得到了国家社科基金（22CWW022）和中央财经大学"菁英学者"计划的支持，在此致谢。

马　特
2024 年冬于北京

---

① 国内研究可参见韩启群：《新物质主义》，《外国文学》2023 年第 1 期；陈恬：《"活力之物"：当代剧场场景学中的新物质主义》，《文艺研究》2024 年第 1 期；姜慧玲：《新物质主义视域下菲利普·拉金诗歌中的"生命共同体"意识》，《当代外国文学》2022 年第 3 期等，篇幅所限仅列部分。

著作权合同登记号：陕版出图字 25-2023-096

图书在版编目(CIP)数据

活力物质：“物”的政治生态学 /（美）简·本内特著；马特译. — 西安：西北大学出版社，2024.11
（精神译丛／徐晔，陈越主编）
书名原文：Vibrant Matter：A Political Ecology of Things
ISBN 978-7-5604-5364-4

Ⅰ.①活… Ⅱ.①简…②马… Ⅲ.①政治学—生态学—研究 Ⅳ.①D0

中国国家版本馆 CIP 数据核字(2024)第 080872 号

活力物质：“物”的政治生态学
[美]简·本内特 著
马特 译　张靖松 校

出版发行：	西北大学出版社
地　　址：	西安市太白北路 229 号
邮　　编：	710069
电　　话：	029-88302590
经　　销：	全国新华书店
印　　装：	陕西博文印务有限责任公司
开　　本：	889 毫米×1194 毫米　1/32
印　　张：	9.25
字　　数：	210 千
版　　次：	2024 年 11 月第 1 版　2024 年 11 月第 1 次印刷
书　　号：	ISBN 978-7-5604-5364-4
定　　价：	79.00 元

本版图书如有印装质量问题，请拨打电话 029-88302966 予以调换。

Vibrant Matter: A Political Ecology of Things
by Jane Bennett
Copyright © 2010 Duke University Press
Published by arrangement with Duke University Press
Simplified Chinese translation copyright © 2024
by Northwest University Press Co., Ltd.
ALL RIGHTS RESERVED

精神译丛（加*者为已出品种）

第一辑

*从莱布尼茨出发的逻辑学的形而上学始基	海德格尔
*德国观念论与当前哲学的困境	海德格尔
*正常与病态	康吉莱姆
*孟德斯鸠：政治与历史	阿尔都塞
*论再生产	阿尔都塞
*斯宾诺莎与政治	巴利巴尔
*词语的肉身：书写的政治	朗西埃
*歧义：政治与哲学	朗西埃
*例外状态	阿甘本
*来临中的共同体	阿甘本

第二辑

*海德格尔——贫困时代的思想家	洛维特
*政治与历史：从马基雅维利到马克思	阿尔都塞
*怎么办？	阿尔都塞
*赠予死亡	德里达
*恶的透明性：关于诸多极端现象的随笔	鲍德里亚
*权利的时代	博比奥
*民主的未来	博比奥
帝国与民族：1985—2005年重要作品	查特吉
*政治社会的世系：后殖民民主研究	查特吉
*民族与美学	柄谷行人

第三辑

*哲学史：从托马斯·阿奎那到康德	海德格尔
布莱希特论集	本雅明
*论拉辛	巴尔特
马基雅维利的孤独	阿尔都塞
写给非哲学家的哲学入门	阿尔都塞
*康德的批判哲学	德勒兹
*无知的教师：智力解放五讲	朗西埃
*野蛮的反常：巴鲁赫·斯宾诺莎那里的权力与力量	奈格里
*狄俄尼索斯的劳动：对国家—形式的批判	哈特 奈格里
免疫体：对生命的保护与否定	埃斯波西托

第四辑

*古代哲学的基本概念	海德格尔
黑格尔《精神现象学》的发生与结构（上卷）	伊波利特
卢梭三讲	阿尔都塞
*野兽与主权者（第一卷）	德里达
*野兽与主权者（第二卷）	德里达
*黑格尔或斯宾诺莎	马舍雷
第三人称：生命政治与非人哲学	埃斯波西托
二：政治神学机制与思想的位置	埃斯波西托
领导权与社会主义战略：走向激进的民主政治	拉克劳 穆夫
德勒兹：哲学学徒期	哈特

第五辑

*基督教的绝对性与宗教史	特洛尔奇
黑格尔《精神现象学》的发生与结构（下卷）	伊波利特
哲学与政治文集（第一卷）	阿尔都塞
*疯癫，语言，文学	福柯
*与斯宾诺莎同行：斯宾诺莎主义学说及其历史研究	马舍雷
事物的自然：斯宾诺莎《伦理学》第一部分导读	马舍雷
*感性生活：斯宾诺莎《伦理学》第三部分导读	马舍雷
拉帕里斯的真理：语言学、符号学与哲学	佩舍
速度与政治：论竞速学	维利里奥
《狱中札记》新选	葛兰西

第六辑

生命科学史中的意识形态与合理性	康吉莱姆
哲学与政治文集（第二卷）	阿尔都塞
心灵的现实性：斯宾诺莎《伦理学》第二部分导读	马舍雷
人的状况：斯宾诺莎《伦理学》第四部分导读	马舍雷
帕斯卡尔和波-罗亚尔	马兰
非哲学原理	拉吕埃勒
*连线大脑里的黑格尔	齐泽克
性与失败的绝对	齐泽克
*探究（一）	柄谷行人
*探究（二）	柄谷行人

第七辑

论批判理论：霍克海默文集（一）	霍克海默
*美学与政治	阿多诺 本雅明等
历史论集	阿尔都塞
斯宾诺莎哲学中的个体与共同体	马特龙
解放之途：斯宾诺莎《伦理学》第五部分导读	马舍雷
黑格尔与卡尔·施米特：在思辨与实证之间的政治	科维纲
十九世纪爱尔兰的学者和反叛者	伊格尔顿
炼狱中的哈姆雷特	格林布拉特
*活力物质："物"的政治生态学	本内特
葛兰西时刻：哲学、领导权与马克思主义	托马斯

第八辑

论哲学史：霍克海默文集（二）	霍克海默
哲学和科学家的自发哲学（1967）	阿尔都塞
模型的概念	巴迪乌
文学生产理论	马舍雷
马克思1845：《关于费尔巴哈的提纲》解读	马舍雷
艺术的历程·遥远的自由：论契诃夫	朗西埃
第一哲学，最后的哲学：形而上学与科学之间的西方知识	阿甘本
潜能政治学：意大利当代思想	维尔诺 哈特（编）
谢林之后的诸自然哲学	格兰特
摹仿，表现，构成：阿多诺《美学理论》研讨班	詹姆逊